國際關係辭典

International Relations

增訂第三版

包宗和————主編

包宗和、林麗香、蔡育岱、王啟明、林文斌、徐家平、葉怡君、譚偉恩————合著

五南圖書出版公司 印行

序 言

　　國際關係研究是一門既古老，又新興的學科。古老，是因為國際關係關心的議題，如戰爭與和平、權力與利益等，以及研究的理論觀點如現實主義、理想主義等，無論在東、西方，都可以上溯到千年以前。新興，則是因為國際關係在二次大戰後才成為大學中的學系。這個古老、新興的學科因為國際關係局勢的不斷變化，使得議題不斷增加，也使理論研究不斷翻新，讓國際關係研究的學術人口、學術期刊、學術會議快速增加。每天都有新的國際關係議題、研究理論、概念名詞出現，令人目不暇給。但大量的名詞、概念也常使有心想要瞭解國際關係者望之卻步。因此，歐洲、美國、日本國際關係學術界早有編輯辭典的傳統，讓學者、學生，甚至有興趣的一般大眾能正確、快速地掌握國際關係議題。

　　在國內，台灣商務印書館在1971年出版的《雲五社會科學大辭典》中有《國際關係》專冊，堪為經典之作。但該書出版迄今已半個多世紀，國際關係局勢和理論已有許多變化和發展，有待更新。而隨著網際網路的發達，自由軟體和知識開放性概念的散布，有心瞭解國際關係者，雖可以透過網際網路上如維基百科（Wikipedia）等資源的查詢，而有初步的瞭解，但本書編著者從研究和教學的經驗中發現，網路上的資訊固然取得容易，但內容卻有許多令讀者一知半解，甚至使初學者和有心自學者感到困惑的地方，因此多年前透過林宗達先生召集，興起合作編纂一部國際關係辭典的意念。期間歷經作者群多番討論、認真撰寫、交叉戡校，再經審慎校稿，修正詞條目錄及內容，終於戮力完成此著作。如今距離一、二版出書已十年左右，為因應許多新的國際關係議題的誕生，爰在五南的支持下決定將舊版增修，推出第三版，以符合讀者需求。

　　由於國際關係範圍廣泛，含括理論與實務，故本辭典採議題導向，經參考英美及國內相關國際關係書籍，除介紹國際政治的重要理論外，也以牽動國際關係運作的制度、機制、規範、概念和政策做鋪陳，並以此建構詞條，分布

於十四個篇章中，分別是一、國際關係研究概論；二、國際關係理論 I（現實主義）；三、國際關係理論 II（自由主義）；四，國際關係理論 III（反思主義、其他）；五、國際政治經濟；六、外交決策與分析；七、外交史；八、道德與國際法；九、國際戰爭與和平；十、國際組織、十一、全球化；十二、區域整合與發展；十三、國際環保政治與永續發展；十四、大陸研究與兩岸關係，並將所有詞條分中英文收錄於索引當中，以方便讀者查閱，俾能發揮工具書的功效。

本辭典由目前正在各大專院校任教的學者撰寫，他們分別是林麗香（負責第六、十四篇）、蔡育岱（負責第四、七篇）、王啟明（負責第一、九篇）、林文斌（負責第五、十二篇）、葉怡君（負責第十篇）、徐家平（負責第八、十三篇）、譚偉恩（負責第二、三、十一篇）。

國際關係研究因議題、名詞、概念、理論、觀點繁多，學者側重與切入面向不盡相同，本書編寫詞條雖力求周全，但恐無法涵蓋所有，尤其在名詞界定分類部分，相關議題或有難以取捨者。以硬實力（hard power）為例，雖屬性似應歸類於國際關係理論 I（現實主義）部分，但其與軟實力（soft power）的界定區分，需歸功於自由主義學者奈伊（Joseph Nye）在1990年代的闡釋，故編者傾向將硬實力放置於國際關係理論 II（自由主義），用以對應軟實力的屬性。類似詞性相關者所在多有，即使編著者已盡力求全，仍難免有掛一漏萬之處。

這本辭典能順利完成，要感謝作者群的付出與辛勞，以及五南的大力支持。若能因此實現拋磚引玉，嘉惠學子的初衷，實為所有編著者所衷心期盼，至乞各界先進不吝指教。

包宗和 謹識
中華民國110年7月25日

作者簡介

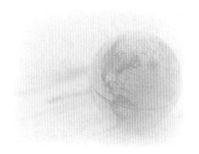

包宗和

現職：台灣大學政治系名譽教授

學歷：美國德州大學奧斯汀校區政治學博士

林麗香

現職：空軍官校通識教育中心教授

學歷：中山大學大陸研究所博士

蔡育岱

現職：中正大學戰略暨國際事務研究所教授

學歷：政治大學外交學研究所博士

王啟明

現職：東海大學政治系教授兼任系主任

學歷：政治大學政治學研究所博士

林文斌

現職：文藻外語大學東南亞學系暨碩士班副教授兼主任

學歷：台灣大學政治學研究所博士

徐家平

現職：台灣發展研究院國際合作處主任

學歷：中山大學大陸研究所博士

葉怡君

現職：高苑科技大學通識教育中心副教授

學歷：中山大學大陸研究所博士

譚偉恩

現職：中興大學國際政治研究所副教授

學歷：政治大學外交學研究所博士

International
Relations
Dictionary

目　錄

第一篇　國際關係研究概論
Introduotion to International Relations

不可通約性
Incommensurability

此為孔恩（Thomas Kuhn）所提出對社會科學產生重要影響的概念，又可譯為不可共量性。他認為不同典範所支配的科學時期，其研究問題、問題解答方式、評斷解答的標準完全不同，而科學家的思考模式也完全不同，這顯現出新舊典範間一種質的差別，競爭的各典範之間，是不可通約的。亦即，在不同的兩個理論間，並不存在一套基本的共識作為溝通的基礎，因為，不同典範存在著各自的思考邏輯，缺乏共同的判斷標準作為比較的基礎。這是孔恩考察科學史後得出的想法：即使在最嚴格、客觀的物理學中仍然有相互衝突的物理世界，因為彼此不能共通的比較與計分，即所謂的不可通約性，而科學理論的演變需以革命的強烈方式出現，正如一個社會中的新舊政治體系與意識形態彼此不可共量，政體的演變也往往需以革命的方式來進行。

反思主義
Reflectivism

反思主義涉及一個理論群體，包括：規範理論、「女性主義」（Feminism）、「批判理論」（Critical Theory）、「歷史社會學」以及「後現代主義」（Post-modernism）。這些理論強調國際關係中的話語、行為者與結構的連結、權力的非物質性等，批判既定的概念，反對實證主義的研究方法。根據基歐漢（Robert Keohane）的論述，反思主義者強調國際制度活動之主體間意義（intersubjective meanings）的重要性，亦即，在對此等規範的意義進行評價之際，理解人們如何看待制度性規範與規則，以及就此所進行的對話，與衡量這些規範所帶來的行為變化具有相同的重要性。準此，反思主義者認為，制度不僅反應建立制度行為者的偏好與權力，同時也形塑行為者的偏好與權力，所以，制度與行為者間是雙向且相互反映的，更將理性主義所忽視的人的理解與反映揭露出來。

反饋
Feedback

意指體系從輸出到輸入，進而影響體系功能的過程。伊斯頓（David Easton）認為政治生活構成人類社會系統的重要部分，亦即政治體系，其系統理論特別注重體系是如何將輸入轉化為輸出。體系的輸入是來自於體系內、外環境所產生的需求與支持，輸出則是分配體系資源的決策，決策的產出如何影響輸入的環境因素則稱為反饋，政治體系亦透過此過程不斷的產生新的要求與

支持。伊氏亦認為國際政治體系與國內政治體系一樣具備分配資源的功能，其成員皆希望能將各自的需求轉化為輸出項的政策產出。

本體論
Ontology

德國哲學家沃爾夫（Christian Wolff）的觀點，邏輯學是哲學的入門，而哲學則可分為2個部分：一是理論哲學，包括本體論、宇宙學、心理學與神學；二是實踐哲學，如倫理學、政治學與經濟學等。由此可知，本體論作為理論哲學的基礎，具有相當重要的地位，亦是研究存有的本質特徵之抽象形式，以及探究存有的意義及存有的實際狀況。亞里斯多德（Aristotle）認為研究世界即是研究事物的本質、共相等與實體和本體有關的問題，將本體論置於高於其他一切科學的水平。海伊（Cohn Hay）認為，本體論的問題乃是關於到底本質是什麼（what is）以及存有是什麼（what exists），也就是說本體論就是在問：到底我們所要探討的事物其本質為何（ontology asks what is there to know about）。

此外，本體論的問題是具有優先性的（prior），因為他們處理的是存有（being）這類真正本質的問題。就現實主義而論，其為典型的物質主義世界觀，以權力為理論核心，強調軍事力量、政治與經濟實力，新自由制度主義則是以制度的作用決定物質回報，物質性權力與利益仍是國家行為的主要因素，本質上亦屬物質主義，建構主義與批判理論強調身分、認同、學習等文化、社會因素在國際關係中的作用，屬於觀念本體論。

民族主義
Nationalism

民族主義是一種抽象的概念，人們被要求臣服於一個觀念、傳統、歷史與同胞愛之下。葛爾納（Ernest Gellner）認為政治單元與民族單元應合一，所以，民族主義的訴求在於每一個民族都組成一個國家，唯有民族國家才具有正當性，才能確保與提升民族的利益。亦即，民族主義呈現出一種政治現象的組合，它提供人類認同的對象。在第一次世界大戰之後，民族自決與民族主義的主張下，對於多民族的國家而言，勢必形成國家的分裂情勢，分離主義運動就衝擊國家主權與領土完整。再者，民族主義可以激發人民的熱情，亦可能過於強調認同而成為極端的政治主張，例如，帶有侵略性的民族主義，常突顯其他民族的負面形象，用以合理化自身所採取的政策，包括種族清算與種族滅絕。準此，民族主義也是一種排他主義

者，它要求每個人只效忠一個民族國家，並將民族的利益置於其他關注之上。例如，前南斯拉夫的內戰，即是以大塞爾維亞主義為核心的民族主義衝突。

行為主義
Behavioralism

第二次世界大戰後，政治學之研究受到自然科學研究的影響，主張以經驗研究與價值中立的態度進行研究，並將焦點從制度轉為人的行為上。**國際關係**的研究亦受到此一趨勢的影響，從傳統的歷史研究轉而以行為主義為途徑。行為主義的特色包括：（一）重視個人的行為研究：傳統**國際關係**是以歷史、倫理、法制與制度為研究重心，行為主義則是以建立制度與制定法律的人為研究主體；（二）重視科技整合：行為主義是跨學門的研究途徑，將社會學、心理學與統計學領域內的概念與技術應用於政治行為的分析；（三）重視量化分析：部分國際關係學者借用統計與量化分析研究**國際關係**的議題領域，有系統地驗證其提出的理論；（四）追求有系統的科學方法：行為主義者認為社會科學的研究，**理論**與資料間應有結合，在分析時，事實與價值問題應予以區分，而焦點應以個人或團體為主。

低階政治
Low Politics

國際關係由過去僅強調國家發展到重視跨國行為者與次國家行為者的重要性，亦即，從經濟、社會、文化與環境領域的連結，理解**國際關係**的發展態勢。這與**全球化**下的國際現勢相符，在互賴的**國際體系**中，國家行為者所關注的經濟議題，從貿易行為擴展至尋求降低生產要素成本的行為，帶動區域整合的趨勢，在整合的效益下，成員間在社會結構層次方面的互動亦更加頻繁。此外，非國家行為者，例如**國際組織**、**跨國企業**亦產生重要的影響，不同功能性的組織形塑出不同的國際分工態勢以及更緊密互賴的發展，跨國企業則是強化子公司對所在國的影響力，不僅帶動當地的經濟發展，也形成文化的衝擊。當然，不同文化間的共存，不僅強化社會結構的多元思維，更對於國際議題的延展，提供重要的載體，這也是環保議題逐漸受重視的原因。

典範
Paradigm

一種觀察和理解事物的模型或架構，是由相關的原則、原理和理論所構成，闡述某種特定現象的相關特徵，形塑個體應該去觀察何種事物以及應該如

何去理解。孔恩則認為典範是一種知識的架構，意指一種由相關的價值、理論和假設所組成的知識架構。準此，廣義而論，典範是某一科學社群的成員間所共享的信念、價值與世界觀；狹義而言，則是指一群研究者從事科學研究時所採取用以解謎的公理與公式。典範是被隱含、被假定、被視為理所當然。更貼切的說，典範更像是事物的方向應該是什麼，而非單純的只是許多觀點中可能的一個。

社會中的個體可以同意典範是哪一個，但不一定對於完整詮釋這個典範，或使這個典範合理化的方式有相同的看法，或根本對這一類問題不感興趣。典範沒有標準詮釋，當然，不能從典範中找出大家都同意的研究規則，並不會使得典範無法扮演指引研究工作者的角色。對典範做直接的研究，便能部分決定常態科學的內容，所以，典範存在並不意味著就會有一套規則存在。

典範間辯論
Inter-Paradigm Debate

所謂「典範」，是指一個具有內在統一性和穩定性的解釋模式，當典範某一部分發生了問題，將導致典範的動搖，從而產生一個新的典範來取代舊有的，於是引發典範之間新舊替換上所引發的論戰。此種內在的認同、內在邏輯的變化，可以用在社會學、思想史、經濟學、文學理論，甚至哲學與政治領域中。例如，第二次世界大戰的爆發，使歐洲的哲學理念延伸到美國境內，引發1965年孔恩和波普爾（Karl Popper）的論戰，此即為典範間的論戰。孔恩的理念為狹義的民主，認為群體的典範是源自共同的目標和信念，再經由共同接受的價值、方法或技巧，組成世界觀，再由社會體系給予的權威，去培育出具有相同目標、信念及行為方式的信徒，以開拓群體的領域。波普爾的理念則為廣義的民主，認為群體的典範是源自群體彼此間的對話與相互追求的利益之調和而形成共同的行動方式，因此，每個人追求的目標是開放的，彼此經由相互作用而產生可以相互接受的行動方式。

在國際關係中亦存在此種典範間的辯論：**理想主義**與**現實主義、新現實主義與新自由制度主義**以及與「**社會建構理論**」（Social Construction Theory）間的辯論，彼此競爭的典範間的選擇，無法整個被邏輯與實驗來決定，此為典範間的辯論。

知識論
Epistemology

知識是指一個被認知主體所知道的內容，在一般知識論的討論中，有兩種界定，一種是所有一切我們知道的事

務，另一種是所有一切我們可以用語言表達的事務。柏拉圖（Plato）對知識的闡釋為：知識是合理的真信念。知識論或（又）譯為認識論，認識論（知識論）在哲學脈絡裡的一般定位是對於知識本身與其正當（justified）的研究，議題包括：知識的種類（命題與非命題、先驗與後驗、分析與綜合等等）、知識的基礎與條件（信念、真理與證成條件等等）、知識的性質（知識結構與脈絡、知識現象與實踐等等），亦即，我們如何知道這個世界（how we can know it）。知識論立場反映出：他們對於我們可從這個世界瞭解到什麼，及我們如何進行瞭解的看法。

後實證主義
Post-Positivism

後實證主義是在80年代之後所產生反對實證主義的學派，包括了「批判理論」、「女性主義」以及「後現代主義」學派，其特色之一即是反實證主義的科學觀以及強調理論與實踐的議題。亦即，必須透過最廣泛的批判性檢視，才有助於實體的瞭解，並以批判的多元論進行檢驗假設的否證，側重在較自然的情境中進行研究，蒐集較多的情境資料，以及注重局內人（emic）的觀點，用以理解人們賦予行動的意義，藉以形塑經驗資料中的理論建構。所以，質性

研究法被大量應用。準此，後實證主義駁斥科學的中立性、揭露性別盲點、提醒知識與權力的共謀、傾聽民眾沈默的聲音。

相對獲益
Relative Gains

是指國家在合作時，如何看待利益分配的問題。新現實主義者強調國家僅關注相對獲益，認為國家在合作中只關心何種方案會獲得較多的利益，以及與其他國家相比，是否會比他國獲得更多的利益。當然，國家最基本之目的在於防止他國實力與能力超越自己，進而威脅本國的安全，一旦合作關係未能讓自身取得較多、較大的利益，或是他國會因合作關係取得優勢的地位，合作關係自然消失。

準此，決策者站在自我防衛的立場上，只要自己所預期的獲利能高於其他人即可，是屬於相對獲利。在無政府狀態，新現實主義者認為國家是單一的理性行為者並證明國家在選擇策略時，是經過深思熟慮地採取相對獲利的抉擇，其考量在於自己的生存。而新現實主義者的「理性選擇模型」（Rational Model）不是單獨的追求極大化預期效用，而是極大化相對優勢，亦是自我防衛的立場，也就是他們害怕絕對的損失。所以，從行為決策研究來看，領導

者通常會選擇極大化相對獲利，因為它是立即且確定的。

高階政治
High Politics

傳統的**國際關係**重視國家、**權力**與制度層面的作用，包括國家與**國際安全**領域的探討，亦即，從軍事、安全與戰爭等領域來理解國際事務。在戰爭層面，研究重點在於戰爭產生的原因、戰爭的預防以及國際社會的反應等，所以，針對戰爭的類型也會進行研究。當然，戰爭成因之一也來自於國家間**權力**要素的對稱與否，這又與國際安全議題連結，其背後的結構因素在於國際體系的形態，處於單極體系的國際社會，超極強國或是**霸權**國處於**權力**金字塔的頂端，透過權力要素來建立**國際制度**藉以維繫其地位。處於兩極體系的國際社會，權力平衡的論點則顯示出兩種集團間的軍事均衡態勢，以及兩極國家均以領導者身分約束各自集團成員的行為。而在多極體系下，強權國間的權力相當且分散，制度就成為彼此合作的重要場域。

國際關係
International Relations

傳統上是指國家與國家間的關係，包括**國際社會**之間的外交事務在內。國際關係的歷史可以追溯回1648年的《**西伐利亞條約**》（Treaty of Westphalia），亦即，現代國家制度起源的開始。再者，國際關係所研究的行為者包括：**國家、政府間國際組織、非政府國際組織、跨國公司**等，所以，涵蓋國家間的互動、國家與非國家成員間的互動，以及非國家成員間的互動。準此，國際關係既是學術的領域，也是公共政策的領域，而作為政治科學的一部分，國際關係也和經濟、歷史、法律、法學、地理、社會、人類學、心理學、文化研究緊密聯繫。此外，國際關係研究的議題領域從戰爭、安全、衝突與和平到領土爭端、核武危機、**民族主義**、經濟發展、貿易、文化交流、**全球化、恐怖主義、人權**以及外交政策，均包括在內。

國際關係論戰
International Relations Debate

現在稱為國際關係理論的研究是在第一次大戰後才開始發展的。在20世紀國際關係理論的發展上，出現幾次學派的爭論，主要是在傳統**現實主義**與

「理想主義」（Idealism）之間、「傳統主義」（Traditionalism）與「行為主義」間、「多元主義」（Pluralism）、「全球主義」（Universalism）與「現實主義」的爭論，以及「新現實主義」（Neo-Realism）與「新自由制度主義」（Neo-Liberal Institutionalism）間的爭論。

理想主義與現實主義在人的本性、「國家利益」（National Interests）、權力與道德之間的關係、戰爭的根源、維持和平的方法等議題上存有不同的見解。傳統主義與行為主義則是在方法論上的爭論，前者強調透過法律、歷史與哲學的方法來研究國際關係，後者則是透過自然科學的研究方法，藉由嚴格的經驗實證程序以及數據，形塑科學行為主義。多元主義以互賴為主軸，強調重視世界政治中的多元行為者，全球主義則以世界體系論為代表，重視全球行為者的作用，兩者皆重視跨國視野，認為經濟互賴與政治權力的相互作用，透過國際組織與跨國公司進行的國際互動，建構出多管道的社會聯繫，這與現實主義強調的國家中心論，形成對立。新現實主義與「新自由制度主義」間的爭論在於，「無政府狀態」（Anarchy）的性質與結果、國際合作的可能性、「相對獲益」與「絕對獲益」（Absolute Gains）、「國家利益」的優先選項（經濟或安全）、「國際制度」（International Institutions）的影響力等議題上。

混沌理論
Chaos Theory

是一種兼具質性思考與量化分析的方法，用以探討動態系統中（例如：人口移動、化學反應、氣象變化、社會行為等）無法用單一的數據關係，而必須用整體、連續的數據關係才能加以解釋及預測之行為，其主要精神是在混沌系統中，初始條件的微小變化，可能造成後續劇烈的改變，這是由勞倫茲（Edward Lorenz）於1961年以電腦系統模擬天氣時所發現的。勞倫茲其在第二次運算時，為了檢查一段較長的序列，捨棄重新開始計算的方式，而從上一次模擬的中段開始，輸入第一次模擬結果列印出來的數據，讓電腦運算，結果形成遠小於千分之一的差異，造成第二次的模擬結果和第一次完全不同。就混沌論者而言，零亂往往是假象，混沌之中隱藏著更深層次的規則，如同蝴蝶效應般的展現出各種現象的成因，亦即，一隻蝴蝶在巴西輕拍翅膀，可能引起一連串的大氣擾動，最後導致美國德州發生龍捲風。

理性主義
Rationalism

是一種哲學觀點，認為推理是知識的主要泉源和檢驗標準，以笛卡兒（R'ene Descartes）為代表的理性主義認為先驗知識是先天具備且為真實的信念。亦即，不需依靠經驗也可得知其為真的知識。理性主義長久以來一直與經驗主義相對立，後者的學說認為一切知識最終來源於感知經驗，並出經驗檢驗。理性主義者堅持認為理性有超越感知範圍，把握具有確定性和普遍性的真理的能力，為了強調自然法則的存在，理性主義者反對主張奧祕知識的各種體系，不管它是來自神祕的經驗、啟示，或是來自直覺。理性主義與各種非理性主義也是對立的，非理性主義往往在損害理性的情況下，強調生物性、感情或是意志、無意識，或是存在。

在國際關係中，「自由主義」（Liberalism）是以理性的假設為基礎，行為者被視為理性的行為者，以利益極大化為其目標，所以，理性主義在國家對外決策的過程中，展現決策者基於成本與利益的考量來決定國家的對外決策。

理論
Theory

在邏輯上，是指其有效性已被確立或證明的假設，涉及一組充分發展的類型，透過對主題、概念關係的陳述，形塑出有系統的相互關連，用以建立理論架構。所以，理論包括前提和結論，以某種前提開始，此種前提對確立結論是必要和充分的，再藉由此一假設和一些互為根據和論點的定理構成理論。簡單的來說，就是解釋客觀現象中變項之間的關係，也就是指以實證的發現或可驗證的通則為基礎所建構的解釋系統，其功用是藉著通則來描述與解釋的真實現象。準此，凡是一套陳述，或者某些類似定律的通則，其相互間具有系統上的關聯性及經驗上的實證性，就是一個理論，以「霸權穩定理論」（Hegemonic Stability Theory）為例，金德伯格（Charles Kindleberger）認為世界經濟的穩定與否，在於霸權所扮演的穩定者角色，即藉由其所提供維繫國際體系安定的公共財，這包括政治與經濟層面，此可由英國設計的金本位體制以及美國主導的布列頓森林體制得到驗證。

絕對獲益
Absolute Gains

是指國家在合作時，不同於相對獲

益的方式看待利益分配的問題，此為**新自由制度主義**論者所採行的觀點。當合作提升了所有合作國家整體的利益，不論合作各方之獲益相對較多或較少，都會促使國家走向合作，而且持續維持此種合作關係，亦即，參與合作的各方皆能獲益。

對此，**新自由制度主義**者認為在合作時，是極大化自我的利益，即利己主義，對於利益的追求屬於絕對獲利。亦即，**新自由制度主義**者認為國家是自利且獨立的行為者，他們尋求最大化主觀的預期效用，最大化他們的絕對獲利。再者，國家的行為不僅限於界定國際體系的功能，更是國際制度能約束國家的指標，也就是說，制度強調順從和監督的問題，並能提供一套規範、標準和機制使合作變的更容易，而國家間在制定決策前，經由參與協調形塑各自都能得到利益的合作效益。

階層狀態
Hierarchy

在國際體系中，層級是指國家行為者之間存在著上下從屬與支配的**權力**關係，層級結構可從**權力**資源分配的不對稱、國際權威地位的高低、行使國際權力的不對等以及主導國際規範運作能力的失衡等層面來分析。第一，國際體系內行為者的**權力**分配呈現不對稱的分布，尤其是霸權國的出現，形塑出權力的差距。第二，權威地位是根據體系內行為者所擁有的**權力**資源作為評斷，身為主導國地位的行為者，則是擁有體系內大部分的資源，位居金字塔的頂端，產生從屬的關係。第三，不對等的行使國際**權力**出現於保護與被保護國或是殖民與被殖民國之間。第四，創建**國際制度**的主導國，在主導與運用規範的制定與制度的建立，享有較高的收益，更強化體系內不對等的地位，亦即，層級態勢更為顯著。

傳統主義
Traditionalism

傳統主義是以維護既有政治秩序為目的的政治思維，源自於相信社會是種複雜與有機的，而不是功能與機械的組織，此種觀念包括對政治變遷的不信任感，尤其是快速、暴力或是激進的政治變遷，傳統主義論者認為這樣的政治變遷方式對於社會的脆弱關係是有害而無利。傳統主義也可說為保守主義，以柏克（Edmund Burke）為代表，主張社會的發展既然是人類集體智慧的結晶，那麼任何人都不應該企圖以激烈的方式改變現狀。

傳統主義在不同的語境下，或者不同的歷史階段，擁有不同的意義，不過，其本質是相同的：也就是保守，並

堅持傳統，反對激進變革。傳統主義一般是相對激進而言的，而不是相對進步而言的。傳統主義並不反對進步，只是反對激進的進步，寧願採取比較穩妥的方式。例如，在君主政體中，國王能獲得普遍認同的合法性，因為他是王國內的封建領主，這種理解經常被君權神授這類宣傳所強化。這種形式的合法性仍然存在於現今一些實行絕對君主制和君主立憲制的國家。

經驗主義
Empiricism

經驗主義主張一切知識都來自於經驗，以及感官的經驗，亦即，從與外界接觸的各種感官知覺所獲得的一切經驗。所以，經驗主義反對理性主義者所主張與生俱來的先驗知識的存在，強調歸納與現實為基礎的知識。近代西方政治思想家以經驗主義作為哲學基礎有其必然的原因，第一，經驗主義哲學是文藝復興後的實驗科學發展產物，而自然科學和資本主義經濟的發展使經驗主義成為社會科學的哲學基礎。第二，經驗主義把人類的知識限定在經驗所能達到的範圍之內，排斥了許多哲學形而上的命題，而強調其哲學應以實證自然科學為基礎，從而成為科學的認識論和方法論，而國際關係研究一直致力於科學化的追求。霍布斯（Thomas Hobbes）和洛克（John Locke）則是西方古典經驗主義的代表學者，他們對社會科學最大的影響是人性論，亦即，構成人類社會經濟活動的是人類自私和貪念的自然本性所致，這構成了政治研究中理性選擇理論的主要哲學基礎。

預期理論
Prospective Theory

預期理論是關於人們在不確定條件下如何作出選擇的純描述性理論。預期理論是行為經濟學理論的代表，它將心理學的重要特徵和其自身的核心理論結合。預期理論的價值函數（prospective theory value function）有3個重要特徵：（一）它是定義在財富的變化上的，而不是財富的水準（就像在預期效用理論中）上的。這一點結合了適應（adaptation）的概念；（二）損失函數（the loss function）比獲利函數（the gain function）要更陡峭。這一點是結合了防避損失（loss aversion），也就是說人們對個人福利的損失更敏感；（三）獲利和損失函數都表現出遞減的敏感度（獲利函數是凹函數，損失函數是凸函數）。要想全面地描述選擇預期理論往往還需要結合心理帳戶（mental accounting）來理解。亦即，要弄清楚人們面對獨立投機（separate gambles）時，什麼時候把它們當作獨立的獲利和

損失來處理，什麼時候把它們當作一個整體，集中起來當作一個獲利或損失來處理。

在國際關係領域中，預期理論認為決策者會依據某個參考點來評估各種可行的政策方案，而參考點可能是過去或是希冀未來發生的情形。

實證主義
Positivism

實證主義主張人類智力與科學的發展，歷經神學、形上學、實證三階段，經由虛構、抽象進入實證階段。此外，科學的發展是從尋找宗教解釋進而追求哲學意義，最後以科學方法來瞭解事物。實證主義的特徵在於強調科學與科學的方法是知識來源唯一的途徑，是形塑事實與價值領域的差異，以及對宗教與傳統哲學觀產生強烈的反動。實證論者相信只有兩種知識的來源，邏輯的論證與經驗主義的實驗，亦即，一種論述是有意義的，必須在經驗上能被證明是對或錯的，又被稱為可證的規則（verifiability principle）。準此，實證論認為知識的目標在於能描述我們所經驗的現象，科學的目的則是讓研究者易於觀察與測量，也是獲得真理的途徑，以及提供理解世界並進而能預測與控制世界的方法。再者，實證論者相信經驗主義是形塑科學核心——觀察與測量形式——的理念，而科學方法的主要途徑就是實驗，用以企圖分辨行為的法則。

論點
Thesis

為研究某一科學領域的專門問題而提出具有一定學術價值的理念或是觀點，通常會透過文章的形式公諸於世，可分為3種形式：（一）登載於學術性出版物的學術論文；（二）在學術會議上發表或作為會議交流資料的學術會議論文；（三）相關學者所著的專書。在上述文章所提出的論點，其內容專業，具有創造性以及學術貢獻。亦即，從事相關領域的研究人員闡明新觀點、宣布新發現的主要文獻形式，直接反映作者的學術水平。例如，摩根索（Hans Morgenthau）、華茲（Kenneth Waltz）、基歐漢、奈伊（Joseph Nye）等國際關係的學者，都曾藉由上述的方式，提出影響研究國際關係的論點。準此，論點是科學交流中最常見的基本單元，研究者亦在觀念交流的歷程中，修正本身所題論點，並對其他研究者提出的論點與質疑，提出相對的質疑並進行答辯，形塑學術交流的模式。

權力轉移
Power Transition

　　權力轉移理論描述一個權力層級化的系統，所有國家都認知到這個層級的存在，以及**權力**在其中的分配狀態，主要集中於少數幾個國家之中。再者，結構、動態與政策是研究的指標，結構主要是闡釋權力的本質、國家間的**權力關**係以及國家與國際體系間的特性。動態部分則是以國家處於區域或國際體系中，對現況滿意或不滿意的關係而論，在都是滿意現況的國家間，會呈現出合作的關係，倘若其中有幾個國家基於相同因素而不滿意現況，且都希望達到相同的改變，可能形塑不滿意國家間與滿意現況國家間的對抗。政策部分即是反映在國際組織的經營、聯盟的建立、政經議題的看法以及對國際秩序的威脅。

　　權力轉移理論認為均勢與戰爭有關，優勢則與和平相關，亦即，世界政治是在階層體系下進行，在此一體系中，優勢會導致穩定，滿意的主導國會與其聯盟國家保持現況，透過增加戰爭的代價來降低衝突的可能性。古格勒（Jacek Kugler）認為權力轉移理論是一種動態的組織架構，透過對國際間階層體系中各國滿意度及對和平與衝突的選擇等作有系統描述。

第二篇　國際關係理論Ⅰ
（現實主義）
Theories of International Relations Ⅰ
(Realism)

中等強權
Middle Power

所謂的「中等」並非全然基於量化的評估，而是含有一定程度的質化價值評比。中等強權國家與強權（great powers）有一個明顯的區別，依照結構現實主義（Realism）的看法，強權國家的行為幾乎沒有太大的差異性，不是求取安全，就是設法讓權力達到相對最大化。但中等強權卻沒有明顯的行為一致性，它們在外交政策上的表現更多時候受到本國國內層次中的其他變數所左右。

21世紀的國際關係因為權力發展走向多樣化，所以中等強權可能在某些情況或是議題領域有較強權國家更為突出的表現。例如加拿大與奧地利，雖然不是聯合國安理會的常任理事國，或許在北美自由貿易區和歐盟國家中沒有主導權，但此兩個中等強權的國際形象良好，與強權的互動關係緊密。換句話說，中等強權不會讓國際社會多數成員感到畏懼或厭惡，又經常能在重要的國際合作活動中取得一定的話語權或影響力，可謂左右逢源又甚少樹敵之主權國家。

古典現實主義
Classical Realism

卡爾（Edward H. Carr）在《二十年危機》（*the Twenty Years Crisis of 1919-1939: An Introduction to the Study of International Relations*）一書中的論點為國際關係的現實政治（real politik）思維打下了根基。他指出，道德在國際政治中的地位是整個國際研究範圍中最模糊與困難的問題。在兩次大戰期間，以威爾遜為代表的理想主義學派致力於探討國家道德應該是什麼，而不討論國家實際應為的行為。對此，卡爾表示質疑，並認為國家和個人不應適用同一套道德標準。因為國家利益本身就是一種道德，國家可以要求個人的忠誠，甚至是作出犧牲，但人民不會要求國家為了國際社會的整體利益而犧牲自身的利益。反之，國家也不會因為作出損人利己的行徑，而受到國民的道德非難。

卡爾的觀點清楚表明，國際關係講求的是利益與權力，而道德若缺乏權力與大國的支持只是不切實際的烏托邦主義（Utopianism）。

摩根索（Hans J. Morgenthau）承襲了卡爾的觀點，駁斥理想主義（Idealism）相信人的本性可以改造；戰爭的根源不在於人性的罪惡，而在於不完善的國內和國際制度；透過建立完善的國際法規，就有可能調和國家間利益，

從而消滅戰爭等等的樂觀論點。相較之下，摩根索認為，政治受到某種規律的支配，此項規律肇因於人性，而人性是惡的（就這點而言，古典現實主義又可以稱為人性現實主義）。其次，政治講求的是權力與利益，而前者界定後者的實際範圍。

透過上述說明，不難看出摩根索對國際政治的理解其實與早期政治思想家馬基維利的觀點十分雷同，兩者均強調人性的黑暗面、權力爭奪在政治活動中的必然性及利益的衝突不可避免。這些觀點後來成為國際關係現實主義理論發展很重要的基石。

吉爾平
Robert Gilpin

當代著名的國際政治經濟學（International Political Economy）研究者，艾偕里（Richard Ashley）將他視為與華茲（Kenneth Waltz）一類的新現實主義學者。學術上的主要貢獻是將國際關係理論的研究方向應用與延伸到國與國間的經濟事務，並將經貿議題列入國家安全的範疇。從《世界政治中的戰爭與變革》（*War and Change in World Politics*）一書來分析吉爾平的理論觀，可以將他歸類為「體系論」的支持者。他對體系的界定是，特定時間與空間之下的行為者們，在互動時被一種規律性所聯結與聚合，導致彼此雖是不同個體，卻同受制約。

依據吉爾平的觀察，每個行為者對於成本和收益的評估會決定體系整體的穩定度，當失衡現象無可避免時，戰爭就是解決問題的主要方式。他認為世界體系的變革有三大類型：第一種是實體（entity）的治理性質發生變化，例如集權轉換成民主。第二種是實體本身權力的消長，例如強國退居為中等強權或弱國。第三種是行為者間因為政治、經濟等互動而產生之變化。

吉爾平在體系論的基礎上，將現實主義對於權力的追求與經濟上的財富加以融合。他相信，任何主權國家想要在體系中生存，就必須有足夠的經濟能量來建造自己的軍隊並且支付外交政策上的開銷。他支持漢米爾頓（Alexander Hamilton）的觀點，認為國家的政治權力與工業化還有經濟上的自給自足不能區分。簡言之，國際關係中的經濟面向也同樣是現實主義必須關心的議題領域。循此，國際政治經濟學就是一門分析國際政治與國際經濟兩者間「關聯性」的學科，以探尋彼此之間如何相互作用、相互影響。此外，吉爾平強調分析國際政治經濟的問題可歸納為3個層次：（一）關於市場經濟蓬勃發展的政治性原因及影響；（二）關於經濟上的變遷與政治上變遷的相互關係；（三）國際經貿市場對國內經貿活動的正負

意義。

　　吉爾平引起國關學界最頻繁討論的觀點是，位居霸權地位的國家是否為全球市場得以持續發展和順暢運行的必要條件？對此，他個人認為，霸權國領導下所建立之國際政治經濟架構是維繫世界秩序的支柱。

同盟
Alliances

　　係指國家之間形成盟友關係，以求共同對抗外部的某種安全威脅。同盟的現象自古即已有之，學者伍爾弗斯（Arnold Wolfers）認為，同盟代表兩個或多個主權國家之間在軍事援助上的相互承諾，而此承諾與一般鬆散性質的合作協定不同，一旦同盟關係確立，參與國便有義務要和盟友一起進行抗敵。史奈德（Glenn Snyder）則認為，同盟是國家與國家間基於安全考量，共同採用之一種策略（多半是武力），以對抗威脅自己或盟友安全的來源。瓦特（Stephen Walt）則是以較寬鬆的描述來形容同盟，認為是兩個或兩個以上國家之間的一種合作關係，涉入其中的成員相互間有不同等級的承諾與利益交換，當此種關係被破壞時至少有一方將會蒙受損失。此外，亦有學者認為同盟不必限縮在正式的盟約關係下，戰略上資源的共享、偶發性軍事危機中的援助、甚至領袖間祕密性質的軍事備忘錄，也均可算是一種同盟。

　　由上述介紹可知，同盟的定義紛雜，但從歷史上各國的實踐來看，具有以下特徵：（一）無論何種國關理論，對於同盟的討論均以「主權國家」為限；（二）同盟的屬性和功能反映出很明顯的軍事安全性質，儘管有所謂的經貿同盟，但並不是研究的主軸；（三）同盟與一般開放給區域國家或任何國家自由參與的國際合作並非是同一種概念；（四）同盟的主要功能通常是針對某一或某些特定的國家，此與建立在集體安全思維上的國際組織（如聯合國）有明顯差異。

　　雖然國際社會目前因為聯合國及其轄下豐富的多邊合作機制，而減少對於軍事同盟的需求。但基於下列若干的優點，同盟關係依舊是國家間時有所見的政策選擇：（一）降低國防上的成本，特別是對於軍事能力或軍備科技較弱的國家而言；（二）軍事上的合作往往能促進經濟上的交流，或相關的援助和貸款；（三）增強對潛在敵人的嚇阻效果。

守勢現實主義
Defensive Realism

　　本質上同屬結構現實主義，但相較於攻勢現實主義的激進與悲觀，守

勢現實主義並未認為無政府狀態（an-archy）下的國際體係是一個比較危險與安全稀缺的情況。國家雖然在實踐上傾向自助，但有時也不排除相互合作的可能。此外，權力最大化的結果反而容易造成體系中其他國家的恐懼和抵抗，為自己招來不安全的惡果。清楚可見，守勢現實主義認為國家的首要目標是安全，只有在生存得到保障後，才有餘力發展經濟或追求其他利益。

以下簡要列出守勢現實主義的重點內容：（一）國家才是影響國際政治的主要行為者；（二）無政府狀態的存在並不是指混亂（chaos）或失序（disor-der），而是指在國家之上缺乏一個共同權威來維持秩序。儘管某些國際組織有意承擔這樣的角色，但它們往往還需要大國的配合，才能發揮功效；（三）國際體系的結構（structure）決定大部分國際政治的結果（outcome）和國家外交政策的行為（behavior）；（四）安全是充足而非稀缺的，因為國際體系中誘發侵略行為的因子不多，對外擴張的國家將面臨他國的制衡（balanc-ing）；（五）國家是理性的行為者，在採取行動前會先仔細計算利弊得失，當成本高於收益時，國家不會躁進。

依循上述論點，國家確保自身安全最好的方法是維持權力平衡（balance of power），而非讓自己的權力最大化。安全困境在守勢現實主義的論述中也扮演了關鍵角色。守勢現實主義認為，安全困境並不是常數，而是一個變項，其程度可因時因地而有所不同，也會因攻守平衡（offense-defense balance）的變化而有所調整。另外，在特定情況下，國家的意圖是有辦法得知的。簡言之，安全困境並不必然導致衝突升高或戰爭爆發。關於如何舒緩安全困境，學者傑維斯（Robert Jervis）認為，當符合以下兩個條件時，安全困境可被化解：（一）攻守區分（offense-defense differentiation）成為可能；（二）防禦具有優勢之際，即攻守平衡偏向守勢一方。換言之，當防禦方具有優勢的時候，只要用少數的軍事資源便可確保自身安全，不必擔心敵人或潛在威脅源的奇襲，因為將付出高昂的代價，就算最後勝利也是得不償失。

安全困境
Security Dilemma

此概念強調在國際社會的無政府狀態下，由於缺乏世界政府此類的共同權威，每個國家的安全只有依賴自己去保障，國家必須以自助（self-help）的方式尋求生存與安全的延續。

上述無政府狀態下的自助邏輯讓一國權力的擴張或提升造成另一國生存的威脅和壓力，為了消除這種不安，受威脅的國家會尋求與設法讓自己的權力增

加，但如此作為卻對他國的安全造成威脅，而受到威脅的他國必然會採取類似的方式來回應，最終國家彼此之間永遠陷落在這種進退維谷的兩難之中。簡言之，由於國際社會缺乏權威性的爭端與衝突調解機制，致使國家之間更多時候必須自助，而不是優先選擇相互信任。如此，對抗或爆發軍事衝突的可能性就大增。

伯羅奔尼薩戰爭
Peloponnesian Wars

　　一場爆發於西元前431年至405年期間的戰爭，兩個當時希臘城邦（斯巴達與雅典）因為區域地位的競逐，從和平走向衝突。整個戰事可分為三階段：第一階段由崛起的雅典取得優勢，第二階段雅典不斷擴張，甚至試圖遠征西西里，但最終受阻，許多同盟也因此倒戈，促成第三階段雅典與愛琴海許多城邦之間的戰爭，最後斯巴達圍攻雅典，取得勝利，戰事結束。

　　根據歷史學家修昔底德（Thucydides）的描述，戰爭發動的原因除了與斯巴達認定雅典侵略其屬邦有關外，另外的因素是斯巴達擔心雅典勢力日益壯大，最後會運用其海軍強大的優勢，染指伯羅奔尼薩和斯巴達的領土與財富。在史書《伯羅奔尼薩戰爭史》（The History of the Peloponnesian War）中，

梅里安人的對話（Melian dialogue）是陳述這場戰事過程中最精采的一部分。梅洛斯島（Melos Island）是希臘早期愛琴海文明的重要中心之一，在伯羅奔尼薩戰爭期間，該島拒絕加入雅典的陣營。雅典因此向其進行勸服，告訴梅里安人應選擇向雅典歸順，以保安全；否則將被視為敵人，面臨滅國的危險。梅里安人在回覆中表達自己傾向中立，希望雅典可以尊重他們的選擇。而雅典若向梅洛斯島展現寬容，將會為其贏得更多盟友。然而，雅典強調，弱者沒有決定事情的權利，只能承受應得之苦難（the strong do what they want; the weak suffer what they must）。

　　雅典最後滅了該島，並屠殺島上成年的男子，將女人和小孩充作奴隸。這段歷史後來時常被國際關係研究者視為一個經典例證，用以闡釋現實主義的「權力政治」。不過，2017年學者艾利森（Graham Allison）以專著《注定一戰？美中能否逸脫修昔底德陷阱》（Destined for War: Can America and China Escape Thucydides' Trap?）分析美國與中國爆發軍事衝突之可能性，讓伯羅奔尼薩戰爭的歷史又一次緊扣著兩強間的權力競逐。

利己主義
Egoism

　　霍布斯（Thomas Hobbes）將自保（self-preservation）視為人之本性，並進一步與人類利己心態結合，為政治現實主義的核心思想奠定基底。

　　依據利己主義的觀點，人不可能被期待去做超出自身能力與情感之事。因此，法律與道德的約束只有在符合利己或至少不與之衝突的前提下，才可能被遵守。那些不符合人類自保與利己的義務要求，或許可以用來批評人類的行為，但不可能發揮實質的效果。

攻守平衡
Offense-Defense Balance

　　源自守勢現實主義中有關進攻與防禦問題的探討，攻守平衡的基本主張是，科技與地理因素影響了攻擊與防禦兩者間的力量消長，此種有關攻守平衡狀態的觀察可以解釋國際戰爭爆發的原因，即當攻擊占優勢時戰爭較容易發生；而當防禦占優勢時戰爭則較能避免。簡言之，攻守平衡就是指涉攻擊與防禦之間相對效力（relative efficacy）的變化。

　　攻守平衡論的實際效用究竟如何是一個爭辯的議題，批評者認為「攻守平衡」的支持者彼此間根本沒有定義上的共識，是個別獨立的個案式研究觀點，且經常相互矛盾。其次，導入攻守平衡此項變數並無法更為準確地預期戰爭是否發生。對此，學者葛雷瑟（Charles Glaser）等人提出反駁，指出影響攻守平衡論效度的原因不是論述的本身，而是不同攻擊者進行領土征服行動時的成本估算。其次，攻守平衡與傳統的權力平衡相比，並沒有更為複雜。相反地，以「權力」的內涵還有轉換為軍事能量的可能性來看，權力平衡的定義及相關研究方法反而更為混亂與不一致。

　　根據柏德爾（Stephen Biddle）的看法，攻守平衡的理論探討可分為兩個面向；一是將攻守平衡本身當作自變項，用以說明各種國家的行為；一是將攻守平衡當作依變項，討論哪些因素影響了攻擊與防禦間的平衡關係。實踐上，對於攻守平衡的理論研究多偏重第一個面向。另外，學者林恩瓊斯（Sean M. Lynn-Jones）認為，攻守平衡之中其實包括許多不同的類型，諸如重視體系性因素變化趨勢的攻守平衡研究，是屬於國際政治的理論；而納入地理與其他國內政治、社會因素的攻守平衡，則是傾向研究外交政策的理論。

　　由於攻守平衡目前尚未有確切的定義，同時理論本身也無法透過武器在性質上的攻擊或防禦進一步得到明確化。故有論者建議，研究攻守平衡時應放棄所謂的通則化概念建立，轉而以研究目

標和所欲解釋的國家行為來決定該理論的實際內涵。例如對全球科技發展的探討，可以解釋國際體系中的攻守平衡；而對國家軍事戰略的分析，可以作為研究外交政策的攻守理論。

攻勢現實主義
Offensive Realism

以強權作為主軸，並由此等行為者間的權力分配來推演國際政治運作的一種結構型現實主義流派。創始者米爾夏默（John Mearsheimer）依據如下5個前提（assumptions）構築了一個悲觀式的強權互動：（一）國際關係始終欠缺一個共同最高權威；（二）每個國家，不分大小，均具有一定的軍事攻擊能力；（三）國家永遠無法確定彼此心中的真實意圖；（四）生存是每個國家最為優先的目標；（五）每一個國家都是理性選擇者。

上述5個前提係屬併取性之必要條件，當它們同時產生作用時，便會使強權的行為具有一定程度的攻擊性，特別是容易產生如下3種後果：（一）國家間容易彼此猜忌與畏懼（信任難以在彼此間建立）；（二）由於無政府狀態，國際關係的安全總是稀缺的，國家得靠自助作為求生的不二法門，也是唯一最可靠的方式；（三）因為海洋的制止力，不可能有全球性的霸權存在，強權

最多只能在相對優勢的狀態上透過成為區域性霸權，來凌駕其他國家，確保自身的相對比較優勢。

由上述可知，攻勢現實主義以強權政治為核心，開展對國際關係衝突或和平的理解。基於安全稀缺，強權在不可確知另一地區的強權是否對自己具有敵意，只能透過不斷積累實力（權力最大化），適時藉由推諉責任（buck-passing）或制衡與抑制另一個地區的區域霸權。

攻勢現實主義者並不全然否定國際制度的價值，但強調「國際秩序」的出現，大體上都是體系中強權國家出於自私與自利的副產品（Mearsheimer, 1994/95）。以冷戰期間為例，強權間的對抗有時會產生一種穩定的國際秩序；然而，沒有任何強權會放棄尋求機會增加自身在國際舞台上的相對權力。因此，一旦形勢對某個強權有利，它便會設法打破既有的秩序狀態。相對地，權力面臨流失或挑戰的強權，會設法阻止那個企圖取得體系中相對優勢地位的強權，努力設法維持既有的秩序。顯然，無論是維持現狀的強權或是企圖修正現狀的強權，兩者的動機與行為都是自私的，國際制度在強權政治之下，只有在符合強權的利益時，才會獲得實踐；國際間的和平是靠權力平衡或優勢霸權建立起來的，而不是透過國際制度本身被實現的。

季辛吉
Henry Kissinger

　　著名的外交家與國際事務專家，同時也是1973年諾貝爾和平獎得主。他於1938年隨父母逃避納粹的迫害，遷居美國。1969至1973年，任尼克森政府的國家安全事務助理，並兼任國家安全委員會主任到1975年。1973至1977年，擔任美國國務卿。

　　李辛吉信奉權力平衡的外交思想，建議美國應扮演如同19世紀英國在歐洲的角色，一方面加強與北約的合作，防止蘇聯勢力興起；一方面在亞洲要能借助中國共產黨的力量來維持地緣戰略上的均勢。此外，他還積極推動尼克森政府對蘇聯施行非敵對性的策略，以構築一個三角均勢為基礎的世界格局。在季辛吉所構想的三角權力平衡關係下，美中聯手制蘇，可以減除蘇聯當時對中國北方的軍事威脅，有利於北京政權展開現代化建設。儘管，美中合作也暗示著中共必須接受美國勢力進入西太平洋區域，但至少雙方皆有其利可圖。

　　上述美中合作兩利的戰略思維奠定了1970年代後美中關係的正常化和美中共建的西太平洋區域秩序。總的來看，季辛吉的外交思想包括以下幾個重點：（一）制衡蘇聯，確保美國利益；（二）彈性外交，不排斥與共產政權合作；（三）有限戰爭論，不全然避戰，但迴避全面性的大戰；（四）借助北美以外的區域二級國家，建立美國期待的世界秩序。

肯楠
George Kennan

　　俄國外交史和美蘇關係專家，同時也是美國著名的外交官。當蘇聯在歐洲擴張影響力時期，肯楠拍發一封「長電報」（Long Telegram）。在電報中，他指出蘇聯「是一個狂熱堅信它和美國之間不可能有永久性妥協的政治力量」，但這個問題可以不必採用軍事衝突的方式來求解。肯楠在〈蘇維埃行為的根源〉（The Sources of Soviet Conduct）一文提出了建議，主張美國與蘇聯應維持權力平衡，此論點後來成為美國對共產勢力進行「圍堵」（containment）之基石。

　　肯楠的核心思考是：（一）基於意識形態的差異，蘇聯視資本主義的西方國家為敵人，這種對立關係不會改變；（二）基於上述因素，蘇聯會不斷設法對外擴張，直至資本主義的西方國家敗亡；（三）蘇聯的擴張並沒有明確的時間表，美國若要帶領西方國家與蘇間共產集團對抗，就要準備好打一場無限期的持久戰。有鑑於此，美國應聯同其他資本主義西方國家共同對抗蘇聯，用各種可能的方式組建一個堅若磐石的民

主陣營，對蘇聯的擴張實行全球性的圍堵。

威脅平衡
Balance of Threats

威脅平衡理論是現實主義學者瓦特為補充傳統權力平衡理論所提出之修正論述。瓦特認為，如果權力平衡理論是對的，何以有些聯盟愈來愈強，卻未招致被平衡的下場；而有些聯盟江河日下，卻不見有國家給予援助。有別於權力平衡理論聚焦於強權國家的行為，威脅平衡理論轉以關注中、小型國家的結盟選擇，並將侵略的意圖（aggressive intention）列入結盟政策的判斷。換句話說，瓦特的研究貢獻在於突顯「威脅來源」於平衡策略中的重要性，有別於華茲的結構現實主義僅專注於國家客觀物質實力之差距。

由於國家會因為對威脅的感知不同，而採取不同的政策反應。例如，當認知到一國的侵略意圖很強時，便會進行結盟與之對抗，以求降低被侵略的風險；反之，當認知一國侵略的意圖微弱時，則可能採取依附或友好的策略，透過釋出善意來降低未來自己被侵略的可能性。值得注意的是，在意圖之外，地理上的鄰近性也是一個重要的變量，會左右中、小型國家結盟或依附的判斷。

馬基維利
Niccolo Machiavelli

在光譜上可歸類為是古典現實主義者，對人性持以悲觀論，對治國之道著重於權謀。馬基維利深遂的洞解充分載明於《君王論》（The Prince）之中，他毫不諱言地指出：「君王必須既為人民愛戴又被人民畏懼；兩者難以得兼，若須擇一，被畏懼比被愛戴更符合君王用以治國」；「君王必須像狐狸一樣辨視出陷阱，又要像獅子一樣能嚇制豺狼」。

《君王論》另一個重點在於提醒國家領導人，所言所行不宜受到俗世道德標準的評斷，因為俗世道德不是君王治國的最佳行事準則。事實上，馬基維利認為，若治國有必要，君王應適時為非作歹，而不是僵固地循規蹈矩，這尤其在誠信守約但不利於國家利益時，君王要懂得義無反顧地拋開承諾。

對馬基維利來說，政治的首要顧念是國家的安全與榮耀，而不是那些教條式的倫理或道德。鑑於人類社會中的許多目的和手段是以微妙的形態結合在一起（例如個人的安全常仰賴國家以不道德的方式來提供），而衝突又是源自人類的本性，君王治國不能流於情緒與感性，而是要能引導自私的人民為國家安全和整體利益作出貢獻。可以明顯看出，馬基維利將「國家」看成一種機

制（mechanism），而出於國家生存的理性（raison d'etat），君王可以無所不為，只要結果有助於國家統一和強盛。

國家主權
State Sovereignty

國家主權（或簡稱主權）是指在特定領土範圍內，一個能夠行使政治性權力並享有至高權威之實體。一般人受到國際法觀點的影響，把主權與人民、土地、政府及對外交往之能力等4個構成法律上國家的要件，視為不可分割。但主權事實上不僅僅是一項法律概念，更有其政治面向的屬性。一塊在客觀上能夠被界定範圍的領土便有自己的政治權威和人民，但其對外交往的能力受限於其他國際關係中的行為者。一個被全然孤立於國際社會之外的「國家」，便根本不可能在國際體系中存續下來。因此，國家主權是相對的概念，理解上宜從內、外兩個面向切入。對內，主權意味政治實體在領土範圍內至高無上的權威；對外，主權代表其他國家承認它的存在，並給予適度的尊重。事實上，目前國家主權的內涵和傳統的國家主權瞭解有很大的不同。韋伯（Cynthia Weber）在其1994年《模擬國家主權》（*Simulating Sovereignty: Intervention, the State and Symbolic Interchange*）一書便指出，國家主權的觀點，從未在國際間被審慎定義，而且所根據的法源及所主張的內容亦隨著時間與空間而一再變動，從未有過一致性的主張。而奎斯勒（Stephen Krasner）在1999年《國家主權：組織性虛偽》（*Sovereignty: Organized Hypocrisy*）一書中也提出類似的看法，他認為由於全球化的影響，傳統的國家主權已經逐漸流失，取而代之的是互賴式的主權（interdependence sovereignty）。而國內性質的主權（domestic sovereignty）正不斷遭到國際法規範的主權（international legal sovereignty）限制。

國家利益
National Interest

有關國家利益的觀念最早可追溯至希臘學者修昔底德的論述，他指出政治領導人的首要利益在於自保，而自保往往又主控著一國內外的政治行動。因此，透過國家利益這項概念，能助於吾人瞭解國家行為。

「利益」一詞就字面來說，係指與人有關的或能對之產生重要影響的某種存在。對於國家利益的研究，學者貝爾德（Charles A. Beard）從歷史的角度切入，認為國家利益作為一種客觀因素雖然自有國家出現即存在，但國家始終很難成為一個絕對獨立的政治實體，通常是依附於君主或皇室的利益而存在。

對於國家利益的判定，不同學者提出了不同的方法，例如：褚博維志（Peter Trubowitz）以特定時間為範圍，觀察某個國家制定的實際外交政策，進而推斷出該國的國家利益；法蘭克爾（Joseph Frankel）依據邏輯推理與經驗歸納的方式，指出「生存」是最重要的國家利益；羅森諾（James N. Rosenau）以用法上的區別界定國家利益的「功能」。如為一分析的工具，則國家利益可幫助吾人描述、解釋與評估國家行為的來源。如是作為政治行為的工具，則國家利益可以成為反駁或是主張一項政策的依據；卡普藍（Morton A. Kaplan）將國家視為一個系統，認為在其內的各個子系統會有不同的利益需求，當這些需求產生衝突時，便以何者能優先滿足國家系統的利益當作取捨的標準。此外，還有前述地緣政治的學者主張國家利益係由其所處的地理位置和擁有的資源來決定。而從90年代開始，強調行為者和結構互動過程的社會建構論（social constructivism）則認為，國家與結構在互動之前，是無法對利益產生認知的。

除了如何界定國家利益之外，對於如何判斷它對國家的重要性，同樣也是研究國家利益的一項難題。學者紐克特里安（Donald Nuechterlein）在〈國家利益的觀念〉（The concept of National Interest: A Time for New Approach）一文中，以美國為個案，對國家利益的內涵進行了分析，進而提出4種類別，以下對之作一扼要說明：（一）生存利益：判斷標準在於國家是否遭受明顯而迫切的外來威脅（特別是軍事上的威脅）；（二）關鍵利益：凡任何嚴重影響國家政治、經濟和人民福祉的危機，其中尤以可能破壞國家安全的事件為最。此等利益與生存利益的區別在於時間點上的急切性；（三）主要利益：諸如經濟事務或宗教、意識形態上的糾紛，此等利益與關鍵利益的差別在於國家通常願意以談判的方式謀求解決，不會輕易由危機升高成實際的衝突；（四）末微利益：不影響國家的福祉，但與民間經濟活動相關，通常會涉及貿易或是跨國公司的投資問題。

扈從
Bandwagon

部分現實主義的學者，例如舒威勒（Randall Schweller）、施洛德（Paul Schroeder）、米爾夏默等，認為國家在面臨威脅或他國權力急劇增長的情況時，並非總是採取權力平衡或是制衡的政策；相反地，歷史經驗顯示國家更偏好以扈從（西瓜偎大邊）作為回應。舒威勒曾指出，不管是權力平衡理論，還是威脅平衡理論，均係一種偏好於現狀（status quo bias）的觀點。對於既得利

益國或權力優勢國來說，國家安全和維護體系的穩定是其利益的重中之重，因為它們從現狀中獲得了好處。準此，在面對權力崛起的國家時，會想盡一切方法來抑制新興國家，避免去修正現狀。

米爾夏默曾經指出，對不滿現狀的（dissatisfied）修正主義國家來說，安全並非其首要目標，攫取權力才是其關注之所在。這些國家較傾向扈從（而不是制衡）正在崛起並試圖挑戰和改變現存秩序的國家。因為唯有採取扈從政策，才有可能解開舊有加諸於其行為的各種制約。另一位學者舒威勒，則是深化了有關扈從的意涵，認為這是一種敏於時務或選擇加入可能獲勝一方的策略，本身具有積極謀取利益的思考，故被稱為利益平衡論。

現實政治
Real Politik

係指為政者當敏於事務，接受國家所面對之困局，放下個人間的道德標準或是採取無關道德的思考，忍辱負重或者曲意逢迎為國家爭取利益。此一觀念的學理討論可溯源自19世紀，由當時普魯士的宰相俾斯麥（Ottovon Bismarck）所提出，主張當政者應以國家利益作為從事內政與外交的準則，不應受到感情、道德、倫理，甚至是意識形態的影響。所有的政策都應服膺於國家利益。知名的歷史與政治家季辛吉則指出，現實政治就是根據國家實力及國家利益為基礎而制定的外交政策。在現實政治的思考下，即便是戰爭，也可作為合理維護國家利益的手段之一，決策者無需「師出有名」，就算沒有道德作為後盾或是符合正義的理由，也毋庸對戰爭造成的後果感到自責。

無政府狀態
Anarchy

國際關係學界將無政府狀態視為瞭解國際政治的核心與關鍵前提，並在此基礎上開展許多分析主權國家行為的理論。而無政府狀態的涵義至少具有以下兩種觀點：（一）缺少秩序，即混亂與無序的同義詞；是類似霍布斯那種一切人反對一切人的自然狀態（the state of nature，此種涵義實際上賦予了無政府狀態「內涵」，因此並非純粹的事實描述，而是帶有主觀認知的界說）；（二）缺少共同權威的權力分散狀態（群龍無首），但有可能是一個多重權力共存的狀態。例如，國家間反覆出現的權力平衡即是一項明證。

上述兩項關於無政府狀態的詮釋都有一定的解釋效度，第一與第二種有現實主義的政治思考於其中，但自由主義（Liberalism）的觀點在第二種情形下也可以存在。由於本體論（ontology）

上的相似性，使得後來的新現實主義和新自由主義對於無政府狀態的認知趨同化，從而形成一種客觀決定論式的國際關係研究途徑，兩者唯一的差別在於，身處無政府狀態的國家會追求相對獲益（gains），還是絕對獲益；是一種零和遊戲式（zero-sum game）的互動關係，還是非零和式的合作或雙贏互動。有別於此，以美國學者溫特（Alexander Wendt）為代表的社會建構論對新現實主義與新自由主義所認知的無政府狀態提出質疑，認為此狀態實質上有「社會建構」的特徵，故而無政府狀態的內涵不是被給定的，而是具有變化性的。溫特將無政府狀態下的國家間關係分類成3種類型的文化，即霍布斯式（Hobbesian，敵我關係）、洛克式（Lockean，競爭者關係）、康德式（Kantian，朋友關係），而實際上哪一種關係會出現在國家之間，完全取決於國家彼此怎麼互動和認知對方。

整體而言，要以無政府狀態來區分國內政治與國際政治是過於簡單的想法，因為即便是在有政府狀態的國內政治結構中，武力的壟斷性或是執法的權威也經常受到挑戰（華茲本人也提過這一點）。其次，無政府狀態的內涵是先驗的（the given）還是被建構的，在國關學界始終是一個爭論的議題，至今還沒有定見。

結構現實主義／新現實主義 Structural Realism / Neorealism

由於華茲在其書中強調了「結構」對於體系成員的影響，並對政治結構（特別是國際政治的結構）作出了詳盡地說明和解釋，因而使其主張的「現實主義」獲得了「結構現實主義」的雅名。而在學術討論上，亦有人將結構現實主義稱之為新現實主義，而華茲在1979年的《國際政治理論》（*Theory of International Politics*）至今一直被視是結構現實主義的經典之作。

在用語上使用結構現實主義的學者，如華茲本人和詹姆士（Patrick James）；使用新現實主義的學者，如熊（James C. Hsiung）和傑維斯；而將結構現實主義與新現實主義混用者，如漢納米（Andrew K. Hanami）與鮑德溫（David A. Baldwin）。

「結構」此一概念可以用來區分國際政治與國內政治；在國際層面上，結構呈現出的是一種無政府狀態，即缺乏一個享有合法使用絕對武力的共同上層位階者。在此種情況下，國際體系內的主權國家彼此的身分與功能都極為相近，較難透過分工模式形成類似國內階級式狀態的整合（integration），因此國際體系中的國家多半得靠自己追求獨立自主與生存安全。毋寧，無政府狀態

下的國際體系是一種須為自保做準備的自助體系。

應予強調的是，結構現實主義並未全然排除國家間發生分工與合作的可能性，只是基於兩點理由認為這樣的機率不大，一是對於相對獲益的關注；一是對於依賴（dependence）的憂慮。這兩點理由限制了國家分工合作的可能性，使得自助成為國際政治的常態。國家因此必須靠自己來保全本身的利益（特別是生存），而雄厚的實力正是承擔此項任務的有效方法。於是「能力」（capability）這項概念在華茲的理論中被高度突顯，而武力正是國家在有利可圖或是保衛自己的情況中最常被展現，也是最有用的一種能力。

總的來說，結構現實主義認為，國際政治的結構在很大程度上制約了國家的行為與互動模式（華茲強調這是一種社會化與競爭的效果），並使得武力成為最有效的自助方法，甚至是維持國家間秩序的一種機制。

集體防衛
Collective Defense

集體防衛可以說是上述「同盟」的一種功能或是具體實踐，指涉一種回應軍事威脅的國家組合。詳言之，為了獲得安全，兩個或兩個以上的國家在防衛政策上採取一致，同意當對方遭受「外力」攻擊時，視為是自己遭受攻擊，以彼此互助協防的方式，共同對抗外力，以確保安全。此種防衛政策上的同盟實戰，最好例子是冷戰期間的北大西洋公約組織（North Atlantic Treaty Organization, NATO）與華沙公約組織（Warsaw Treaty Organization, WTO）。

集體防衛與國際聯盟或是聯合國所採行的集體安全制度在本質上具有相似性，因為兩者皆屬一種確保安全的預防機制。不過，在追求安全的認知上，兩者又存在著根本地差異。國家之所以參與集體防衛性質的同盟，是為了抵禦對其國家造成的威脅，此種威脅的特定性很高，通常是針對某一國家（或國家集團）。但集體安全則否，因為集體安全依附的是一會籍普及作為原則的國際組織，其要對抗或懲罰的假想敵為所有可能之潛在侵略者，他們可能是組織的成員，也可能是未參組織的外力。也就是說，集體安全並無預設特定的對象，是對事不對人的安全機制。

新古典現實主義
Neoclassical Realism

新古典現實主義的理論原型主要來自於兩本1990年代後的著作，一本是《帝國的迷思》（*Myths of Empire: Domestic Politics and International Ambition*），一本是《從財富到權勢》

（*From Wealth to Power: The Unusual Origins of America's World Role*）。兩本著作的共同點是，闡述國際體系中的一些「誘因」如何透過單元層次的變量（unit-level variables）對一個國家向外擴張或投射權力的決定發揮影響。

美國學者羅斯（Gideon Rose）於1998年整合了幾本論點類似於上述兩本著作的專書，以強調外交政策「理論」的新古典現實主義，撰寫了一篇極為深入的評論。建議國關研究者將國際體系與一國的國內政治因素同時列入考慮，因為外交政策會受到國際體系，特別是體系構成員間「相對物質權力」（relative material power）的影響。然而，他於文中強調，一國的外交決策並非全然遵守客觀的實力分配原則，故而有必要審視與一國內部有關的政治因素和政府組織，因為這些因素也會左右一國的外交政策。進一步說，此派學者認為外交政策實際上係由國家的政治領導人或是少數菁英決定，因此這些決策者如何認知相對權力，是決定國家採取何種對外行為模式關鍵。藉由「認知」這個變量的提出，國際體系的結構就不再是直接或唯一影響國家對外行為的充分條件，而是必須經過國內政治的「過濾」（filter）。

新古典現實主義的論點強調決定外交政策的因素並非完全取決於一國本身權力的強弱或其在國際體系中所獲得之權力，個別國家決策者對於權力的認知也是一項不可忽視的「中介變量」。然而，「中介變量」的範圍並不明確，甚至可能包山包海，在同屬新古典現實主義學派的論者間也未必有共識，故而亦有論者（例如：Jeffrey Legro and Andrew Moravcsik）反省與質疑，新古典現實主義究竟還能不能算是「現實主義」（Is Anybody Still a Realist? 1999）。

新保守主義
Neoconservatism

此種政治思想主張政府的職責在於保證法律和秩序的有效性、保護國家領土不受外來侵略、堅持某些傳統價值觀（因而被稱之「保守」，但在經濟活動與所得分配方面，則又傾向減少干預）。新保守主義是相對於舊保守主義而來，支持者的政治主張是強調權力應向政府集中，並提出一些不可逾越的價值或意識形態，作為政策的核心，以鞏固社會各階層對國家的向心力和認同。

過去十餘年，有關新保守主義的討論多半與美國的外交政策進行連結，例如在《新美國世紀計畫》（*Project for the New American Century*）這份報告中便指出：「歷史上從來沒有任何一個時刻，國際安全與秩序如此有助於美國的利益，此新時期的挑戰，便是維護和

加強『美國治下的和平』（Pax Ameri-cana）。」為了達到這個目標，該報告相信且鼓吹美軍應設法達成以下任務：保衛國土、維持同時在全球多個主要地區的軍事能力、厚植在這些主要區域執行軍事行動的實力。在這種思維下，新保守主義者認為美國有必要增加國防預算，並持續保持各種經濟與科技上的優勢。

新保守主義對於權力或是相關的物質資源甚為強調。學者卡根（Robert Kagan）便曾表示，美國外交政策中有關善惡、敵友等等的二元論，與其在國際體系中權力分配的結果有關，歐美戰略文化的不同並非肇因於美國人和歐洲人的民族性格，而是反映出美國整體實力的明顯勝出，和歐洲的相對弱勢。然而，2008年之後，美國在國際體系上的相對權力優勢發生轉變，歐美的實力差距不如過往那般明顯，同時中國崛起也稀釋了美國霸權，整個國際屆勢的戰略走向已不再獨厚於美國。然而，新保守主義依然在美國發揮一定的影響力，甚至在川普任職總統時加速美中的全面衝突。事實上，副總統彭斯、國安顧問波頓（後來被解職）和國務卿蓬佩奧都是新保守主義者，他們和川普共同將美國的對外政策訴諸於意識形態、價值觀，還有充滿爭議性的「白人式美國優越」。

霍夫曼
Stanley Hoffmann

知名的國關學者，於1966年發表論文〈頑固或過時？〉（Obstinate or Obsolete? The Fate of the Nation State and the Case of Western Europe），指出歐洲各國仍然是追求國家私利的實體。儘管共同體成員在農業、貿易等低階政治（low politics）領域進行密切的合作，但它們頑固地緊抓主權，在軍事安全和武力使用等高階政治（high politics）領域僵持不下。功能主義（Functionalism）並沒有如它的支持者所言，真正使歐洲超越民族國家的窠臼；相反地，整合政策不過是這些在歐洲的民族國家用以維護自身主權和增加利益的權宜之計。

霍夫曼此一觀點後來被稱作政府間主義（intergovernmentalism），而他本人則是堅信民族國家在全球體系中的作用。他指出，全球化不是一個更好的國際關係發展的開始，而是強國依其利益控制弱國的現象。雖然，經濟的互通與科技的擴散是全球性的，但一般人的自我認同，仍會受到所處地域和民族意識的影響，所以國際社會並沒有所謂的集體認同或全球公民意識的存在。

霍布斯
Thomas Hobbes

在西方政治思想理論中，霍布斯是第一個將「自然」與「文明」區分開來的政治哲學家。他借用「自然」（nature）這個語詞，指稱人類尚未建立類似如國家此種象徵共同權力的狀態，即無政府狀態。而與自然相對立的「文明」，則代表已建立了公同權威之社會。在霍布斯的政治思想中，文明是人類開創出來的，而非自然生成的，當人類生活在自然狀態時，那種無時無刻不相互為戰的叢林裡時，環境逼得人類不得不去思考如何跳脫這種欠缺安全的狀態，此時人類的理性開始發揮效用，想出克服自然狀態的方法，就是每個人的行為都要受到一定程度的限制，於是社會契約的概念在這裡出現。惟下列兩點應予留意：（一）人類之所以簽定社會契約，並非為了「權力」，更不是為了權力才組成國家或政府這個巨靈。社會契約的真正目的是為了讓人類脫離原本時時刻刻相互為戰的自然狀態（霍布斯以叢林做比喻）；（二）承接上述，社會契約的功能不是為了讓人類過「好的」生活，而是為了限制人類本性中一種負面的衝動。

關於「巨靈」（Leviathan，也就是利維坦），霍布斯認為有兩種特質：首先，巨靈的出現反映出人類的理性，而理性具有限制人類行為的效用；其次，沒有權力，就沒有畏懼，沒有畏懼，人們就不會有政治性的結合。這裡可以清楚看到，霍布斯認為權力與安全（或安全感）是息息相關的，人們以及國家都在尋求權力並且組織權力，因為人類害怕自己的生命與財產被別人擁有的權力奪走。此種思想後來對於國際關係的現實主義具有很深的影響，甚至使部分現實主義者將國際關係看做是國家間永無止境的一種「自然狀態」。

權力
Power

「權力」是國際關係學門中一個極為重要的概念，在眾多理論派別中又以現實主義家族的研究者最為重視權力這個自變項，他／她們認為國際關係就是有關「權力」的分配與爭奪。然而，何謂權力，怎麼定義或衡量？

一般而言，觀察「權力」有兩種方式：一是將權力植基於國家所能擁有的物質性資源。用客觀可被評量的物質，作為計算權力多寡之依據，多數的現實主義者採此觀點（但守勢現實主義者有部分會關注非物質性的因素）；一是從國家間的互動結果來推估「權力」，亦即把權力視作一國對其另一國的控制程度和影響力，學者戴爾（Robert Dahl）的界說對這一種觀察方式影響甚深。

上述兩種方式的區別在實際操作上不大，畢竟當兩國發生衝突時，通常是擁有物質資源優勢之一方占上風。不過若要使「權力」的研究更為精確，並且能發揮預測的效果，就不宜將有形的物質資源與國家互動的結果全然劃上等號，理由有二：（一）若強調結果面的判斷，就無法在事前與事中進行評估，這對風險預防的幫助太小；（二）易於忽視「無形的」物質資源，有些人類肉眼未能觀察到，但從物理狀態來說是實存的權力資源，易被忽略。

事實上，雖然多數學者認為權力是可以被衡量的，但是如何對之進行衡量卻沒有定見。多數人係從權力的構成要件進行分析，來判定一國權力的大小。惟哪些是權力的構成要件則又莫衷一是，以下就目前已較不具爭議的幾項要件進行說明：（一）人口：廣大的人口是成為一個強權的必要條件（但非充分條件），不過人口的素質，特別是教育水平會左右這項要件的有效性；（二）疆域：正常情形下，較大的國土疆域所含有的天然資源較為豐富，可被轉化用以增強國力；（三）經濟力量：學者奧干斯基（A. F. K. Organski）曾提出國民生產毛額（GNP）作為判定國家權力的有效方法。而今日則有所謂的購買力評量法（PPP）；（四）軍事力量：傳統上係以國防經費在該國政府總預算所占的比例、傳統武器與核武的數量等為評定標準。晚近有論者建議可以獨立的海軍力量、空中力量、地面力量、核武器等4個類型，作為度量依據；（五）科技水準：由科技研究發展的經費、相關人才的數目、高科技產品占國家出口及生產力的比率為標準；（六）國民認知：此點爭議最大，一般認為士氣、民族主義、國家認同是可行的指標。

權力平衡
Balance of Power

此概念可謂現實主義關於權力政治（power politics）論述中最為重要的一個。由於國際體系中物質力量的分配大致反映了國際關係中權力結構的均衡與否，而權力平衡作為一種觀測指標，有助於國關研究者分析和判斷特定國家的行為變化。例如沃爾弗斯（Arnold Wolfers）認為，「對手國之間相互力量的平衡，或大體上的平均分配」，是一種有別於體系中出現霸權的概念。另有論者如克勞迪（Inis L. Claude, Jr.）主張，權力平衡係一複雜而具有多種意涵的概念，而他自己將權力平衡歸納為下列3種態樣：（一）不同國家間權力分配大致相等的情形；（二）國家的外交策略，目的在於達成制衡權力的狀態或避免權力的集中化；（三）國際體系中的一種現象，是國際關係運作中的一種必然規律。

　　在諸多學者中，對於權力平衡進行全面且系統性探討者，應屬古典現實主義學派的摩根索。他認為追求權力的國家，總是在維持現狀與修正現狀之間不斷競爭，最後形成一種勢均力敵的平衡態式或維繫此種狀態的外交政策。

　　事實上，權力平衡本身與維持權力平衡的外交政策不僅是無法避免的，而且在由主權國家組成的國際關係裡是一種管理權力的有效方法。結構現實主義的代表人物華茲對於權力平衡也頗為重視，曾指出權力平衡理論並非假設國家的行為一定是理性的，但是如果國家因為能力不足，而無法保持自己與他國間的權力平衡（無論以什麼方式），最終都可能遭到權力優勢一方的宰制。值得注意的是，攻勢現實主義的米爾夏默認為，區域強權在阻止另一地區出現類似自己地位的潛在競爭者時，可以在權力平衡或推諉責任間進行選擇。如果不是地理上非常鄰近，通常是以推諉責任作為制衡政策的優先考量，讓他國先行承擔或抵抗新興強權的風險，而自己則隔岸觀火。不過推諉責任並非百分之百的安全策略，一旦先行承擔制衡政策的行為者無法嚇制新興強權時，尾隨而來的風險，或是對既存區域霸權國家的挑戰，將會很大。

第三篇　國際關係理論 II （自由主義）

Theories of International Relations II (Liberalism)

互惠
Reciprocity

係指在有來有往的相互基礎上，合作參與者從對方取得自身所需，也同時提供他方所求之互動關係。具體內容上可以是貨品、勞務或任何其他內容的交換，而這種交換讓彼此受惠。舉例來說，互惠可以說明何以在國際社會缺乏共同權威的前提下，跨國性的法律規範還能被主權國家遵守。因為當國家能以互惠原則相處時，一個穩定的環境和可被預期的結果便能帶給國家較多的安全與利益，倘若有國家違反互惠的約定，將面臨被制裁的風險。

然而，互惠並非總是帶來預期中的合作效果。國際政治的實踐上，行為者在某些情況下有可能以加諸損害於它方的方式來參與互惠，例如疫情起源國未在第一時間履行其通報WHO的義務。此外，一旦參與合作的行為者數目超過二以上，互惠的實踐可能將出現義務分配上的不均，或是利益分配上的失衡。

民主和平
Democratic Peace

此概念或可溯源至康德（Immanuel Kant），因為在其1796年《永久和平》（*Perpetual Peace*）的著作中提到，戰爭是人性本惡與道德弱化的結果，應設法予以避免，而方法不是建立一個沒有靈魂的專政（soulless despotism）作為共主，而是透過共和國之間的合作來維繫和平。後來的研究者，如施莫兒（Mekvin Small）與辛格（David Singer）將此概念與國家的民主制度相聯繫，描述了民主國家彼此間不相互為戰的傾向和實踐。1983年，道爾（Michael Doyle）在〈康德、自由主義的遺產與外交事務〉（Kant, Liberal Legacies, and Foreign Affairs）一文中，將「民主和平論」的觀點提出，認為：（一）實證經驗顯示，民主國家間確實很少發生紛爭；（二）即使民主國家間產生爭端，也極少會使用武力或以武力威脅的方式求解；（三）專制國家彼此間或專制國家與民主國家間是容易發生爭執的，且訴諸武力解決的可能性很高。

由於談判與協商是一種民主文化的表現，使得民主國家在進行政治互動時偏好以「和平」為前提，從而使得透過戰爭解決問題的機率下降，代之以妥協、磋商，或經由互惠來解決問題與維持互動。值得注意的是，「非民主國家」間其實也能維持相當程度的和平，有論者便指出，國內政治制度的相似性提供國家區別敵我、加強溝通以及減少誤判的作用，從而減少戰爭爆發的機率。

功能主義與新功能主義 Functionalism and Neofunctionalism

本概念宜從國家間進行整合（integration）的歷史背景來理解，而最佳的事例便是在目前的歐盟及其前身。1940至1950年代初期，為了讓國家能夠更緊密的去處理跨國性議題，學者米契尼（David Mitrany）提出功能主義，表示「整合過程中，不同官方部門的專業功能會有助於合作，而某些合作的結果又會促成另一合作的動因，最後不同部門的合作將會形成一種功能性的互賴網絡，並且溢擴到較不易形成合作的政治領域」，此即所謂的分枝理論（doctrine of ramification）。

米契尼以歐洲整合的過程為例，說明當時西歐各主權國家的功能性官方部門或行政機關的互動逐漸頻繁與深化，並自動擴延到政治性部門或領域，最終使得主權國家願意讓渡部分主權，進而形成歐洲共同體（European Community），將自己原本對民族國家的政治忠誠在相當程度上轉移到區域整合後的功能性組織身上。

由此可知，功能主義論述的重點是跨越民族國家領土性質的專業與技術合作，此與現實主義聚焦於國家主權的絕對性迥不相同。但因其提出時過於低估政治因素在整合過程中的負向拉力，導致流於理想化和解釋力上的侷限。對此，新功能主義作為替代性的補充論述，開始強調國家決策菁英或政治因素在整合過程中的關鍵角色，並且對於是否建立一個超越主權國家的整合機制持保留的態度（但不是反對）。新功能主義的重點是強調整合過程中的外溢效應（spillover effect），即某一議題領域的整合會導致其他相關議題領域產生整合的需求，此種由A到B的外溢現象會提高整合成功的機率。

此外，新功能主義認為，國家的決策菁英會在成功的整合經驗中學習到彼此合作的益處，於是會修正自己原本的觀念，進一步去強化「制度化」的整合。由於整合並非純粹透過功能與專業因素來達成，而是同時需要相當程度的政治力運作，才有可能克服各國對主權觀念的堅持。值得注意的是，新功能主義者對於整合的最終發展並沒有達成共識，例如哈斯（Ernst B. Haas）早期曾認為，整合的最後階段將出現一種「超國家性的機構」（supra-nationality），但後來改以「政治共同體」（political community）的概念作為替代；而林貝格（L. N. Linberg）認為，整合最終能不能產生「共同決策機制」（collective decision-making system）才是重點。

多元主義
Pluralism

多元主義源自洛克等早期自由主義（Liberalism）思想家的論述，反對將主權國家視為世界政治的核心，並提出有別於現實主義（Realism）的4個關鍵前提：（一）國家以外的其他行為者（actors）也是世界政治中的重要實體（entities），不宜忽略；（二）國家不應被視為單一行為者（the unitary actor）；相反地，國家是由數個不同的利益團體在競爭或妥協過程中展現的政治形式；（三）對國家理性的預設前提持一保守立場，認為不同利益團體間的衝突經常導致決策過程與最終決策變得非理性；（四）不認為議題之間在本質上有所差異，反對高階政治（high politics）與低階政治（low politics）的劃分標準，主張經濟、社會、環境等議題與國家會軍事安全同樣重要。

和平研究
Peace Studies

第一次世界大戰結束後，人類開始思索如何延續與維持和平狀態，因而展開有關「和平」之研究。1926年，芝加哥大學（University of Chicago）開始有系統地從事戰爭起因的研究，經學者萊特（Quincy Wright）將研究成果加以匯編成冊，出版《戰爭研究》（*A Study of War*）一書，可謂當時國際關係與戰爭法領域最為完善的學術資料。

1950年代開始，受到毀滅性武器和美蘇軍備競賽之影響，和平研究在類型上開始細分為「衝突研究」與「和平研究」兩部分，其中北美學派（North American School）著重的是衝突的解決，即衝突產生後如何有效的獲得處理，至於同樣的衝突日後得否避免則著墨較少。相較之下，北歐學派（Nordic School）關注和平的建構，認為避免衝突的同時，還要延續和平。學者鮑汀（Kenneth Boulding）致力於避免戰爭和各種衝突，可謂「消極和平」（negative peace）的探索代表。而約翰蓋爾敦（Johan Galtung）則聚焦如何解決貧窮、政治壓迫、種族歧視、飢饉等問題，形成一種「積極和平」（positive peace）的次領域。

冷戰結束後，和平與衝突研究顯現出更為多元的特色，不但開始強調跨學科，也對道德與觀念等因素加以重視。值得一提的是，和平研究與安全研究均開始關注所謂的「結構性問題」，譬如全球化下的南北貧富差距、國際間的資源分配不公、婦女或弱勢族群與移民的歧視問題。這些長期存在於國際關係或國內政治的現象，有很多皆與社會結構的失衡密切相關，而這樣的失衡未必全然肇因於物質分配的失衡，而是與人

類社會的觀念偏狹有關。鑑此，和平研究在當代已更加關心人口走私、毒品交易、貿易與環境或貿易與人權間的衝突，並試圖矯正人們的觀念，讓隱型的結構問題不要進一步成為看不見的暴力，對弱勢群體的安全造成侵害，或是成為弱勢群體與優勢群體衝突不斷的導火線。

普世主義
Universalism

　　一種強調理性、客觀和價值中立的思維，自啟蒙時代以來，成為主導人類知識的主流思考。普世主義的倡議者相信，探究相同事物便應持以一貫的知識脈絡，才能符合客觀的邏輯，追求到所謂的真理。普世主義應用在法律面，有另外一種理解，是特指國家行使管轄權力的一種特殊情況，即一項議題被判定是國際社會共同關心之事項時，例如：使人為奴、海盜、種族清洗，則所有國家皆可對之行使普世管轄。

全球主義
Globalism

　　全球主義此一辭語的使用本身即帶有若干風險和爭議，因為它和前面介紹的多元主義都是基於對現實主義的批評而形成之國際政治觀點，所以經常被誤認為是同一種理論。然而，全球主義與多元主義是不同的。首先，全球主義更為聚焦經濟議題，而且特別強調資本主義（Capitalist）下的支配與剝削關係，認為這是理解世界政治的基礎。然而，這不代表所有的全球主義者都受到馬克思主義（Marxism）的影響。

　　若欲對於全球主義進行較完整的闡述，宜分別從「外交政策」和「世界政治」兩個面向著手；前者係指霸權國家的行為傾向，後者描述對於一項議題的特定認知。從外交政策的角度來看，抱持全球主義的國家必須在主觀上有意願且客觀上有能力，以全球為範圍去踐行它的外交政策，從而滿足它的國家利益。因此可以用民族國家式的普遍主義（nationalistic universalism）來理解它。從世界政治的角度切入，全球主義是一種認為經濟議題必須要以全球為範圍來進行處理，方能得到有效運作之政治觀點。

革命主義
Revolutionism

　　「革命」（revolution）一詞通常指涉激進或突發性的改變，且過程中極可能伴隨相當程度的暴力。在國際關係理論中，革命主義是英國學派（English School）的3個傳統之一。學者布贊（Barry Buzan）以康德主義（Kantianism）描述此種思想，因為革命主義的支持者認為，共同體（community）才是世界政治應該努力方向，並堅信國際關係的發展應在個體之上建立一個世界社會（world society）作為目標。

革命主義所主張的世界社會遠比國際社會（international society）更具有包容性，國家以外的其他行為者，甚至是個人，也被囊括於其中。正因為如此，革命主義與多元主義有某一程度的近似，同時又與強調構成員間和諧關係的團結（或連帶）主義（Solidarism）有相近的觀點。

理想主義
Idealism

此一理論思想對國際關係的影響極深，但經常和其他詞彙（例：烏托邦主義（Utopianism）、理性主義（Rationalism）、自由主義等）交錯或混淆使用，從而導致研究與學習上的困擾。

基本上，理想主義在國際關係領域是一種觀察與理解世界的途徑（approach），在乎道德價值、法律規範、行為體間的和諧關係，貶抑個別國家的絕對自利與尋求軍事力量解決衝突的作法。理想主義的思想淵源可以上溯到16世紀法學家格老秀斯（Hugo Grotius）的觀點，在其《論戰爭與和平之法》（*On the Law of War and Peace*）一書中，格氏認為世界上存在著一種自然法（natural law），而這種自然法先於由國家共識所形成之實體法，乃各國必須遵守之規範。在自然法之下，國家與國家的聯繫透過許多衍生出來的行為準則或規範，得以形成並有序，而這些規則就是後來諸多國際法律規範的基礎。因此，即便是最暴力的國際關係：戰爭；國家在必須武力相向之際，仍然有法可循，而不是全然失序（disorder）與混亂（chaos）。

上述理想主義得到實踐的時點是在第一次世界大戰後，主要的代表人物有湯恩比（Arnold Toynbee）、安吉爾（Norman Angell）、齊門（Alfred Zimmern）以及美國總統威爾遜（Woodrow Wilson）。他們共同的主張是，人性基本上是善良的，且有無限的可塑性，而國家係由人所組成，因此也應該是善的。國家間的關係所以經常不能和諧，是因為缺乏制度。因此，國際和平的維繫要奠基於制度化的國際規範，幫助國家以和平的方式來解決互動過程中的衝突。清楚可見，理想主義不採用權力平衡（balance of power）的政治手段，也不傾向以祕密外交來經營國際關係。這是一種很正向的思維，若能確實得到主權國家的實踐，世界政經的運作應可期待樂觀的發展，但理想總是和平美好，而人類歷史反覆驗證的結果卻是暴力與衝突的（Ideals are peaceful. History is violent）。

其客觀實力足夠之際去設法修正現狀。

烏托邦主義
Utopianism

指涉那些認為戰爭可以永久消弭、相信和平可以成為國際關係常態，或是主張行為者總是能夠理性去追求自利與全體利益的一種政治思想。由於陳義過高，與現實的世界落差太大，因此被學者卡爾（Edward H. Carr）批評不切實際的「烏托邦主義」。

事實上，烏托邦主義的支持者也知道自己主張的可行性甚低，因此通常是冀望藉由宣導與描述某一正義與自由的概念，進而在此基礎上建構接近理想狀態的人類社群形式，以體現正義與自由的價值。例如莫爾（Thomas More）在其《烏托邦》（Utopia）一書中，以批判和諷刺的筆法將烏托邦中的善良人民和社會中的罪惡作巧妙的對比，藉此譴責後者，並希望透過教育與道德的勸說來改善人心，因為人是有自我進步的理性能力（progressing power of reason）。不過，即便如此，卡爾也認為烏托邦主義並不適用於國際關係，因為國際關係的本質是權力間的競爭而非和諧，同時所謂的國際道德或國際秩序只是既得利益者維持現狀（status quo）的口號，像過去的德國或現在的中國，甚至任何不滿意現狀的國家，必然會在

自由主義
Liberalism

自由主義在過去200年的演變過程中出現了各種流派，然而它們都有一個共同的核心，這就是對於「人」的關注以及對於「社會關係」的好奇。這種自由派的思想體現了下述幾種共通性：（一）個人主義的政治哲學觀；（二）所有人生而平等且都具有相同的道德地位；（三）普遍主義：肯定所有人在道德上的一致性，認為不同歷史階段的制度和文化只有形式意義上的不同；（四）性善論：斷定所有社會制度和政治結構都是本質為善的，源自人類的理性。

國際關係的自由主義傳統在歷史上相當悠久，至少可以上溯到數世紀前哲人洛克（John Locke）的主張。在洛克看來，任何人和政府都不得違反或破壞自然法的原則。在自然法的統治下，人們擁有一些不可剝奪的基本權利，其中包括言論、思想自由，以及獲得擁有私人財產的權利。另一方面，亞當斯密（Adam Smith）則從資本主義市場的角度闡述了自由主義的要義，強調個人而非集體，才是社會的中心與目的所在，集體式的社會制度只是個人活動的產物。這就是道德觀上的個人主義立場；

毋寧，個人只要不影響其他個人的自由，便應享有最大程度的自由。

　　然而，自由主義一直到19和20世紀才開始發揮它在國際政治思想上的影響力，第一次世界大戰後的國際聯盟（the League of Nations），第二次世界大戰後的聯合國（the United Nations）均可見其足跡。自由主義思維下的國關理論具有幾項前提，最重要的莫過於國內情形的類比（domestic analogy），即將一國內部個體間的相互關係套用到國際政治。其中最具代表性的例子便是民主和平（democratic peace），認為民主制度若能在全世界開花結果，則和平狀態便可得到確保。其他較具代表性的主張如：利益的自發性和諧（尤其指國家利益與國際利益可以相互融合，不生衝突）、相互依賴（interdependence）、司法程序解決爭端、集體安全（collective security）等。

　　應留心的是，上述提及的許多主張在自由主義陣營內部是有一些爭論的，最主要的爭執點在於，是否應透過干涉（intervention）的方式來落實自由主義的價值。例如：威爾遜便認為，儘管進步是歷史的必然，但有時應適當的給予協助，故維持自由與平等的戰爭（義戰）有其發動的必要性。反之，不贊成干涉的人士認為，自由的世界秩序根本無需刻意促成，而是會自發性的擴散與蔓延。

自然法
the Law of Nature

　　自然法的傳統源自古希臘的哲學，貫穿了西方世界的社會與宗教思想，它的內涵是泛指一套超越單一社會法律和不同時代的規則。它不是特定時代或專屬於特定社會的法律，而是超脫時空限制的普世規律，代表至高、恆久與不變的道德與秩序（這種觀點其實近似於道家的思想）。

　　無論是霍布斯（Thomas Hobbes）還是格老秀斯，均將他們的理論建立在自然法之上，並由此發展出一套適用於人類政治活動的哲學，以迎合三十年宗教戰爭之後在歐洲出現的民族國家。這個時期的政治思想家多半從人的理性、動機或是對於利益的渴求來建構理論。例如李（Joseph Lee）認為，在理性的指引下，每個人都會做使自己得到最多的事，而每個人的進步將成為公眾的善。

知識社群
Epistemic Community

　　此概念由學者哈斯（Peter Haas）於1992年在《國際組織》（*International Organization*）季刊中提出，用以強調特定科學領域之學者專家的認知與理念在決策過程中扮演之角色，及其對國家

外交政策和國際合作發揮之影響。

根據哈斯的說法，知識社群係由以知識為基礎的專家或團體組成，他們在其專業領域中具有影響決策者政策品質與正當性的權威（authority）。社群中的成員對於因果性的原則（causal beliefs）具有相當程度之共識，並對社群內部所定義的概念或用以評估事物標準的有效性（validity）有近似的立場。

知識社群最重要的功能在於，它作為一個中立與專業的知識守門人，透過科學證據與經驗累積，減少決策者恣意的專斷或是背離實際的非理性決定。簡言之，是問題導向的務實派。

由以上的說明可知，「知識」在政策制定過程中可以發揮一定的影響，特別是在高度專業的領域。因為「知識」建立在科學基礎上，有一套辨別真偽與效力的因果邏輯。藉由客觀與中立的知識，務實的專業人士在某些問題必須被解決的時候，能對決策者產生影響力。此種現象從冷戰期間美蘇兩強的核武戰略到今天許多國家的綠能開發計畫，都可以找到事例。

不過，科學知識是否純然理性、中立而不受政治的左右呢？學者溫伯格（Alvin Weinberg）認為，知識社群的政策建議常常逾越他們所受的專業訓練，並且知識社群的成員也可能因為自身的政治立場而提供不純粹的專業建議。哈斯後期的研究（2005年）也指出，知識社群在某些議題已高度政治化，也就是科學會受到濫用，決策者往往為了政治目的而扭曲知識社群的分析，甚至要求知識社群成為橡皮圖章，為自己偏執的政策背書。

古典自由主義
Classical Liberalism

延續先前有關烏托邦主義的說明，17至19世紀的自由主義（即古典自由主義）是以一整套自由放任的理念來發展相關的論述，在經濟上相信自由貿易會促進和平；在政治上主張類似經濟市場的國家體系，有一隻無形的手（利益的自發性協調）會維持國際秩序。基於對自由價值的堅信，古典自由主義支持民族自決，認為以自由和民主為理念基礎的自決運動，應該受到肯定。進入20世紀以後，強調絕對領土主權的觀念開始受到挑戰，人權與經濟此種跨國界的議題，以及主權國家相互依賴的程度增加，讓研究者開始思考對古典自由主義的若干觀點進行修正。以威爾遜作為代表，他把組織化的和平（an organized peace）概念帶入國際關係的理論與實踐中，其核心思想是要在國家之上形成一個超國家機構，扮演定紛止爭的角色，解決人類歷史上以戰爭尋求和平的矛盾。這樣的努力促進古典自由主義逐漸調整為新自由主義，而關鍵時點在

1920年代末和1930年代初所爆發的國際性經濟大蕭條。

　　經濟大蕭條及由此引發的各國內部與世界全體的經濟危機，讓人們開始對自由放任的思想產生質疑。隨著布列頓森林會議（the Conference at Bretton Woods）的舉行，凱因斯（John M. Keynes）的國家管制（或干預）觀點開始取代純粹的經濟自由理念，並在美國的新政實踐中大受肯定。此後，藉由國際組織與國際建制（international regimes）管制跨國事務的觀念逐漸成熟，放任型的古典自由主義思想漸漸失去重要性和支持者，取而代之的是強調規範與規則建立的新自由主義。

新自由主義
Neoliberalism

　　新自由主義雖然源於前述的古典自由主義，但在以下幾點與其有相當程度的區別：（一）新自由主義認為，自由放任的思想以及由其衍生的概念並無法使得不同個體相互間的關係走向和諧與秩序，相反地，個體基於理性，會導致國際政治走向非理性或是經濟市場發生失靈。因此，新自由主義支持以成立國際組織和多邊制度的方式，對國家間的關係進行調控與管制，並以此作為維持和平與秩序之道；（二）新自由主義反對古典自由主義將和平、正義與和諧視為是自然的狀態或是可自然達成的結果。新自由主義認為，若沒有透過精心設計的政治制度，和平與正義不會憑空出現。準此，論者提出在國際層次上進行改革，諸如：民主制度的拓展與宣揚、加強多邊合作等；（三）新自由主義較之古典自由主義具有偏好干涉行動的傾向，認為世界上許多跨國性的共同問題，必須通過他國的協助，甚至是以干預的方式來進行管理與解決。

　　需要注意的一點是，第二次大戰以後的新自由主義其實可以細分為新自由制度主義（Neoliberal Institutionalism）、社會自由主義（Social Liberalism）以及法律自由主義（Legal Liberalism）。其中，新自由制度主義最為國際關係領域的人士所熟悉，並且在與新現實主義（Neorealism）的辯論和日後的發展中漸漸將新自由主義當作新自由制度主義的另一種稱謂，而對其他兩個隸屬於新自由主義的流派少有討論。

新自由制度主義與國際制度
Neoliberal Institutionalism
and International Institutions

　　為了有效解釋與論證主權國家如何在無政府狀態下進行合作，1977年基歐漢（Robert Keohane）與奈伊（Joseph Nye, Jr.）以國家間在制度下的互動作為研究重點，提出促進國家達成合作的

相關論述。1984年基歐漢透過《霸權之後》（*After Hegemony*）一書，提出「制度」（institution）一詞來闡明國家間的合作與衝突，不僅延續了新功能主義（Neo-Functionalism）的觀點，也與當時有關區域整合的研究相呼應。學者葛瑞科（Joseph Grieco）稱此種以「制度」作為研究重點的學派為新自由制度主義。

新自由制度主義的代表學者基歐漢將經濟學中市場失靈的概念引入國際關係，強調國際制度具有提供資訊、減少誤判、增加承諾可信度與化解囚犯困境（prisoner's dilemma）的功能，從而使主權國家彼此間的不確定性得到改善，進而促成合作。至於國際制度的內涵，基歐漢依據約束力的不同作出如下的分類：（一）正式的政府間組織，例如世界銀行（World Bank）；（二）國際建制，指在特定議題領域所具有之明示規則，例如《海洋法公約》在形成過程中的三次談判會議及其過程；（三）國際慣例，指默示的規則或諒解，拘束力雖低，但有助於國家的溝通和協調。

總的來看，新自由制度主義的核心假設是國家理性，並以此開展其關於國家合作的論點：（一）同意新現實主義對於國際無政府狀態的假設，但較強調其中的秩序面；（二）合作不涉及道德問題，是國家理性的選擇，不應以價值規範加以衡量；（三）國家之間是基於「絕對獲益」（absolute gains）而非「相對獲益」（relative gains）的觀點，來進行合作；（四）囚犯困境的存在恰好反映出資訊不足所導致的合作困難，因此需要國際制度的產生，降低國家間發生誤判與欺詐的機率；（五）國際制度形成之後，並不必然依附於成員國（特別是霸權國家）的意願。相反地，制度本身有其獨立性與續存力。

國際建制
International Regimes

此概念對於上述新自由制度主義的理論內容具有相當程度的重要性。自學者魯吉（John G. Ruggie）於1975年首度提出「國際建制」的用語之後，國際關係學界對此概念的討論便不曾間斷，並將之擴展到經濟建制、貿易建制、環境建制、人權建制等特定議題領域。

國際建制目前為學界廣泛使用的定義是由奎斯勒（Stephen D. Krasner）於1982年所提出，係指「一組明示或默示的原則、規範、規則（有人譯為法條）及決策程序。藉由它們，行為者可以在國際關係中的特定議題領域達到趨於一致的預期」。惟此定義仍不夠精準或具體，因此引用或主張者之間經常是同一用語，但涵義殊。對此，有論者認為應該在建制的4個構成因素中，加上一種層級關係（例如：原則是規範的基

礎，規範是少數原則引申出來的行為標準）。這種層級的概念，將建制中4個構成因素作了區分，並強調不能單單因為一些行為規範的存在，就將之視為國際建制。另外，雖然原則、規範、規則和決策程序共同構成了國際建制，但是在一般文獻中，對於原則和規範的分析似乎比對規則和決策程序的分析來得多及強調。

研究國際建制的尚有一個難題，就是它與「國際組織」、「國際制度」、「國際法律規範」這幾個名詞常被人交錯使用或未嚴謹區分。攻勢現實主義（Offensive Realism）學者米爾夏默（John Mearsheimer）便曾指出，國際建制和國際制度、國際組織，還有國際法等概念都是相近的，因為它們均是國家彼此協商後而達成的遊戲規則，特別是受到強權利益影響的工具性規則。

新制度主義
Neo-institutionalism

新制度主義的概念源自於經濟學，一般認為由學者寇思（Ronald Coace）在1937年所提。寇思借用交易成本的觀念對經濟組織進行分析，修正新古典經濟學派的假設，發展出以制度研究中心的新論述。此後，對於制度的研究除了經濟學領域外，社會學與政治學也興起一股新制度主義的風潮。有關制度的研究經歷過幾個重要的階段，在1930年代，研究聚焦在制度規則的敘述與分類，但對於制度的本質沒有太多的分析。1950年代前後，行為主義革命影響了新制度主義，研究重點轉向到制度中個人的態度與行為，但缺乏有關行為動機或是個人與制度結構間關係的討論。1970年代開始，新制度主義強調制度中規範對於結果所產生的影響。此一變化主要是對行為主義的反動，拒絕將量化研究與實證觀察視為研究制度的主要或唯一方法，強調人並非孤立於政治活動中。

大致而言，新制度主義有經濟學式的、社會學式的與歷史學式的3種類型。第一種強調理性選擇，與國關理論中的新自由制度主義相似，承襲經濟學的方法來研究政治制度，因此也被稱為「制度經濟學」。第二種強調社會關係中的組織性，偏好以文化途徑來研究制度，具有3個特徵：（一）除了正式的規則外，也關心未被正式表明的符號所象徵之意義；（二）相信認知對行為具有影響力；（三）制度的變遷未必與效率有關，可能是為了提高組織的社會認同或合法性。至於第三種類型的歷史學式的新制度主義側重於制度的動態性與變遷可能，關注歷史因素與制度的關係，因此參雜一些多元主義和馬克思主義的思考。同時還受到韋伯（Max Weber）的社會學觀點影響，重視「觀

念」（ideas）與「文本」（context）的因素。因此是一種強調行為者理性與結構制約並存的新制度主義。

硬實力
Hard Power

戴爾（Robert Dahl）認為，硬實力是一種讓他方做其不願意做之事的能力。此種對於權力的理解強調的是以改變他方的行為或者控制他方為己所期待之行為。

奈伊與基歐漢曾在合著的一篇專文中對上述這種權力做了討論，指出當一方以威脅或者獎勵，讓他方做其不想做之事情時，便是實力的一種展現，由於此種實力離不開軍事與經濟兩個面向，在客觀上可以直接被觀察或感受，因此又稱為硬實力。

軟實力
Soft Power

冷戰結束後，因為國際戰爭爆發的次數明顯下降，導致軍事性的硬實力逐漸在重要性上被經濟性的硬實力超越，甚至一些冷戰時期被忽略的國家權力面向，像是文化、教育、影視娛樂等，逐漸在國際關係中展露其價值。美國學者奈伊對此提出軟實力的概念，作為有別於軍事或經濟力量的另一種權力概念。

依據奈伊的說法，軟實力為一種揉製與吸引他者的能力，不同於軍事或經濟那種物質性的權力資源，軟實力是一種呈現國家權力的另類方式。舉例來說，一國透過懷柔招安的方式去吸引其他國家；而非憑藉槍炮或鈔票去改變他國的立場或行為。實踐上，一國向外投射或宣揚自己的文化，是反映軟實力此一概念較普遍的案例。中國在這一方面曾很積極地於世界各國興盛孔子學院，試圖藉由教育途徑，將自身的軟實力投射於全球。

一個成功的國家必須同時具備硬實力與軟實力；但軟實力的「軟」其實僅是一種相較於「硬」的形容詞。實際上，那些經常被認為擁有軟實力的國家，也幾乎都是本身擁有硬實力的國家。毋寧，一個國家的文化或教育就算可以被定義為是軟實力，呈現這些軟實力或加以投射於國際社會，依舊要仰賴物質、金錢、科技等等硬實力。故而，軟實力更好的理解應該是，硬實力的「軟」包裝。

相互依賴
Interdependence

根據基歐漢與奈伊的見解，單純的國際交流並不能構成相互依賴，充其量只能說是一種相互間的關係（interconnectedness）。互賴關係的形成需

要有兩項「元素」才能夠成立；一是代價或成本（costs），一是限制（constrains）。代價就是相互間關係的維持可以讓當事國得到利益，所以終止這種關係則必須付出成本。而限制指的是，當事國往來的關係因互賴而逐漸產生某種約束，讓雙方都必須重視與設法維持這樣的關係，並將之作為自己許多政策時的考量。換句話說，當互賴關係建立之後，國家間或不同行為者之間便有某種程度的相互制約，會對彼此的政策產生一定程度的敏感性。

基歐漢與奈伊進一步以「敏感性」（sensitivity）和「脆弱性」（vulnerability）來分析相互依賴的現象。其中，敏感性是指當一國的經濟和政治情況發生變化時，對於互賴關係中的相對國會造成多大的影響（影響愈明顯，敏感性也愈高）。脆弱性則是指，當互賴關係中之一方採取某種行為時（例如提高關稅），另一方實際必須面臨的損失有多大。應予注意的是，敏感性高的一方，不見得脆弱性大；但脆弱性大的一方，必然敏感性高。

互賴現象的另一個重點在於提醒吾人注意高階與低階政治的相互影響性。所謂「高階政治」是指會直接影響到一國之生存與安危的議題，例如國防。而「低階政治」是不會立即影響到一國生存與安危的議題，譬如經貿。然而，真實的國際關係中，高階與低階政治的界線很難清楚劃分，議題與議題之間更多時候是相互影響。此種議題間的相互影響性在冷戰結束後變得愈來愈顯著，甚至經常發生低階政治的考量不亞於高階政治的情形，此即所謂的複雜式相互依賴（complex interdependence）。

集體安全
Collective Security

基於安全不可分割的概念，主權國家決定共同參與一項旨在維護彼此和平與安全的條約或國際組織，同時承諾對於破壞和平或安全的國家（或國家集團），集共同之力施以制裁。在集體安全的制度下，參與者將自己國家的安全與其他參與者的國家安全合而為一，也就是形成安全共同體，所有成員承諾對侵略者作出集體反應，落實「我為人人、人人為我」。當代集體安全制度的實踐常以聯合國作為代表。

然而，理論上的集體安全如欲有效運作於無政府狀態的真實國際社會，必須在主客觀構成要件上有所滿足，以下分別說明：（一）主觀要件：參與的國家堅信安全不可分割，有為安全共同體效忠的認知；（二）客觀要件：參與者的權力大致相等。如果上述兩項條件欠缺其中，集體安全的落實就遙不可及。

集體安全的實際反應行動有以下幾種方式：（一）外交制裁：這是對侵略

者採取之最初步措施，例如撤回派駐的外交人員作為抗議；（二）經濟制裁：是國際間制裁侵略者常見的方法，包括：貿易禁運、中斷經濟合作、停止經濟或技術援助等；（三）軍事制裁：制裁中最強烈之方式，以聯合國為例，當安全理事會形成共識且作出決議時，入侵科威特的伊拉克便受到聯合國會員的軍事制裁。

歷史終結論
The End of History

美籍日裔學者福山（Francis Fukuyama）在1989年夏季號的《國家利益》（The National Interest）上，發表〈歷史的終結〉（The End of History）一文。這篇論文強調，人類近兩百年來主要的思想鬥爭已隨著法西斯主義（Fascism）與共產主義（Communism）政權在20世紀的相繼瓦解，以及自由資本主義（Liberal Capitalism）在全球的勝利，而走入終結。人類的歷史將因此受到自由資本主義的引領，而不再有可與之抗衡的思想或理念。

上述關於歷史終結的論點在某一程度上是反映作者撰文當時的時空環境，即以美國為首的西方政經制度取得了歷史性的絕對優勢。作為冷戰後的超級強國，美國有足夠的能力主導全球事務，而美式的自由民主價值及制度也將成為亞洲、非洲、拉丁美洲等地區追隨與模仿之對象，至於共產主義將不再受到世人的重視。

然而，福山本人後來的幾本著作，還有接受專訪時的言談指出，「歷史終結」並非他原創，而是來自黑格爾（Hegel）與馬克思（Marx）。前者認為演化作為人類理性緩慢展開的過程，最終的結果是人類自由的擴展。而後者的思想主要建立在經濟與物質的基礎上，認為生產方式主導著人類社會的演變。由於共產主義（或社會主義）的思想問世之後，不乏許多知識分子認為人類歷史發展的過程最終將在共產主義畫下句點。福山因此提出質疑，表示自1989年的國際局勢來看，歷史終結的說法應該是比較偏向資本主義式的民主制度。諷刺的是，三十餘年後的今天，人類的歷史走向似乎調整了終點的位置。

偏好
Preference

現任教於普林斯頓大學的Andrew Moravcsik是自由主義學派中相當重視國家偏好的研究者，他曾依據經驗性的社會科學，在盡可能減少意識形態或烏托邦思想的影響下，重新闡述了一種所謂的自由的國際關係理論（liberal international relations theory）。這種獨特的自由主義流派認為，國家與社會兩者間

的關係包括兩個面向；一個是國家與國內社會的互動，一個是國家與跨國社會背景的關聯性。這兩個面向對世界政治中的國家行為具有根本性影響，因為社會觀念、社會利益和社會制度會塑造國家的偏好，而偏好影響國家行為，也就是理性主義者強調的決策者戰略評估，即為了滿足社會期待的政策決定。

霸權
Hegemony

根據裴菲（Josef Joffe）的說法，霸權可以被定義為：（一）能夠單獨抵擋挑戰者，無論是單一國家或是聯盟形態；（二）擁有相對的權力優勢（surplus）。然而，新自由主義者採取比較正向的界說，但如基歐漢與奈伊定性霸權為，擁有足夠力量去維持國家間關係的行為準則，並且主觀上有意願如此為之。基歐漢甚至認為，霸權國家雖然力量強盛，但並不一定傾向將權力對外擴張，霸權也可以是良善的（benign），此與國家內部的民意、政治結構，以及決策過程等因素密切相關。

莫德爾士奇（George Modelski）則提出4項特性來補充對霸權的描述：（一）適當的地理環境與安全的充足性；（二）社會體制開放且擁有強大的凝聚力；（三）除了經濟規模大與人民富裕程度高之外，在世界經濟中處於主導地位；（四）有能力維持以全球為範疇的各種組織或制度。研究國政經（IPE）的學者吉爾平（Robert Gilpin）則認為，霸權就是在國際經濟、政治、科技層面擁有控制和支配力量的首席強權，不過霸權國所擁有的優勢只是相對性的控制（relative control），歷史上沒有任何國家能夠「完全」支配整個國際政治或經濟體系。

霸權穩定論
Hegemonic Stability Theory

「霸權穩定」一詞，最早係出自於學者基歐漢於1980年在與霍斯蒂（Ole R. Holsti）、席維森（Randolph Siverson）、喬治（Alexander George）3位學者所共同編著的名為《國際體系中的變革》（*Change in the International System*）一書中（頁131-162），而基歐漢後來在自己《國際制度與國家權力》（*International Institutions and State Power*）一書中再次引用和提及了這個概念。不過，關於霸權穩定的觀點最早並非由基歐漢所提出。1966年政治學學者阿隆（Raymond Aron）、1974年自由主義學派的經濟學者金德柏格（Charles P. Kindleberger）、1975年現實主義學派的國際關係學者吉爾平（Robert Gilpin）及1976年同是現實主義學派的國際關係

學者奎思勒（Stephen D. Krasner）均曾於其著作中提出這樣的觀念，即一個健全的國際經濟建制仰賴於霸權（...strong international economic regimes depend on hegemonic power.）。

　　然而，霸權穩定論的學理論述，一直要到1984年《霸權之後》（After Hegemony）這本書出版，才算比較完整與嚴謹。在該書中，基歐漢明確地對現實主義下以權力為基礎的國際合作理論提出質疑，認為霸權之後的合作仍是可能的，也是可行的。基歐漢提出「國際制度」的概念來承繼霸權殞落後的國際秩序。

　　新現實主義觀點下的霸權穩定論主要有3項基本內涵：（一）國際秩序是由單一的且擁有支配力量的霸權國家所提供與創建；（二）國際制度作為維繫國際秩序的一項要件，其存在有賴於霸權國家的支持；（三）國際秩序建立之後能否維持和運作良好，與霸權國家得否存續有著密可不分的關係。對比之下，新自由主義認知下的霸權穩定論則有所不同，儘管不反對霸權國家的存在有助於國際秩序的存在和國際制度的運行，但國際秩序或國際制度的維持不必然需要霸權國家，縱使霸權國家有朝一日榮景不再，已經形成的國際秩序與國際制度仍然有其自主性，能夠延續與運作。

　　除了新自由主義的學者外，亦有其他理論流派的研究者，例如華勒斯坦（Immanuel Wallerstein），認為霸權穩定並非是國際關係的常態。他提出霸權循環（Cycle of Hegemony）的概念來修正霸權穩定論，強調世界經濟持續增長以及貿易地理範圍上的擴張會左右霸權興衰與大國軍事衝突的爆發。霸權循環可分為4個階段：（一）霸權勝利期（hegemonic victory）；（二）霸權成熟期（hegemonic maturity）；（三）霸權衰退期（declining hegemony）；（四）新霸權崛起期（ascending hegemony）。在霸權勝利期和霸權成熟期，國際體系呈現穩定的狀態；在霸權衰落期和新霸權崛起期，因為挑戰既存霸權國的競爭者出現，使得舊霸權與未來的新霸權之間衝突的可能性增加，最後往往以一場爭奪霸權地位的戰爭來定紛止爭。

民粹主義
Populism

　　民粹現象的形成其實是一種民主制度的諷刺；因為若無民主作為滋養的土壤，激進式的人民權利論述不可能有茁壯的空間。不過，民粹與民主有所差別，因為民主的目的在於解決政權合法性，以及避免用暴力方式來進行政權轉移或解決政治意見的分歧；而民粹勢力的特色往往卻是激化或利用人民在政治

事務上的對立，以情緒性的言論或非理性的行為，來追求自己企求之目標。簡言之，民粹主義就是非理性或失控的民主。

值得思考的是，民主的本質就是多元，因此立場相左實為常態。既然如此，何以不同立場的群體會喪失或不願意用理性的方式去解決分歧，而會轉向以非理性，甚或暴力的方式去彼此傷害？關鍵在於社會中出現「極化效應」，也就是共同生活的一群人在特定期間內漸漸出現極為明顯的差界，尤其是財富狀態的落差。此種落差導致劣勢的一方產生「相對剝奪感」，一旦劣勢方的人數或社會集結力量愈來愈大，民粹主義就會興起。倘若又被有心人士加以煽動，國內政治就會走向失控的民主，美國的Trump能夠當選便是一項證明。至於國際政治上，民粹主義則可以成為政客用來推諉責任的工具，透過將自身經濟衰退的原因歸結給區域整合的制度瑕疵，或更進一步主張必須脫離區域整合，才能重回昔日榮景，民粹主義就成為裂解區域整合的利刃。英國內閣Johnson帶領的脫歐行動可謂例證。

歷史上的民粹主義大致可分為4次波段。第一波的時間點是19世紀末，在美國與俄國皆有，關鍵點是兩國的農民面臨生活上極大的壓力。第二波的時間點莫是20世紀中葉，許多拉丁美洲國家都有類似情況，但最具代表性的個案是阿根廷，文獻上以「社會經濟民粹主義」稱之，但本質就是底層民眾的生活困頓。第三波是1990年之後在西歐興起的右翼民粹主義，其中以法國的國民陣線（National Front）最具代表性，核心訴求就是「排外」。第四波是2016年至今的民粹主義，除了上述提及的Trump與脫歐之外，也包括瑞典、德國、希臘、義大利等國家境內的極右派勢力興起。

巧實力
Smart Power

此概念是軟實力的「升級版」，同樣由美國籍學者奈伊提出。他認為，真正的強國必定理解光靠硬實力不足以服眾，必須適時運用軟實力，但更重要的是適度善用軟硬兼施的「巧實力」，才能真正領導國際社會，達到近悅遠來的境界。

不過，Suzanne Nossel早在2004年就提出「巧實力」的論述，針對當時小布希政府的對外政策提出建議，認為最佳的外交手腕是把國家的力量融入國際制度中，以具有正當性和道德規範的形式向目標國投射。在她的協助下，Obama政府展現自身的「巧實力」，於外交風格上展現出美國軟硬兼施的彈性。

銳實力
Sharp Power

　　美國國家民主基金會（NED）於2017年出版《銳實力：威權影響力的崛起》（*Sharp Power: Rising Authoritarian Influence*）一書，指出威權國家會利用官方力量投射本國資源，以操縱資訊或間接掌握言行的方法，在國際間形塑有利於己的輿論和形象。這本書特別以中俄兩國為例，說明它們在南美與東歐對特定的民主國家發揮銳實力的影響，企圖改變民主國家內部的認知與價值。

　　銳實力的概念具有下列重點：（一）威權國家也開始模仿民主國家，將自身國力投射於外，進而形塑民主國的民意；（二）威權國家傾向以操縱訊息、言論審查等方式，建構有利於己的輿論環境，是一種會帶動國際風向的新政策。

　　由此可知，銳實力的具體作為在表本上與過去的公眾外交（public diplomacy）有相似性，但威權國家官方介入的政治宣傳（propaganda）色彩極動，通常具有：（一）捏造不實訊息以操控特定民主國家人民的認知；（二）以經濟、政治手段威逼利誘，對境外的學術團體、公司行號、個人進行跨境的思想或言論干擾。

自由的國際秩序
Liberal International Order

　　《國際組織》季刊於2021年創刊屆滿75年，為慶祝期刊在相關研究領域的卓越貢獻，以「自由的國際秩序」為主題，發行專刊，回顧過去和現在的國際制度、國際規範、國際組織，並展望未來國際合作與國際秩序的走向。

　　所謂的「自由的國際秩序」源起於戰爭結束後世人的一種反省，其特點是強調法治、民主、人權、多邊主義、商品和資本的自由流動、全球公共財的協力維護，以及集體安全的各種實踐。這樣的秩序在二戰結束後的幾十年中，對工業較為先進的國家在經濟發展上作出空前的貢獻，也同時維繫很長時間的世界和平。舉例來說，自由的國際秩序克服了集體行動的困難，讓國際社會找到方法阻止共同的安全威脅。雖然冷戰結束後的內戰數量有所增加，但那些遵行自由國際秩序的核心成員之間可以說幾乎沒有爆發任何戰爭，而除了英國有北愛蘭的內部衝突外，其他自由國際秩序的參與國內部，也沒有發生內戰。

　　隨著時間的推移，自由的國際秩序在經濟面向的擴展已經包括中國和印度在內的許多其他國家，並且幫助這些國家境內的更多人民擺脫絕對貧困。此外，自由的國際秩序也建立了一個普世性的人權制度，儘管在許多國家仍然存

在一些人權違反的現象，但整體國際社會的人權實踐在過去75年的時間裡，是明顯愈來愈進步。

　　對於上述的觀點，美籍學者John Mearsheimer撰有專文及專書提出質疑。因為自由的國際秩序僅可能存在於在單極的國際體系裡，如果國際體系的權力分配開始走向兩極，自由的國際秩序就會漸漸顯露出它的問題。詳言之，只有在遵行自由民主的國家不必擔心其他國家會對自己的生存安全構成威脅時，推行自由的國際秩序才會無往不利，或至追隨者眾。然而，如果不是身處在這樣一個安全充足的環境裡，遵行自由民主的國家，特別是那個領導自由國際秩序的強權，一定會在外交政策上面臨民族主義和現實主義的挑戰。

第四篇　國際關係理論Ⅲ
（反思主義、其他）
Theories of International Relations III
(Reflectivism, Others)

女性主義
Feminism

不滿於傳統國際政治與國際安全都是以男性的觀點來論述，女性主義打著以性別作為研析**國際關係**的研究模式，並以反對**國際關係**是男性固有的領域，例如安蒂克納（Ann Tickner）批評安全始終被視為男性議題（masculine issue），如果安全定義從核心的軍事面向被擴展到環境、經濟層面，那女性所遭受的不安全將要受到更注目才對，因為女性所代表的是全球二分之一的人口、三分之一勞動力量。此觀點成為女性主義在**國際關係**領域主要的特徵與貢獻。

但由於女性主義以批判的角度來突顯既存**國際關係**的失衡與不平等，使得女性主義的理論解釋在效度或信度受到質疑，在理論建構的過程中，並沒有擺脫**國際關係**領域的邊緣地位。即便如此，女性主義所關注之研究在性別、國內暴力、貧窮，以及生態破壞等，將個人安全連結到國家與國際政治，已促使安全研究更周延與完整。

文本
Text

「文本」指的是一段文章、一段話、一段可以分析的文字或符號作品。所以文本有可能是劇本、音樂、繪畫、詩、電影、文學小說作品等等。簡言之，「文本」，其實就是所謂的「作品」（work）。**後現代、批判、結構主義**等學者往往以文本作為其重新解構與詮釋價值的分析。文本有多重空間，可以被多面解讀，而這一個活動是建立在雙方、互動、對話。例如後現代主義強調文本，指出整個世界乃是一種文本，並反對**實證主義**所採取的分析方式、模式設計、抽樣研究等方法，即反對所謂「理性」分析模式，而是憑藉本能、直覺、感覺等去理解文本，對文本進行閱讀和詮釋，而不只是發現或觀察文本。

布爾
Hedley Bull

赫德利布爾（1932-1985），英國學派最具代表性和學術影響的理論家。他曾在倫敦經濟學院、哥倫比亞大學、牛津大學、澳大利亞國立大學等著名學府執教、訪問、講學和研究。布爾提出的主要概念──**國際社會**思想豐富而深邃，在其代表作《無政府社會》（*The Anarchical Society: A Study of Order in World Politics*）一書中，布爾首先對國際體系和**國際社會**的概念進行了區別和解釋。所謂國際體系是指當兩個或多個國家之間具有足夠並固定的聯繫，彼此

間相互影響對方決策，當一方行動必須考慮另一方的感受時，這種互動模式就形成一個國際體系。

相較之下，**國際社會**則是一組國家意識到彼此間存在共同利益與價值，在國家間有一套共同規則（機制、制度、規範）相互約束著，並互享這共同機制所帶來的利益。這些共同機製包括**國際法**、外交制度、普遍的國際組織及戰爭規則等。布爾認為**國際社會**是在國際體系之後形成，但國際體系的存在不一定決定**國際社會**的存在。

共產主義
Communism

共產主義一詞源自拉丁文Commu-nis，即「公共」之意，其思想在西方思想中有深遠的根源。它表示一切生產和分配手段歸於社會所有，是一種任何國家制度皆已消失的無階級社會思想。該詞最初出現於1830年代法國工人祕密革命團體；隨後，1848年馬克思和恩格斯發表《共產黨宣言》，使共產主義一詞有了新的意涵。根據馬、恩的說法，共產主義的出現是歷史歷程的必然結果，人類的全部歷史代表著一個剝削階級（資產階級）和一個被剝削階級（無產階級）的鬥爭。這場歷史性的鬥爭在**資本主義**及其最高階段——即工業化時期進入最後**帝國主義**。馬克思和恩格斯

斷言，工業的所有權將集中在愈來愈少人的手裡，而資本家對城市工人的剝削將使工人的處境日益貧苦。貧困的工人愈來愈多，並將組成一個政黨，領導一場無產階級剝奪資產階級的革命，進而無產階級將建立一個以財產公有制度為基礎的「無產階級專政」社會。馬克思把人類社會的這個階段稱作社會主義，而社會主義僅僅是共產主義的準備階段，其最後消滅強制國家的階段才為共產主義。

批判理論
Critical Theory

國際關係中的批判理論源於**法蘭克福學派**（Frankfurt School）。它形成於1980年代，由於70年代國際政治發生轉變，經濟相互依賴達到前所未有的程度，出現了一些危機，如石油危機、南北衝突、核武擴散等，人類社會處於政治大變動的轉捩點。批判理論反映在**國際關係**領域，是要反思**國際關係**中的壓迫現象，尋找更加適合人類解放的國際政治實踐模式，強調國家不只要關注在公領域，也要關注私領域部分。批判理論認為，**國際關係**中的「問題解決理論」宣稱以中立、客觀的態度去進行規律性研究，但脫離意圖和政治目標的理論是不存在的。**寇克斯**（Robert Cox）認為主流**國際關係**都是以**無政府狀態**、

國家是理性的主體為假設，從這種邏輯來看，處於現存國際秩序中的主導者追求國家平衡，壓制任何新興的國家發展與興起，就成為一種「客觀」的必然現象，因為國際關係中任何國家都是相同具理性的本質。無政府的國際政治特徵給國家帶來不確定性，作為一個理性的國家必然通過「自助」的努力來防止這種不確定發生。針對這些說法，寇克斯認為，國際政治結構不是無政府的，而是一個霸權國家通過國際生產關係建立的國際統治結構，是歷史時代的產物，不具有給定性。權力絕非是一種純物質的強制，還包括意識形態的認同，產生於社會化的過程中。

系譜學
Genealogy

系譜學是一種研究工具，最初源於希臘語，意為「研究家史的科學」，後用以研究家譜與血緣，目的是追溯起源，從而得到自身由來的安定感。系譜學是一種哲學上的方法，用來追溯查考出目前一般所認可的人文科學理論，或概念的世系是由哪些歷史上的偶然、意外和不正當關係所組成。系譜學儘管繁簡不同，卻是所有民族和各個時代均有的事物。例如後現代主義就利用傅柯（Michel Foucalt）之系譜學研究方法，來考掘各類具體運用於實際歷史研究，

論證非正當之事物以及被認為正常且自然之事物中間的分隔線乃出自人為。

法西斯主義
Fascism

象徵一種政治意識形態與群眾運動。法西斯主義起源於第一次世界大戰的義大利。1919至1945年，法西斯主義主導了中歐、南歐、東歐的許多區域。歐洲第一位法西斯領袖可說是義大利獨裁者墨索里尼（Benito Mussolini），他的黨名就是取自拉丁文fasces，是指一簇棍棒環繞著的一把斧頭，用以代表羅馬國家的權威。法西斯主義運動引發了極端的軍國民族主義，相信自然形成的社會階級與菁英統治，創造出一種民族共同體的國家主義，在這種國家主義，個人利益將置於國家的利益之下。儘管第二次世界大戰結束後，歐洲主要的法西斯政黨已經瓦解，然而到1940年代晚期，在歐洲、拉丁美洲和南非卻成立許多仿效法西斯主義的政黨和運動。在歐洲甚至產生「新法西斯主義者」（neo-fascist），不過截至目前並無巨大的影響力。

法蘭克福學派
Frankfurt School

　　法蘭克福學派是西方著名的批判理論學派，其對當今**資本主義**社會現行制度進行深入批判，同時繼承和發展馬克思哲學的和諧思想。法蘭克福學派意識到人類已深陷異化狀態中，人類與自然，以及人類社會的和諧已遭破壞，因此，他們積極努力於尋求實現人與自然的和諧、人與人的和諧、人與社會和諧的有效途徑，法蘭克福學派對於我們今天社會主義的和諧社會有一定程度的借鏡意義。

　　法蘭克福學派的特徵在於對科學技術進行批判，並探索人與自然和諧相處的有效途徑，其中以學者馬爾庫塞（Herbert Marcuse）最具代表性。他在探討革命和解放的主題時，提出了激進的「自然解放」主張，即強調人對自然關係上的變革。馬爾庫塞認為「人與自然的和諧是一種存在與適應的和諧，人本身就是自然界，凡是在人類歷史上遇到的自然界，都是人的自然界」，所以人的解放取決於自然的解放。當代工業化壓抑人類的同時，也同樣壓抑著自然，當工業、商業化、軍事化從生態的意義上污染了人的生活世界時，也使人不可能在自然中重新發現自己。

社會建構論
Social Constructivism

　　溫特（Alexander Wendt）的**建構主義**形成，來自於1999年一部全面闡述社會建構的著作《國際政治的社會理論》（*Social Theory of International Politics*），這部著作雛形源於1987年溫特發表於《國際組織期刊》（*International Organizations*）的論文〈國際關係理論中的結構—動能者問題〉（The Agent-Structure Problem in International Relations Theory），對主流**國際關係**的**無政府狀態**概念提出質疑，否定**國際社會**的單一無政府邏輯假說。

　　溫特所強調的是權力與知識間的聯繫，換句話說其贊成**結構現實主義**從體系與結構研究的國際政治論點，重視**國際社會**間行為者的相互作用，相信**國際社會**的核心是國家。如此的論述主要是想連結**理性主義**與反思主義在第三次論戰的對話，而不限於只是隔空放話的無交集論戰。按**溫特**所說其要試圖建立一條中間橋樑（via media），以科學方法處理國際政治，摒棄兩派（**理性主義 vs.反思主義**）之所短，擷取兩派之所長，使**國際關係理論**成為一種新形式的研究取向。

建構主義
Constructivism

建構主義是近年來興起的國際關係理論，是種流行學說，其涵蓋的學理來源很廣，其中最重要的是社會學、語言哲學和國際關係學本身。如果說理性主義的國際關係理論主要是從經濟學吸取元素，那建構主義則是從社會學得到養分。建構主義有著3個標誌鮮明的共同特徵：其一，建構主義認同主體間互動與建構社會的意義；其二，建構主義強調動能者（agent）和結構互動建構出身分和認同；其三，強調觀念在形塑行為方面的作用。建構主義所要突顯的是人的能動性、文化力量與社會關係，三者在世界政治中的重要作用。

建構主義的分類很多且複雜，不過這些分類大抵是採取本體論（Ontology）、認識論（Epistemology）和方法論（Methodology）作為標的。對於建構主義來說，不管如何分類，主要是在本體論上與理性主義的主流國際關係理論形成對壘，因為建構主義在本體論上偏重理念的作用，不像理性主義強調物質重要性，並認為世界包含物質和理念兩方面的內容，物質本身是沒有社會意義的，只有在動能者的社會互動中才能產生社會作用。另外，建構主義同時兼顧認識論上說明（explaining）和理解（understanding）兩種視角，而在方法論上則並用實證（positivism）與解釋（interpretation）。

後現代主義
Post-modernism

有些學者將後現代主義與後結構主義、解構主義通用，而不刻意去區分三者差異，主要因為它們之間有著複雜與爭辯的歷史脈絡，共同運用在一種批判理論的實踐。本書採取區分的方式，以方便讀者在辭典上的使用與界定代表者。

後現代主義在1980年代末期也影響到國際關係理論研究。這類學者有艾偕里（Richard Ashley）、窩克爾（Rob. B. J. Walker）、坎培爾（David Campbell）等。後現代主義國際關係理論引進一些研究方法，例如系譜學、文本、解構（deconstruction）、雙重閱讀（double reading）、敘述（narrative）、論述（discourse）作為研究國際關係的方法，藉以呈現後現代的國際關係本質。

首先，後現代主義對社會世界存在普遍懷疑，認為國際社會並不像現實主義描述的那樣有規則和秩序，它應該是一個複雜和多元的過程。其次，後現代主義鎖定目標在於關懷和解放被其他理論擱置的偶然事件、邊緣議題。最後，後現代主義注重對「文本」和「話語」

的研究，強調去解釋和閱讀**文本**，而不是去發現和觀察它。在話語上，後現代主義認為，知識不僅由概念組成，而且是建立在人類大腦話語基礎上之物，語言並不反映「現實」，而是創造和再製作出一個世界。

後現代主義認為，**理性主義**是以一種觀察者的身分對客觀事實進行分析，也就是說知識與權力，現實和價值之間沒有任何的聯繫；但後現代主義認為，人類的知識和對世界的認識是建立在一定的政治和價值基礎上，所有的國際政治理論都是意識形態的產物，都是透過社會、政治、文化和個人等因素表達出來的。

後殖民主義
Post-colonialism

後殖民主義起源於1970年代末，以學者薩伊德（Edward W. Said）出版《東方主義》（*Orientalism*）為標誌後，到80年代末90年代初，後殖民主義成為一種西方社會思潮。這是隨著經濟全球化的發展、東西經貿、文化往來密切，西方的文化**霸權**、話語**霸權**引起了後殖民主義批判的注意。所謂後殖民，有幾種意涵：（一）係稱曾經淪為殖民地而今已經獲得獨立的民族；（二）係指對西方文化殖民的歷史事實及其後果的研究、反思和批判；（三）係象徵殖

民主義時代結束後的全球政治、經濟和文化格局。換句話說，後殖民主義應是指前殖民母國對其前殖民地的一種文化霸權現象。而後殖民理論是對後殖民主義的研究和批判。它包含了歐洲帝國主義對其舊有殖民地的複雜問題探討。

不過隨著後殖民理論的發展，殖民主義研究的範圍也愈來愈廣，延展至第一世界和第三世界非殖民國家的文化關係、一國內之種族關係，以及第四世界少數民族的關係等，都成為後殖民理論研究的主題。按後殖民主義的論點，西方的思想、文化霸權長期居於世界文化的主導地位，而非西方的文化卻被排擠在邊緣地帶。故後殖民主義旨在提出一種新的觀點、視野和方法，來考察和分析「宗主／附屬」、「殖民／被殖民」、「中心／邊陲」、「我者／他者」、「主述／被述」、「意識／無意識」、「全球／區域」等這種「主－客」二元不平等結構。

後結構主義
Post-structuralism

結構主義應運於1920年代的語言學影響，之後60年代結構主義思潮在法國走向鼎盛，開始對西方的人文和社會科學產生了重大影響。相較之下，70年代中期，後結構主義出現並開始流行，它是繼**結構主義**之後，在批判結構主義理

論的過程中形成的一種新思潮。後結構主義已經成為當代思想理論的基礎，從文學批評、政治理論、文化研究到社會學、民族學等各個領域，後結構主義的蹤影幾乎無所不在。所謂後結構主義就是以傅柯的話語權力和知識**系譜學**、德里達（Jacques Derrida）的解構理論、拉康（Jacques Lacan）的後精神分析學，以及形形色色的各種變體構成的知識和思想體系。後結構主義理論思潮的共同點在於「懷疑、反動、否定」結構主義，並從本質上分解結構主義的利基，並進一步對結構主義進行解構。

英國學派
English School

英國學派這通用詞彙是由學者瓊斯（Roy Jones）所創，強調英國學派在**國際關係**研究的折衷媒介或中間橋樑（via media），並試圖擺脫英國學派在國關領域邊陲角色，爭取**國際關係**研究社群的關注。

英國學派的研究以馬丁懷特（Martin Wight）3個傳統（**現實主義、理性主義和革命主義**）為研究基點，擷取**格老秀斯**的**理性主義**為思想本源，確立以**國際社會**（international society）為中心的理論體系。其中的現實主義等同於國際關係理論中的現實主義，注重國際政治的無政府狀態、主權國家的地位與作

用、均勢、戰爭等現象。革命主義則堅持國際社會的道德統一性，從15、16世紀宗教革命、18世紀法國大革命到20世紀極權革命，國際關係領域是存在道義法則，並應以個人為主體的世界社會取代國家體系，追求普世主義作為根本使命。至於理性主義則成為英國學派重要基石，代表歐洲思想的中道路線，代表是一種正義與秩序的象徵，理性主義介入現實主義傳統和革命主義傳統之間，認為國際政治的特徵是主權國家間的關係，在這種社會關係中，仍受到共同規則和制度的限制。而國際社會的概念，學者**布爾**將其解讀為國家藉由算計他國行為而設定自身行為的體系，是透過對話及共識來形塑規則與制度。在**國際社會**的概念中，英國學派最常以「格老秀斯主義」（Grotianism）與「格老秀斯社會」為代表。最後，**建構主義**和英國學派有許多相似性，像英國學派對**國際社會**的概念以及文化、規範等，其實常被**建構主義**學者拿來討論。

馬丁懷特
Martin Wight

英國著名**國際關係**思想家，以及英國學派大師之一。1950年代，馬丁懷特在倫敦經濟學院中所做的**國際關係理論**課程講座，把**國際關係**思想分為三大傳統，分別是**現實主義、理性主義和革命**

主義。1966年懷特提出一篇引起了人們注意的文章——〈為什麼沒有國際理論？〉（Why Is There No International Theory?），在這篇文章中，懷特討論了「是否具有國際關係理論」的問題。懷特在討論這個問題時，是把國際關係理論與政治學理論進行比較。根據懷特的說法這兩種理論，一個是研究國家內部的政治問題，另一個是研究國家間的政治問題。懷特認為，兩者原本是一種孿生的關係，但事實上卻不是。有別於政治學從柏拉圖以來的傳統得到了充分的發展，形成完備理論體系。但國際關係理論卻形成很晚，其文獻雜亂、無系統、難理解與相互排斥。另一方面，政治學是一門關於建立美好生活的理論，人們透過對國內政治制度的研究，用以謀求建立一種完美的政治制度；相較之下，國際政治理論則是關於生存的理論，國家是以相互的競爭，甚至以訴諸戰爭的方式來求得生存。

國際社會
International Society

「國際社會」為英國學派的研究核心，布爾對此概念提出看法：

（一）國際社會就是一組國家意識到彼此間存在共同利益與價值，在國家間有一套共同規則（機制、制度、規範）相互約束著，並互享這共同機制所帶來的利益。

（二）英國學派認為國際社會的存在，是以國家間具有共同利益、共同價值和觀念等因素為先決條件。簡言之，英國學派將國家共同承認的規範、規則或是制度的維持與創立視為其理論發展的核心。

（三）英國學派的國際社會雖是無政府狀態，但卻是有秩序的，雖以國家為中心，但國家間存在基本的一致性規則，約束國家行為，國際社會的特徵就是各個國家在共同制度（common institutions）中（例如：國際法、外交行為規範及國際組織的章程）建立起共有的利益。

（四）國家間共同的規範、利益和價值是在互動中，透過溝通、合作等社會行為產生，也就是說，所謂的國際社會是在國際體系形成之後，才逐漸出現的。國際社會就像社會結構，人們會去改變社會，就像國家也會塑造國際社會一樣。

寇克斯
Robert Cox

寇克斯是把批判理論運用於國際關係理論研究最為重要的學者。寇克斯將馬克思主義理論家葛蘭西（Antonio Gramsci）的「霸權」（hegemony）概念（或譯為文化霸權）應用到其分析之

中，認為**霸權**是發達**資本主義**國家內統治階級維持其統治地位的主要方法。寇克斯提出了所謂「反霸權」（counter-hegemonic）概念，使世界無產階級與新社會運動結合來對抗資本主義的剝削。寇克斯最有名的一句名言：「理論總是為了某些人、某些目的而存在」，他提出了「知識從來服務於特定的目標」觀點，同時認為理論的構成要素，應是能對**國際關係**現實正確的描述、恰當的說明、準確的預測、理想的規範等，並區分了**國際關係**理論為兩大形態：「問題解決理論」（problem-solving theory）及「批判理論」兩種。

結構主義
Structuralism

結構主義起源於索緒爾（Ferdinand de Saussure）的語言學理論，並發展成為人類學中的一種文化分析方法論。1950年代以後，結構主義在法國成為一時的思潮。結構主義本質上是一種有關世界的思維方式，強調事物都有其結構而且事物的本質在於其結構間的關係，鑑此，事物的真正本質不在於事物本身，而在於人們對各種事物間的感受，以及感覺到的關係。一般來說，結構主義的研究方法特別注意對經驗和行為進行整體性研究，並把結構分為表面結構和深層結構，深層結構決定事物的本質，必須通過對表層去揭示事物的深層結構，故對人類社會而言，基本的社會結構制約及決定著人的思想和行動，這時語言就是一種獨立的關係結構，這種關係結構的各個成分存在於話語的分布與對立中，進而獲得價值。

溫特
Alexander Wendt

1987年，溫特在其論文〈**國際關係**理論中的結構—動能者問題〉，將**建構主義**的核心問題——「動能者與結構互動」引入學科辯論中。**建構主義**以批評**新現實主義**的理性原則發端，主張採社會學詮釋國際政治，注重國際社會規範結構，而非物質結構的經濟世界，強調觀念、認同、規範在國家行為間起了重要作用。溫特**建構主義**的形成，來自於1999年一部全面闡述社會建構的著作《國際政治的社會理論》，這部著作雛形源於上述1987年的論文，不過其原型則是其1989年的博士論文，而許多關鍵的觀點則是1992年發表的〈無政府狀態是國家創造出的：權力政治的社會建構〉（Anarchy Is What States Make of It: The Social Construction of Power Politics）一文，包括對主流**國際關係**的**無政府狀態**概念提出質疑，否定**國際社會**的單一無政府邏輯假說。

溫特所強調的是權力與知識間的聯

繫，換句話說其贊成**結構現實主義**從體系與結構研究的國際政治論點，重視**國際社會**間行為者的相互作用，相信**國際社會**的核心是國家。如此的論述主要是想連結**理性主義**與**反思主義**在第三次論戰的對話，而不限於只是隔空放話的無交集論戰。溫特使得**國際關係**學科辯論再度呈現論戰局面。按溫特所說其要試圖建立一條中間橋樑，以科學方法處理國際政治，摒棄兩派（**理性主義vs.反思主義**）之所短，擷取兩派之所長，使**國際關係**理論成為一種新形式的研究取向。

解構主義
Deconstruction

一般譯為「解構主義」或「解構理論」，是一種哲學分析和文學分析的方式，主要隨法國哲學家德里達自1960年代的一些著作發展而來。這種分析方式透過對哲學與文學文本的語言和邏輯進行精細考掘，「解構」著重於對文本的解析，針對文本的整個內蘊、方法與獨特性都可在閱讀過程中展現出來。文本對讀者而言是開放、非固定，亦非封閉的，德里達認為解構閱讀與傳統閱讀方式不同，解構主義是對傳統的「非此即彼」之二元價值邏輯的超越，是傾向於逆向、反傳統、顛覆傳統。藉以擺脫昔日傳統二元對立間的界線。例如黑與

白的二元概念對立，往往藉由貶抑一方來突顯另一方，久而久之，讓人習以為常，失去客觀的判斷考掘能力。

論述倫理
Discourse Ethics

哈伯瑪斯（Habermas）的「論述倫理學」是一種形式主義的溝通，有效宣稱是溝通的唯一對象，在溝通中只有較好的論據才具力量，這種強調在一個實際的對話活動中，所有參與者都認可的那些規範才能被認為是有效的規範，而一切規範都具有被接受的可能性，故實際的決定權在於對話的參與者。易言之，論述倫理主張任何原則的有效性，都必須透過人類的對話來達成協議；對此，論述倫理亦被翻譯成「對話倫理」，透過溝通達成協議，非要消除彼此差異，而是進一步促使相互瞭解。「論述倫理」要達成人類去疆界，摒棄各種界線所造成的不平等、暴力、宰制等藩籬。

雙重閱讀
Double Reading

雙重閱讀是對**文本**進行解構的一個主要策略，是作為研究**國際關係**的方法之一。它的主要目的在於理解一個「文本」如何被建構成為一種核心敘述或支

配地位的敘述。後現代國際關係研究雙重閱讀的內容十分廣泛，主要針對國際關係領域的經典著作（修昔底德、馬基維利、霍布斯、摩根索、華爾滋等人）與國際關係核心概念（無政府狀態、結構、權力、國家利益等）進行解讀工程。其方式通常是首先閱讀某一文本的表面意涵，並重複解釋表面看似合理的意義，隨後則是針對同一文本做第二層深入閱讀，指出與第一層閱讀有表面矛盾之意涵，進而提出批判。

第五篇 國際政治經濟
International Political Economy

八大工業國
Group of Eight, G-8

1973年第一次石油危機後，主要工業國家認為有必要強調經濟協調，1975年法國總統季斯卡（Valery Giscard d'Estaing）邀請美國、西德、義大利、日本、英國等國領導人到法國總統在巴黎近郊的行宮蘭布萊（Rambouillet）舉行高峰會，次年加拿大總理也加入。此7國因是當時世界上最富強的國家，因而被稱為七大工業國（Group of Seven, G-7）。G-7每年都會由成員國輪流作東召開高峰會，各國領導人和高級行政官員皆會針對當年最重要的國際政經議題加以討論，如環境、暖化、能源、貧窮等問題。但由於設立宗旨僅是作為一個提供這些國家交換意見的論壇，所以G-7並不像國際貨幣基金（International Monetary Fund, IMF）、UN等國際組織設有行政單位可以執行決策。1991年蘇聯瓦解後，俄羅斯便在1994年後固定派出部長級官員參與會談，後來在英國首相布萊爾（Tony Blair）和美國總統柯林頓（Bill Clinton）邀請下，俄羅斯在1997年加入，成為G-8。2008年後，歐洲聯盟執委會主席（President of the European Union Commission）也被邀請固定出席，所以也有人稱為G-9。但俄羅斯在2014年因占領克里米亞，遭凍結會籍迄今，改以1999年成立的G-20作為

與西方國家在經濟上互動的主要舞台。G-20在1999年成立，係因應1998年東亞金融危機成立的國際金融和經濟論壇，由原來的G-8、澳洲、永久受邀國——西班牙等10個已發展國家，以及10個屬發展中國家的金磚五國（BRICS）和墨西哥、土耳其、韓國、印尼、沙烏地阿拉伯組成。重要國際組織如歐盟、世界銀行（World Bank）、IMF、歐洲中央銀行也會受邀參加G-20峰會。

不神聖的三位一體
Unholy Trinity

經濟學家孟岱爾和佛萊明（Robert Mundell and Marcus Fleming）在1960年代提出「孟岱爾－佛萊明模型」（Mundell-Fleming model）認為，一個國家不可能同時執行3種政策：固定匯率制（fixed exchange rate）、自由資本移動（free capital mobility）、自主的貨幣政策（autonomous monetary policy）。這被國際政治經濟學者稱為「不神聖的三位一體」或「不可能的三角」（triangle of impossibility）。具體的例子是，在固定匯率制下，國家要以貨幣政策如利率高低，調節國內貨幣量時，在資本自由移動情況下，必然導致國外資本在利率高時流入，在利率低時流出，如此便無法有效控制貨幣量而達到控制通貨膨脹的政策目標。而若限制

資本的自由移動，國家雖可因此以貨幣政策調節國內貨幣量，但卻會導致國際收支的失衡，例如因貿易出超而增加收入，或因入超而減少收入，而對本國貨幣匯率形成升值與貶值的壓力，從而難以維持固定匯率制。而若要維持固定匯率，減少國際貿易匯兌風險，則資本自由移動將影響貨幣政策的有效性，而失去自主性。因此，三者實不可全得，僅能求其二者。不神聖的三位一體具體地顯示國際政治經濟和國內政治經濟互動的微妙，尤其在外匯危機時，對主管匯率和資本流動的貨幣當局（通常是中央銀行），是否要穩定匯率時的決策具有啟發性。

公共財
Public Goods

　　公共財因具有「不可分割」、「不排它」的特性，最常出現使用者毋須付費的狀況。最典型的公共財即是「空氣」：空氣無法分割且一人呼吸空氣不會減損他人呼吸的量。另一個的例子是「燈塔的光」。公共財的特徵產生供給的成本問題，以公共經濟學上著名的「共有地的悲劇」（tragedy of the commons）為例，幾戶養牛、養羊人家所有的土地環繞著一大塊這幾戶人家共有的土地。有主之地被主人細心保護著，但無主之地則屢屢遭各家牛、羊啃

食，沒有時間讓野草生長，久而久之便成為寸草不生的不毛之地。而當其中一戶人家負起維護成本時，其他人家便成了「搭便車」者，因為他們享受利益，而不用分擔成本。此處衍生兩個問題，一是何以有人願意負擔成本？二是如何消除「搭便車」，又能促成集體行動出現？前者在國際關係中產生**霸權**國家研究和**集體安全**的研究，後者則受到組織理論的關心。兩項重要研究結果是：集體行動需要有願意負擔成本的領導者出現。不過，當其無法負擔時，集體行動便會瓦解。其次則是團體成員需在付出成本之餘，還能獲得「選擇性的利益」，以有別於非成員者，集體行動才能持續。

反傾銷
Anti-dumping

　　參見傾銷（Dumping）。

日本貼水
Japan Premium

　　參見日圓力量（Yen Power）。

日圓力量
Yen Power

　　第二次世界大戰後，戰敗國日本

致力重建，經濟力量在1980年代達到高峰，引起開放市場和肩負東亞安全的美國不滿。美國要求日本必須善盡「國際義務」，負擔更多的國防和國際安全成本，同時也要求日圓升值，以減輕美國貿易赤字。日圓於是在1980年代中期快速升值，致使日籍銀行和跨國企業資產倍數成長，日本也成為世界最大債權國，日圓被認為是強勢貨幣，屢被他國視為良好的外匯存底工具。日圓的國際化使日圓取得類似美元的優勢地位，因此被稱為日圓力量。然而日本榮景只是泡沫經濟，在1990年急轉直下，銀行、企業因在1980年代忙於金融投資，在遭受房地產、股市下跌的雙重打擊下，出現資金流動性不足，破產情事不斷發生，也使日本經濟陷入長期困境。日本企業由於國內經濟不佳，難以自股市、銀行取得資金，日本的銀行也很難向國際金融機構和市場融通，因為國際市場擔心一旦融通資金予日本的銀行、企業，在日本經濟短期無法回復之下，資金可能回收困難，因此要求日本必須負擔高於國際金融市場水準的利率，才得以融通，這被稱為日本貼水，或日本風險貼水。

比較利益
Comparative Advantage

　　李嘉圖（David Ricardo）在其1817年名著《論政治經濟學與賦稅原理》（*On the Principles of Political Economy and Taxation*）一書中，以**亞當斯密**（Adam Smith）的分工理論為基礎，提出「比較利益」概念解釋國際貿易的發生。李嘉圖以英國和葡萄牙兩國都生產酒和衣服為例，假設英國長於製衣，葡萄牙長於釀酒，則使兩國福利最佳的生產組合，並非是各自都生產酒與衣服，而是依各自所長，即比較利益，由英國專心於生產衣服，葡萄牙則致力釀酒。英國製衣品質好、成本低，出口至葡萄牙而能獲取利益；葡萄牙亦然。因此雙方相互貿易不僅可以節省成本，也獲得較高品質的產品。李嘉圖此說隱含依比較利益而生的國際貿易有利於總體福利的傾向，成為自由貿易的理論基礎。

　　但在此靜態的比較利益之下，以原料出口和低附加價值產品的發展中國家，實際上較生產高附加價值的先進國家不利。因此也有學者批評，自由貿易是先進國家對發展中國家「過河拆橋」的藉口。不過，隨著發展中國家的追趕，比較利益理論也由靜態發展為動態。動態的比較利益理論認為，比較利益不是給定的，是國家可以藉由產業政策（industrial policies）發展和創造出的，因此便涉及國家與市場間關係的論爭。例如在1980年代，標榜自由經濟的美國因日本的追趕，而一度討論是否須有自己的產業政策，藉以創造其比較利益。

北京共識
Beijing Consensus

　　1990年代初期，多數前共產國家在「華盛頓共識」（Washington Consensus）指引下，實行「震盪療法」（shock therapy）改革自身經濟結構，但結果卻造成經濟危機，「華盛頓共識」便在1990年代末期被大家批評。相對的，採取「漸進主義」（Gradualism）經濟改革的中國大陸，由於有較佳的經濟表現，而受到國際矚目。2004年5月，美國投資銀行高盛公司顧問雷默（Joshua Cooper Ramo），由英國智庫外交政策中心出版《北京共識》（*Beijing Consensus*）專論，指中國的經濟改革思路自成一格，主要有3個基礎：（一）務實的實驗主義創新性格；（二）堅持自己發展出符合自己的改革作法，反對外國霸權的壓力；（三）不強調高GDP，而看重公平社會和經濟的永續發展。但雷默此說被大舉批評，尤其第三點的說法和中國近年為求經濟發展而放任企業環境污染的情況實不相符。「北京共識」吸引到一些反對「華盛頓共識」者的注意，但並未被學術界認真對待。

卡特爾
Cartee

　　在現實上很少有如經濟學教科書中的「完全競爭市場」存在，最常看到的是數家大公司共存的寡占市場。完全競爭市場假設任一廠商或消費者的單一行動都無法影響價格，但在寡占市場中，任一公司的調整價格行動都會影響特定商品的市場均衡價格。因此，在此種市場中，消費者的地位頗為不利。然而，在寡占市場中，公司也可能會採取價格割喉戰以迫使其他公司退出市場，成為完全由其單方訂價的獨占市場，但在價格戰過程中，卻大大妨害了所有公司的利潤。為了避免如此，寡占的公司們會彼此協商，甚至訂定協議，在價格、成分、技術標準、甚至售後服務等，採取協調一致的作法，以避免競爭。這便被稱為卡特爾。卡特爾限制公司的競爭，保障公司的利益，卻妨害了消費者的權益，因此許多國家制定有反托拉斯法、公平交易法等促進競爭的法規。而在國際關係上，「石油輸出國家組織」（Organization of the Petroleum Exporting Countries, OPEC）便是一種卡特爾，成功地協調會員國石油減產，促成石油價格提高，引起1970年代的兩次石油危機，2007至2008年的國際油價驟升也是類似的結果。

幼稚工業
Infant Industry

　　比較利益論認為，各國依自己具有的要素秉賦而生產、進行貿易，會使各國互蒙其利。然而當一個有豐富原料的國家，或經濟落後國家，便註定要以原料換取工業產品嗎？學者後來認為比較利益是可以創造的，關鍵便在於比起經濟先進國家，相對未發展的工業部門如何發展。這些相對未發展的工業部門被稱為幼稚工業，是第二次大戰後經濟相對落後國家亟思發展的，最常使用的政策工具即是「保護主義」（Protectionism），期望在國家的對內市場保證和對外市場保護之下，幼稚工業有朝一日能成長茁壯為成熟工業。不過，倍受呵護的幼稚工業並不一定能成長，也有可能失敗而夭折。韓國和台灣在1970年代同時發展重、化工業，韓國的現代造船、汽車如今已發展成為世界一流的重量級公司，但台灣的中船則營運不佳，汽車工業迄今無法完全自製，便是強烈的對比。

共同市場
Common Market

　　參見經濟整合（Economic Integration）。

多國籍公司
Multinational Companies, MNCs

　　多國籍公司又被稱為跨國公司（Transnational Companies, TNCs），意指總部設於母國，且在其他地主國設立分公司或子公司的跨國性企業集團。多國籍公司係取其所有權人、經營階層、生產線等不同層級人員，所屬國籍的多樣性。跨國公司則取其生產、服務活動跨越至少兩個國家的特性。最早由海默（Hymer）在1960年提出觀察，指涉整合跨越多個國家的企業及其活動。巴特利（Bartlett）與戈夏勒（Ghoshal）後來在《無國界管理》（Managing Across Borders）指出「多籍國公司」的有兩大特性：一是對海外市場有實質性投資；二是對海外公司不只有財務管控，還有積極的行政介入。多國籍企業的海外子公司不但在法律上為一獨立的公司，實際上也可依當地市場來自由運作，但核心的管理決策權集中於國籍本國的母公司。多國籍公司的活動在1970年代受到注意，也是當時興起之國際政治經濟研究的主要議題，如國際政治經濟創建者之一的吉爾平（Robert Gilpin）便於1975年以《美國權力與多國籍公司》（US Power and the Multinational Corporation）一書成名。

　　西方先進國家的多國籍公司剛開始

多以到其他具有低成本勞動力的國家設廠為主要目的。但經常因為企業文化和當地社會環境有所差異，引起勞資紛爭。而最引起發展中國家人民不平的是，跨國公司常因欲取得廉價土地和勞力，和當地政府或統治階級掛勾，經常間接以金錢支持統治菁英的暴虐統治，1970年代的中南美洲和非洲，經常出現此種爭議，最後導致反西方的社會主義左派革命，造成不少西方多國籍公司被國有化。最典型的例子是，委內瑞拉、玻利維亞左派政府國有化西方石油公司資產。

自由放任
Laissez-faire

自由放任一詞係法文，源自法國18世紀重農學派（Physiocracy）。重農學派強調經濟產出唯有使用土地的農業所得，因其可因勞動力投入而見具體產出。對他們而言，若無產出即不具經濟生產性。亞當斯密和馬克思（Karl Marx）皆批判重農學派視土地為唯一資本的說法。雖然重農學派早已為人所淡忘，但該派代表人物昆斯內（Francois Quesnay）和圖爾戈（Anne Robert Jacques Turgot），因身居法國官員，有感於當時政府的繁文縟節，認為政府管制太多，主張讓人民隨心所欲，所有事物便能順利運行，而高呼「順其自然、讓它去吧」（Laissez-faire, Laissez-passer）。這個口號反而遺留下來且被引申為自由放任經濟。自由放任經濟者反對任何對市場的干預，聲稱市場自我運作即可達成全體的最大福利。斯密和昆斯內交好，其名著《國富論》（The Weath of Nations）為自由放任提出哲學和經濟學式的分析。但極端自由放任經濟者宣稱不需要政府，甚至主張無政府主義，則為斯密所反對。當代經濟自由主義（Economic Liberalism）中的新古典經濟學派（Neo-classic Economics）有關於貨幣數量自然成長，政府無須干涉的主張，最接近自由放任經濟者的小政府主義。因此，自由放任有時又被視為極端經濟自由主義的同義詞。

自由國際經濟秩序
Liberal International
Economic Order, LIEO

第二次世界大戰後在美國霸權主導下，在國際貿易上依「關稅及貿易總協定」（General Agreement on Tariffs and Trade, GATT）建立旨在降低關稅的自由貿易環境；在國際貨幣上則是依布列頓森林體制（the Bretton Woods System, BWS）的固定匯率制；在國際金融上則有IMF，作為國家財政、金融失調的救火隊，以及協助發展中國家建設的世界銀行。此三者可說是戰後國際經

濟秩序的三大支柱，其中又以GATT最重要。由於GATT係以自由貿易和比較利益運作，因此戰後的國際經濟又被稱為「自由國際經濟秩序」。雖然戰後迄今國際政治經濟環境發生不少變化，如固定匯率制瓦解，GATT轉變為**世界貿易組織**（World Trade Organization, WTO），但自由貿易的國際經濟本質並未改變，而冷戰在1990年代初期的結束，更因為國際貨幣基金、世界銀行的貸款，附加「結構性調整」條件（structural adjustment conditions），要求受援國改革，擴大「自由國際經濟秩序」的範圍。

自由貿易區
Free Trade Area

參見經濟整合。

亞當斯密
Adam Smith

蘇格蘭人亞當斯密因1776年出版的《國富論》一書，被視為近代經濟學之父。但其成名之作則是1759年出版的《道德情操論》（*The Theory of Moral Sentiments*），可說是《國富論》前傳。斯密在《道德情操論》中思索人類社會行為的動機與結果：人類自私自利，卻能產生有秩序的社會？他認為人類的自私和追求財富的動機，一方面服從內在更高的良知，如榮譽、尊嚴、同情與愛，得使社會有秩序；另一方面也因自私自利的動機受到外在環境的限制，無論窮人或富人，其所享用和消耗的數量，差別不多，必須將多餘之物分配給其他人。接著斯密以神學的口吻說，是「一隻看不見的手」（the invisible hand），讓財貨的分配有如平均分配一樣，上帝在給富人後，也沒忘記其餘的人，使其得到應得的一分。

斯密在《國富論》中脫去神學口吻，進一步闡釋「一隻看不見的手」其實就是市場交換，其基礎便是分工。他認為分工一方面使團體產生數倍於單獨個人勞動集合的成果，是國家財富的來源；另一方面，分工也使個人滿足所有需求，達到適當的社會分配。「一人得能享用豐富的晚餐並不是因為屠夫、釀酒人和麵包師傅的善心，而是他們的自利心」，斯密以此生動比喻認為，只要其中的個體依自己的利益而為，最終便會達成全體最佳的福利。《國富論》全書五卷，以分工為首，顯見其重要性，次論資本、政治經濟史、**重商主義**（Mercantilism）和重農學派，最後則以論政府角色為結尾。令一般人意外的是，斯密認為政府具有國防、司法、提供公共建設等重要功能，顯示他不主張**自由放任**。

油元
Oil Dollar

　　石油輸出國家組織在1970年代透過兩次成功的協調，達成會員國石油減產，導致原油價格陡升，引起全球石油危機。這一方面引起許多國家經濟成長減緩，另一方面則使產油國賺取大量利益。由於石油交易係以美元計價，產油國坐擁鉅額美元，即使國內興辦大量公共建設，實行優厚社會福利，仍然無法消化，因此便趁美元固定匯率制崩潰後的資本自由流動之便，投向以英國倫敦為中心的國際金融市場，如歐洲美元市場（Euromoney）、歐州債券市場（Eurobond）購買相關金融證券，或存放於國際性大銀行，以謀賺取利息。這股大量的美元因來自產油國家，所以被名為油元。油元因為用於購買美國政府債券，或透過國際銀行的投資，反而成了支持美國政府財政的主要力量。後來在衍生性金融商品風行國際金融市場後，油元成為一股重要的資金來源，更是國際投資銀行積極爭取的對象。不過，近年來中東產油國家紛紛成立「主權基金」（Sovereign Wealth Fund, SWF），自行運用油元。

金磚四國
BRICs

　　美國投資銀行高盛公司（Goldman Sachs）在2003年公布〈金磚四國之夢：通往2050年之路〉（Dreaming with BRICs: The Path to 2050），文中指巴西、俄羅斯、印度和中國（Brazil, Russia, India, China，4國首字母BRIC音似Brick，故中譯為金磚四國）等4國的經濟發展，在2050年時將超過「八大工業國」（G-8），是新興而快速成長的市場。報告認為巴西有豐富的鐵礦、俄羅斯則有原油、天然氣等天然資源是其經濟發展最重要的基礎；而中國和印度則有豐富的優秀人才，是世界製造業重要的生產和服務基地。翌年高盛公司發表後續報告，認為4國年均所得超過3,000美元者在3年內會呈倍數成長，10年後會超過8億人口，預計會出現龐大的中產階級。2007年，高盛再以印度為主題，發表報告指出，依其經濟預測模型，以2003至2007年的數字來看，印度成長飛快，將縮短時間，在2020年成長4倍，2043年便會成為超過美國的經濟大國。然而金磚四國的報告遭受許多批評，指其經濟模型中的許多指標不具可信度，尤其國際政經情勢變化快速，僅以現有的數字來預測數十年後的情況，其準確性甚有疑問。不過，金磚四國後來成為新興市場的代表，在2010年再加

入南非，成為金磚五國，英文縮寫則改為BRICS，自成一個國際論壇。

非關稅壁壘
Nontariff Barriers, NTBs

參見保護主義。

紅色供應鏈
Red Supply Chain

為尋求海外市場或低價生產成本，歐美的多國籍公司在1960年代後興起，帶動製造業由已發展國家向發展中國家的跨國移動。而在1980年代後，電子業的模組化生產方式，使歐美跨國公司將製造外包給發展中國家的新興企業。此種將品牌、研發與製造流程分開的生產方式，被學者名為全球價值鏈（Global Value Chain, GVC）、全球生產網絡（Global Production Network, GPN）或供應鏈。台灣的成衣業、製鞋業、電子業都因成為供應鏈中不可或缺的節點，而發展成為全球知名的製造商。而中國在1980年代經濟開放革後，發展出眾多的大小公民營企業，也吸引眾多台商前往設廠，承接歐美廠商的外包工作，在2000年後成為「世界工廠」。經十數年的發展，中國企業成功切入資本密集和技術密集的高科技產業全球供應鏈，更出現自有品牌，如聯想、華為、小米

等。中國企業在全球供應鏈中的崛起，被稱為紅色供應鏈，使台灣企業備受威脅，特別在資通訊產業方面，台商都面對相對應中國企業的競爭，有時還成為中國品牌的零組件供應商。2015年中國國務院提出「中國製造2025」政策，運用各種財措施，發展自有技術和關鍵零組件來減少對外依賴，以提升中國製造業自主性。中國製造業的興起早已為美國政學界所認知，更認為加劇美國製造業的空洞化，間接造成美國藍領工人失業。川普（Donald Trump）擔任美國總統後，2018年發起美中貿易戰（US-China trade war），提高中國商品進口關稅，禁止美商供應零組件給中國企業如中興、華為，幾乎迫使中興倒閉，並重創華為。中國除相對也予關稅反擊外，更加緊研發技術和製造自主進程，提出「中國標準2035」。

保護主義
Protectionism

相對於自由貿易受到經濟強勢國家的歡迎，保護主義則受經濟弱勢國家支持。保護主義有消極和積極兩種類型。消極式保護主義係以禁止進口、提高關稅等將外國商品隔絕於本國市場之外，以保護本國的類似產品。積極式保護主義則以政府力量，如租稅減免、財政補貼、利息減免等來補貼本國企業，

以使相關產品不僅在本國市場中相對於進口產品具有競爭力，最終也希望本國商品未來能具有出口競爭力。保護主義因「以鄰為壑」，常被認為是第一次世界大戰後經濟大蕭條的原因之一，因此不見容於二戰後的國際自由貿易。經濟弱勢國家在減讓關稅的壓力下，發展出其他的非關稅貿易壁壘，如進口配額（quota）、產品原料比例限制、技術標準，甚至外國公司應僱用固定比例的該國移民等，不一而足。更奇特的例子是，1980年代中期日本面對美國要求開放連鎖商店市場時，以「文化差異」為拒絕理由。不過，補貼雖常被作為國家發展策略性工業的政策工具，但卻具有不公平性。台灣歷年來促進產業升級條例中的租稅減免便常被批評「讓電子業稅後盈餘多於稅前盈餘」，「一般納稅人補貼電子新貴」，因此後來被設下落日條款。

帝國主義
Imperialism

列寧（Vladimir Lenin）對帝國主義的經典解釋是，西方國家在工業革命後由於國內市場飽和，及對原料的渴求，因而極力對外擴展殖民地，使之成為商品市場和原料產地，是資本主義發展的最高階段。列寧並認為第一次世界大戰的發生，即是因為帝國主義國家對外競逐殖民地而爆發的全面性衝突。帝國主義雖然有皇帝統治之原意，但在皇室統治不再後，仍然保留下帝國一詞，並被許多左派學者加以引申分析，如「依賴理論」（Dependence Theory）和「世界體系理論」（World System Theory）多少都有些帝國主義的影子。在左派學者分析中，帝國主義的本質是種不平等的交換：殖民地出口低價的原物料到殖民母國，經加工製造後成為附加價值較高的最終商品，再回銷到殖民地賺取其中的鉅額利潤。此論點不啻是對李嘉圖解釋國際貿易發生之「比較利益」論的批判，所以可運用到當今所有國際貿易、國際企業的政治經濟學分析。但是左派學者也對帝國主義有十分矛盾的觀點：帝國主義對殖民地是好？是壞？馬克思在對英國殖民印度的論文中說，帝國主義有引入先進技術、資本的好處，讓殖民地的資本主義加速發展，促成無產階級的興起而發生革命，早日進入社會主義的理想境地。而右派學者則從民族主義的角度批判，認為帝國主義妄自以民族優越論歧視其他民族，主張各民族都有平等生存的權利，可藉由民族自決來決定自己的前途。

後華盛頓共識
Post-Washington Consensus

參見華盛頓共識。

重商主義
Mercantilism

　　地理大發現之後的16、17世紀，西方民族國家同時興起，如荷蘭、西班牙、葡萄牙等。這些國家一方面競逐殖民地原物料，一方面也競逐殖民的金銀礦產，因為金銀除成為國家貨幣交易工具外，也是國家財富的象徵。而累積金銀的最重要原因是作為戰爭開銷，民族國家因而極力避免本國金銀外流，大多鼓勵出口而限制進口。此外，為了競逐財富，民族國家也不能放任民間商人獨獲國際貿易利益而對其有所管制以分享利益，其中一種作法便是設立國家特許的民間貿易公司，如英國、荷蘭的東印度公司。重商主義受到經濟自由主義之父亞當斯密的批評。強權國家如英國很快地因為自身商業經濟力量強大而主張「經濟自由主義」，在自由貿易中賺取利益。相對的，經濟力量較弱的國家便由重商主義出發，主張以增進自己優勢經濟實力的經濟民族主義（Economic Nationalism）。時至第二次大戰後，由於經濟互賴（economic interdependency）程度日益提高，在1970年代石油危機後產生一股新重商主義（Neomercatilism）思潮：國家為了經濟安全（economic security），期望減少依賴進口的原物料，尤其是如石油、貴金屬等的策略性原物料，如美國便開始建立自己的戰備儲油。不過，新重商主義也常和保護本國產業免受外國產業競爭，或促進本國產業發展以與外國產業競爭的作法相連，然其與傳統重商主義強調國家財富和權力的思想則毫無二致。

烏拉圭回合
Uruguay Round

　　「烏拉圭回合」是GATT國際貿易體制最後，也是談判範圍最廣、議題最多，並決議成立世界貿易組織的談判。在1986至1994年的談判中，持續前一回合將關稅減讓的項目擴及如進口配額、技術標準要求等「非關稅壁壘」，還進一步將以往難以排進議程的農產品排入，最終達成一般貨品和農產品全面降低關稅的結論，並以整批簽署，而非以往由締約國各自另行簽約的方式，以使談判結果能全面性生效。此外，「烏拉圭回合」還達成兩項新成就：（一）針對服務業新興的國際間貿易，如電信、運輸、教育、建築等新興的非貨品交易，簽署「服務貿易總協定」（General Agreement on Trades and Services, GATS），各國逐步開放市場；（二）針對與貿易有關的智慧財產權如專利、商標、著作權，甚至連工業設計、未公開資訊也加以規範的「與貿易有關之智慧財產權協定」（Agreement on Trade-Related Aspects of Intellectual Property

Rights, TRIPS）。「烏拉圭回合」最後、最重要的成就便是決定建立**世界貿易組織**，GATS、TRIPS和GATT即成為其三大支柱。

特理芬困境
Triffin Dilemma

第二次世界大戰後，以美國為首的西方國家建立以美元為本位的國際貨幣**布列頓森林體制**，各國貨幣皆以固定匯率釘住美元。由於國際貿易多以美元為計價標準，在美國開放國內市場情況下，各國逐漸累積了大量美元外匯存底，因而加深了美國的財政赤字，造成美國必須發行公債才能維持政府所需。不過，美國公債又成為其他國家外匯存底的目標部位，因此又形成了各國以外匯存底支持美國公債，進而支持美國貿易赤字的循環現象。法國前總統戴高樂（Charles de Gaulle）因而批評美元有「過分的特權」（exorbitant privilege），為了越戰、金援盟國、支持其霸權而隨意印製美元，造成國際經濟的不安定。美國經濟學家特理芬（Robert Triffin）則早在1960年，便指出戰後的國際貿易和金融結構是以美國不斷加深的國際收支赤字為代價，當美國的黃金儲備無法對應美元發行時，便造成美元的信心危機。各國賺取、累積愈多美元，更加速這個危機，因此這個困境被稱為「特理芬困境」，特理芬認為只有兩個解決方法：美國停止持續的赤字，或是發現另種國際流通性的創造機制（liquidity-creating mechanism）。但這兩種都不可得，美國最後無法支撐，結果便是「布列頓森林體制」固定匯率制的崩潰。

國民待遇
National Treatment

國民待遇是**關稅暨貿易總協定**和**世界貿易組織**的運作基本原則，期待並要求所有會員國能給予自其他會員進口而來的商品，有和本國生產商品一樣的法律、經濟地位，如相同的技術要求、成分要求、檢查標準等，最終希望能降低關稅到最低點，以使相同產品不因生產國別不同而有不同的差別待遇，使商品都能平等地在市場中競爭。**世界貿易組織**成立後，國民待遇的要求已拓展至非商品貿易，如提供服務也被納入其中。舉例來說，外國金融機構如銀行、券商，甚至是會計師事務所等，進入本國的設立標準和其他要求，也都須比照本國相關公司。但**世界貿易組織**允許會員國於加入時，能有緩衝期，以求逐步開放本國市場，降低對本國相關公司的衝擊，同時也給予本地政府修改本國法律以與**世界貿易組織**法規一致，而能達到「無差別待遇」或「非歧視性」的目

標。國民待遇和「**最惠國待遇**」（Most Favored Nation, MFN），可說相輔相成，均是自由貿易的基礎。

國際政治經濟
International Political Economy

　　國際關係是第二次世界大戰之後才發展成形的學科，國際政治經濟則更遲至1970年代之後才開始發展。原因是當時美蘇冷戰的國際情勢出現緩和的局面，戰爭與和平等「高階政治」（high politics）議題被重視的程度稍稍下降，此時由於國際經濟議題，如石油危機、浮動匯率制、發展中國家外債、GATT談判不順等「低階政治」（low politics）問題反而受到重視。然而國際經濟學者卻不研究這些議題，一派國際關係學者乃著手相關研究，如史珮羅（Joan Spero）、**吉爾平**、史傳居（Susan Strange）等的著作，成為往後IPE學者必讀的經典之作。國際政治經濟研究的焦點是國際間的權力與財富問題，或是國家與市場的關係，如史傳居便將國際政治經濟研究範圍或國際政治經濟現勢，區分為4個結構：生產、金融、安全、知識。國際政治經濟擴大了國際關係研究的視野，研究成果也成為1990年代後「**全球化**」（Globalization）的基礎，如奈伊（Joseph Nye, Jr.）和基歐漢（Robert Keohane）早在1977年便提出「相互依賴」（interdependence）的概念，並廣被引用。

國際貨幣體制
International Monetary System

　　世界各國都會發行自己的貨幣作為國內交易的計算基礎。不同貨幣之間的交換在國際貿易盛行下，自然需要彼此交換的計算方式，貨幣之間交換計算的方式即為國際貨幣體制，也就是匯率制度（foreign exchange system）。第二次大戰之前，各國貨幣的小額硬幣多以含金量多寡，作為兌換標準，因此，國家有多少黃金存量便可發行相應的貨幣。由於以黃金作為兌換標準，所以稱為金本位制。在金本位制下，各國藉國際貿易競相累積黃金。但金本位制在20世紀初因連續兩次世界大戰和1930年代的經濟大蕭條而崩解。第二次世界大戰即將結束之際，以美國為首的強權國家在1944年召開國際會議決定戰後合作建立以美元為本位的固定匯率制度，各國貨幣依固定比率兌換美元，美元的定價則以黃金計算：每35美元兌換1盎斯黃金，所以又被稱為美元─黃金本位制。因為建立固定匯率制的國際會議地點在美國新罕布什爾州的布列頓森林，所以又被稱為布列頓森林體制。美國在1960

年代遭受貿易和財政赤字上升的經濟困境，迫使1971年美國總統尼克森宣布美元不可再兌換黃金，並使美元貶值以減少貿易赤字，自此開始浮動匯率制，一國貨幣匯率的調整成為政策工具，也變成國際貿易摩擦爭議焦點。

最惠國待遇
Most-Favored-Nation, MFN

最惠國待遇是**關稅暨貿易總協定**和**世界貿易組織**的原則之一，定義是締約兩國間給予對方的任何優惠對待，必須適用於其他也與兩國各自締約的第三國。換言之，A國與B國就某商品的關稅稅率、費率、技術條件等的互惠待遇，也同樣適用於與A國締約的C國及與B國締約的D國。如此，4國對某商品的進口關稅、費率和技術條件的規定都一樣，若C、D國再與其他國家締約，彼此間也同樣適用該待遇，也就打破了這些國家間的貿易障礙，擴大相同的貿易條件。否則若要國家兩兩間逐一締約，不知須耗費多少時日。故最惠國待遇原則可說是打破國際貿易障、促成貿易自由化的最佳、最有效利器。不過，**關稅暨貿易總協定**和**世界貿易組織**也對最惠國待遇有例外規定，如因國家安全需要、對人民生命、健康和植物的特殊規定，還有「對自由貿易區」（Free Trade Area）、「關稅同盟」（Customs Unions）及邊境貿易的規定等。**關稅暨貿易總協定**和**世界貿易組織會員國**必須遵守相互給予最惠國待遇的強制規定。不過，並非所有國家都是GATT、WTO成員，是否給予最惠國待遇便常成為美國外交政策工具之一。1998年美國國會改稱最惠國待遇為「永久正常貿易關係」（Permanent Normal Trade Relations, PNTR），因須得到國會同意，也就常成為行政和立法間的爭議焦點。

華盛頓共識
Washington Consensus

1970年代後，發展中國家經常出現經濟危機，如外債高築、財政赤字、高度通貨膨脹，因而尋求國際經濟組織如IMF、**世界銀行**的貸款協助。但國際貸款協助卻附帶有條件。由於這兩個國際組織的總部皆位於美國華盛頓特區，且美國財政部對他們有重要影響，所以他們的援助條件便在1989年被美國智庫國際經濟研究所學者威廉森（John Williamson）名為「華盛頓共識」，內容包括：確保財產權、緊縮財政、減少支出、利率和匯率改革、國營企業民營化、開放進出口的貿易自由化、自由化外國直接投資的限制、國內金融等市場的解除管制等。這一套政策條件旨在徹底改革受援國家的經濟結構，故又名為「結構調整計畫」（Structural Adjustment Programs, SAPs）。這在1990年代初期的前共產國家經濟改革中曾被大量使用，希望一夕改變長期的共產經濟結構，故被稱為震盪療法。東亞金融危機時，這套政策也被加到韓國、泰國身上。但震盪療法在前共產國家的施行引起經濟危機，世界銀行開始改變其看法，如其首席經濟學家施蒂格利茨（Joseph Stigliz），及其他學者便批評華盛頓共識是自由主義經濟學太過簡化的政策，完全忽視「市場失靈」（market failure），國家具有某種程度矯正的功能，這些批評被名為「後華盛頓共識」。施蒂格利茨指出，不考慮發展中國家狀況的一體適用的政策註定失敗，國際經濟組織的決策須納入發展中國家，以允許某種程度的政策實驗和創新；成功的發展不能僅以GDP來衡量，尚須慮及分配和社會與環境的永續，因此需要國家和市場間的平衡，並強化兩者的制度。「後華盛頓共識」具體顯現在IMF和世界銀行的貸款和援助，將提升受援國家的良善治理（good governance）、監理改革（regulatory reform）、社會永續（social substainability）視為重要目標。

傾銷
Dumping

現今國際貿易以自由貿易為原則，然而也十分重視公平貿易（fair trade）。倘若一國出口至另一國的商品價格，遠低於生產成本或地主國同類商品價格，將可能被視為不公平貿易，出口國商品也就被視為傾銷。出口國商品能以低價出售的原因不外乎，出口國政府的補貼、生產廠商刻意壓低價格以低價搶占市場。世界貿易組織並沒有作出明確的傾銷定義規範，一方面因為合理的生產成本和價格難以計算，另一方面，相同品質卻低價的商品其實符合消費者的利益。因此，世界貿易組織係以貿易爭端協商機制作為解決問題的平台，任何感受到因為出口國的傾銷而使本國市場同類商品遭受侵害的成員國，皆可提出，期望雙方透過協商來解決爭端。而在此過程當中，允許受害國可採取自衛（selfguard）措施，如暫時停止進口、課徵反傾銷稅（Anti-Dumping tax）、罰款等，以直接或間接提高價格。

搭便車
Free Riders

參見公共財。

新國際經濟秩序
New International Economic Order, NIEO

第二次世界大戰後，在西方強國主導下的「自由國際經濟秩序」遭受經濟較落後的開發中國家批評，指經濟強國藉口自由貿易和市場開放，在發展中國家的市場中和本地生產者進行不平等的競爭：本地生產者在「比較不利益」情況下，受到多國籍公司的剝削，結果造成國際上貧富不均的「南北問題」。77個經濟落後國家組成「77集團」（Group-77），集體在國際中發聲，要求北方工業化富國正視國際不均的問題。「77集團」國家多標榜不親美、不親蘇，也被稱為「不結盟運動」（Nonalignment）國家，他們建立了聯合國貿易暨發展會議（United Nations Council of Trade and Development, UNCTAD）等國際論壇協商和倡議，要求改變「自由國際經濟秩序」的種種不公，在1973年召開「不結盟運動」高峰會後提出草案。草案於1974年4月在聯合國大會第6次特別會議中通過「新國際秩序行動宣言及綱領」，要求建立「新國際經濟秩序」，主要內容如建立「貨品整合計畫」（integrated program for commodities）以平準貨品供需及價格、擴大GATT降低關稅範圍的「普遍化優惠體系」（generalized systems of preferences）、要求改變重要國際組織，如IMF、世界銀行等的決策機制，給予南方國家更多權利。不過，「新國際經濟秩序」的要求後來因為經濟弱國間的不團結而失去動力，加上經濟強國也不願支持，最後僅淪為一個歷史名詞。

新興工業經濟體
Newly Industrial Economies, NIEs

第二次世界大戰造成全球經濟凋敝，戰後各國無不以復興經濟為最主要目標。在此經濟復興競賽中，位處東亞的日本首先以快速的經濟成長受到西方國家矚目。不過，相對於戰前即是先進國家的日本，原是前殖民地、工業發展落後的台灣、韓國、新加坡、香港，也在1970年代後有高度的經濟、工業成長，因而被名為新興工業經濟體。1980年代後，東南亞的印尼、泰國、馬來西亞等國也隨之有強勁的經濟表現，所以都被劃為新興工業經濟體。關於這些經濟體經濟表現快速的解釋，西方學術界大體有3種爭論：「經濟自由主義」、「依賴理論」和「資本主義發展型國家」（Capitalist Developmental States）。自由主義認為新興工業經濟體採行自由貿易、尊重市場機制運作是其發展主因。依賴理論則認為，先進

國家的投資和援助雖然使落後國家發展，實際上是種仰賴經濟強權的「依賴發展」（dependent development）。發展型國家論則認為是新興工業經濟體的政府採取時而順應市場、時而干預市場的政策才是其發展主因。三者的爭論在1990年代因東亞發生金融危機而劃下句點，自由主義取得上風。然而1990年後的拉丁美洲、非洲等原本經濟落後地區的經濟體，也開始出現如第二次戰後東亞經濟體的良好經濟表現，如巴西、墨西哥、波紮那（Botswana），也再被名為新興工業經濟體，關於經濟發展原因仍持續為學界所爭論。

經濟同盟
Economic Union

參見經濟整合。

經濟自由主義
Economic Liberalism

經濟自由主義以亞當斯密的《國富論》為理論思想來源，市場有其自我運作規律，任何外來的干預，如政府政策，都會減損市場的資源分配效率，終而使全體市場成員的總體福祉降低。極端的經濟自由主義是所謂自由放任。此派認為放手不管，讓市場自己運作是最佳的政策。然而，斯密並不認為政府在市場中沒有任何地位，反而指出，政府維持法律秩序、執行財產權規定、負擔基礎建設等，是市場經濟運作完善至為重要的條件，這後來又成為制度經濟學派（institutional economics）的思想來源。

經濟自由主義有許多內部流派，其中的分野和爭論在於市場能否自己解決問題、是否需要政府的介入。如「激進派」承認有所謂的經濟景氣循環（business cycles），凱因思（John Maynard Keynes）提出反循環經濟政策，藉由政府財政支出以使市場脫出景氣低谷。「保守派」如新古典經濟學派則承認市場也會失靈，此時政府才得以有條件地介入，以矯正市場對公共財提供的不足，但這又必須注意是否會出現政府失靈（government failure）：政府干預不僅無效，反而火上加油。而在國際經濟上，經濟自由主義則認為自由貿易能使國際社會全體，得到最大的福利，一如「看不見的手」的功用，因此主張消除貿易壁壘，反對貿易保護主義。GATT和WTO可說是經濟自由主義的實踐。

經濟整合
Economic Integration

國家間的經濟整合，由淺入深的程度依序至少可以區分成5種：（一）自由貿易區：成員國間的商品貿易沒有關

稅或非關稅壁壘，但成員國對非成員國則有，不過，並沒有共同的對外關稅；（二）關稅同盟：成員國間的商品貿易沒有關稅或非關稅壁壘，但成員國對同盟外的國家則有共同對外關稅；（三）共同市場：成員國間在關稅同盟基礎上，再加上生產規範的一致化，以及彼此間資本、人力、服務的自由流動；（四）經濟同盟：係共同市場再加上成員國在財政、貨幣、產業、區域運輸及其他經濟政策的一致化，通常也被稱為經濟與貨幣同盟，以突顯貨幣匯率協調的重要性；（五）完全的經濟同盟：在經濟同盟之上，更進一步強調成員國間在經濟、財政上等政策的統一，此時會設有超國家機構以作為決策、統一執行政策，以及監督成員國政策的執行。

「歐洲聯盟」（European Union, EU）自1950年起迄2002年歐元實體貨幣的出現，五十多年來的經濟整合過程，可說經歷了如上5個階段。由於歐洲整合的成功，也引起其他國家仿效，如「北美自由貿易協定」（North American Free Trade Agreement, NAFTA）（在2020年7月後由「美加墨協議」取代，其也被稱為「NAFTA2.0」）、「東南亞國家協會」Association of Southeastern Nations, ASEAN）自由貿易區，世界貿易組織都是自由貿易區的一種。至於關稅同盟則如「南椎共同體」（MERCOSUR），共同市場則如「加

勒比海共同體及單一市場」（Caribbean Community），經濟同盟則為一些已是共同市場階段者的目標。至於歐盟則幾近經濟同盟，但其仍然欠缺共同的財政政策，以致於無法防止，葡萄牙、西班牙、愛爾蘭、希臘，在2010年接連發生政府財政危機（簡稱歐債危機）。

補貼
Subsidy

參見保護主義。

資本主義
Capitalism

資本主義是一個令人迷惑的名詞，有人歌頌其為人類經濟生活最終的依歸，有人則斥之為剝削勞工的制度。無論如何，這都是來自於資本主義兩種特性：（一）生產工具如資本、土地、財產的私有化；（二）個人出於利潤的動機，使私有財產透過市場交換而獲得利益。財產私有化使個人有為自己謀求更多利益的自利動機，而市場的自由運作則能具體化，且實現自利的利益增加。然而，馬克思則批評，此種資本主義造成了廣大的無產階級，他們只有出賣勞力才能獲取利益，而擁有生產工具的資本家為了自利，便有了剝削勞工的動機，給予無產階級不成比例的報酬。私

有財產制度便成了雙方辯論的焦點。第二個特性則產生市場機制能否達成最佳的分配效率。新古典經濟學派反對政府涉入，但凱因斯則否定，贊成政府有條件的干預，馬克思主義者甚至完全否定市場。

　　雖然在學派、理論上有許多的辯論，但在現實上，卻沒有一個真正的完全私有化、自由市場運作的資本主義經濟體存在，而是或多或少具有混合私有和公有、市場運作和政府干預的混合型經濟體（mixed economy）。如主張私有制、自由市場的英國、美國，也有國營企業，強調公有制的中國大陸，則使公有企業私有化。強調自由市場的美國，也有反托拉斯法（Anti-trust Law）限制大企業的活動。而歐陸國家對市場的自由運作，則因強調勞工福利而對工資、工時、福利等有高度的要求。凡此種種都讓資本主義的面貌愈來愈多樣。

資本主義發展型國家 Capitalist Developmental States, CDSs

　　發展型國家論者認為，自由主義經濟學主張讓市場自己運作，卻天真地忽略國家（state）促進經濟發展的角色。美國學者詹鶽（Chalmers Johnson）1982年名著《通產省與日本經濟奇蹟》（*MITI and Japanese Miracle*）即以日本為例指出，日本第二次世界大戰後快速的經濟復興和發展，政府在經濟上的妥當干預是重要原因，並將日本名為資本主義發展型國家（簡稱發展型國家）。詹鶽歸納出其有4項特徵：（一）在經濟上以尊重私人財產的資本主義為根本；（二）由優秀的行政官僚依據發展目標，設計工業化的優先順序；（三）審議和執行時取得私人資本家及團體的合作，且以順應市場機制的產業政策來干預調整；（四）政治人物作為安全閥（safety valve）來消解民意壓力。韓國、台灣也都被認為是發展型國家。

　　但1998年的「東亞金融危機」（East-Asian Financial Crisis）引來經濟自由主義的批判，指發展型國家因強調公私合作，容易形成官商勾結的「親信資本主義」（crony capitalism），才會導致金融危機，應該進行徹底的經濟結構改革。時至今日，危機雖然已過20年有餘，雙方的辯論仍持續集中在政府與市場間的適當關係為何。2007年中開始延燒全球的美國次級房貸危機（Sub-prime Mortgage Crisis），迫使美國政府宣布國有化兩家房貸公司、一家保險公司，其間的爭論仍然集中於政府在經濟上的角色。市場的全球化是否太過了，政府必須如何應對？此又再度引起政學媒體界重新思索發展型國家反對「過度競爭」的意涵。

歐元
Euro

　　歐洲經濟整合歷經約50年的過程，1993年生效的《馬斯垂克條約》（Maastricht Treaty）明確規定達成經濟、貨幣整合的詳細條件和步驟，期望能由先達成標準的國家先完成歐洲貨幣的整合，如通膨率、預算赤字率、政府債務、長期利率、匯率浮動限制等。1995年的「馬德里高峰會」決議1999年1月1日起實施貨幣整合，將共同貨幣名為「歐元」。1998年，歐洲貨幣機構（European Monetary Institute, EMI）與歐盟執委會提出各國趨同報告，認為荷蘭、比利時、盧森堡、法國、德國、義大利、愛爾蘭、西班牙、葡萄牙、奧地利和芬蘭等11國已達到標準。1991年起依規定成立「歐元區」，並設立「歐洲中央銀行體系」（European System of Central Banks, ESCB）接收EMI工作，掌管歐元貨幣政策。2001年，希臘加入歐元區，2002年1月1日歐元紙、硬幣發行，歐元區12國本國貨幣如瑞典克朗、德國馬克、法國法郎走入歷史，2003年3月1日起不再流通。但在歐洲經濟整合過程中，仍然有三國對貨幣整合有所疑慮，如英國反對派認為加入歐元等同放棄經濟自主權，瑞典、丹麥則認為經濟狀況比歐元區好，不願被拖累，迄今尚未加入。不過，之後隨著歐盟東擴，也

有愈來愈多的新歐盟成員加入歐元區，如斯洛維尼亞、賽浦路斯、馬爾他等。迄今歐元區共有19國。

震盪療法
Shock Therapy

　　經濟學上的震盪療法意指，採取經濟管制的國家在特定時間起，完全解除管制，如國營企業民營化、商品市場價格自由化、資金利率自由化（暫時性的高利率）、外匯自由化、緊縮財政赤字等。因為原有的經濟體制十分無效率，所以必須完全放棄，改採經濟自由主義的市場作為，有如醫學上的電擊，希望能讓失去心跳者回復心跳，因而被引用至經濟學。震盪療法最著名的倡議人是哈佛大學經濟學教授薩奇斯（Jeffery Sachs）。他在1980年代曾任玻利維亞政府經濟顧問，建議、擘劃了震盪療法，讓該國經濟起死回生。1990年代初期，蘇聯、東歐共產國家解體，紛紛採取政治、經濟改革，薩奇斯便成為這些政府最重視的經濟顧問。然而波蘭、俄羅斯採行震盪療法的結果，卻造成經濟蕭條、失業率急升，使人民怨聲載道。反而是採取漸進主義改革的中國大陸和匈牙利等，經濟表現良好，失業率也不高，形成漸進主義和震盪療法的爭議，一時間，漸進主義的評價高於震盪療法。然而，隨著中國大陸近年出現經濟

發展瓶頸，俄羅斯和波蘭經濟否極泰來，雙方再現爭議。

總體經濟學
Macroeconomics

經濟學在19世紀末之前是政治經濟學，是劍橋學派大師馬歇爾（Alfred Marshall）之後才更名。經濟學在20世紀後，由於邊際效用的引進和大量使用，讓經濟學成為一個以數量方法為研究工具，研究市場行為者效用的學科。經濟學依研究標的不同概分為個體經濟學（Microeconomics）和總體經濟學。前者主要研究標的是個別行為者，後者則是研究行為者的總和，通常以一個國家或一個地區為單位。因此必須利用許多調查和統計方法蒐集資料。如總體經濟學最關心的主題是經濟成長，學者便設計衡量經濟成長的方法，如國內生產毛額（General Domestic Production, GDP）、國民生產毛額（General National Production, GNP）。GDP和GDP每年的變動率即是經濟成長率。由於經濟成長有高有低，學者於是又關心景氣循環（business cycles）。總體經濟學其他關心的議題還有通貨膨脹或通貨緊縮、利率、失業率等。而總體經濟學中最重要的爭論是經濟政策：在何種經濟情況下，政府可以採取何種經濟政策。由此便區分出源自**亞當斯密**主張自由市場，政府干預愈少愈好的古典經濟學派，和凱因思主義（Keynesianism）之反景氣循環的市場干預政策。雙方的辯論迄今仍尚未終結。

關稅同盟
Customs Unions

參見經濟整合。

關稅暨貿易總協定
General Agreement on Tariffs and Trade, GATT

鑑於1930年代經濟大蕭條導致各國紛紛採取「**保護主義**」，結果使各國經濟雪上加霜，間接導致德國發動第二次世界大戰。戰後為消除貿易**保護主義**惡果，以美國為首的西方國家，計畫建立「國際貿易組織」（International Trade Organization, ITO）以促進自由貿易。不過，美國國內高漲的保護主義聲浪迫使國會有可能否決加入國際貿易組織，美國總統杜魯門（Harry Truman）乃改弦易張，建議各國簽署「暫時性」的**關稅暨貿易總協定**，在多邊談判（multilateral negotiations）架構下，逐步協商降低關稅、消除保護主義。GATT在1948年生效，在此架構下，每一次多邊談判稱為回合，迄1995年建立**世界貿易組織**為止，共進行8回合

談判。GATT的原則是互惠（reciprocity）和無差別（無歧視）待遇（nondiscrimination）。互惠係指締約國相互減讓關稅，無差別待遇又被稱為**最惠國待遇**，係指一視同仁對待締約國同類進口的商品，不得給予任一國商品特定優惠。不過，GATT仍然規定可對特定貨物如農產品、原料等免除談判；也有因為經濟危機而允許締約國實施暫時性的貿易保護措施，稱為自衛條款。在6回合談判後，締約國已對貨物關稅減讓項目大致協商完成，1973至1976年的「東京回合」（Tokyo Round）、1986至1994年的烏拉圭回合開始針對非**關稅壁壘**進行談判，並同意建立**世界貿易組織**。

第六篇　外交決策與分析

Diplomatic Decision-making and Analysis

二軌外交
Second-track Diplomacy

　　二軌外交是指運用民間、學界或是非政府組織等多重管道，藉著兼顧民間學者及非官方身分者的私下交流，促成敵對兩邊的對話，希望彼此能嘗試著瞭解對方的思維與立場，即使不一定能化解衝突，至少也可避免因為誤解或對外放話所造成的騎虎難下之僵局。

　　二軌外交在強調「非正式途徑」、「協商過程」與「非政府組織」之外交運作架構中，可說是扮演著相當重要且關鍵的角色，而這符合後冷戰時代所強調的**軟權力**外交運作模式的國際潮流。事實上，**二軌外交**在國際上早已存在多年，而且也有許多成效顯著的例子。例如在全球層面，**冷戰**時期即召開許多以民間學術團體和研究單位為主的核武限制及裁軍會議，這些非官方的會議直接或間接地促成美、蘇雙方達成核武裁減，對**冷戰**的結束具有重要的貢獻。同樣地，在區域層面，太平洋盆地經濟理事會（Pacific Basin Economic Council, PBEC）、太平洋經濟合作會議（Pacific Economic Cooperation Council, PECC）及**亞太經濟合作會議**（Asia-Pacific Economic Cooperation, APEC）中的企業諮詢委員會（APEC Business Advisory Council, ABAC），對亞太經濟的合作與發展均有極大的助益；另外，東南亞國家中的戰略與國際研究中心對**東南亞國家協會**（Association of Southeast Asian Nations, ASEAN）的運作，以及亞太安全合作理事會（Council for Security Cooperation in the Asia Pacific, CSCAP）和**東協區域論壇**（ASEAN Regional Forum, ARF）的成立，也都具有直接的影響。而「問題解決工作坊」（problem solving workshop）也可以算是二軌外交，此工作坊是由外交官出身的澳洲學者波頓（John Burton）所創，由第三者出面邀請衝突當事國的平民參加，安排前往不受外部壓力（包括官方、媒體、輿論）的避境場所，在專業人士的協助下，面對面探索真正的化解之道，嘗試著去瞭解彼此衝突的根源何在。波頓本人就曾經親自協助賽浦路斯、北愛爾蘭等地的紛爭。

人民外交
People-to-people Diplomacy

　　人民外交通常是指表現在兩國人民之間的文化藝術、學術交流或媒體報導，以增進他國民眾對本國的瞭解與正面印象。

　　第二次世界大戰以後，人民外交的角色日益受到各國外交部門的重視，其原因與**國際關係**整體大環境的外在改變有很大關係，這些因素包括：傳播科技的快速成長，廣播及電視、衛星、電腦

等資訊的傳遞無遠弗屆，人民可以藉此獲取無限的資訊，國界及思想控制對人民的限制逐漸式微。由於大量的資訊提供，人民對國際事務的態度與民意反映隨之受到影響，並對政府部門形成政策壓力。此一現象不僅發生在民主國家，即使獨裁國家亦不得不對民意的形成表示起碼的尊重，或試圖阻止民意之發生。第二次世界大戰後，大批新興獨立國家基於本身的意識形態、國內政治情勢、經濟文化利益等種種原因，大量運用新的傳播科技，向大國（如英國、美國等國）推動人民外交，以導正其他國家人民對本國的不正確印象，以期維護**國家利益**；同時，這些新興國家也因為戰略等種種因素而成為許多大國的人民外交目標。

公共外交
Public Diplomacy

公共外交是指一種由一國政府所推動，透過資訊和文化交流，影響國外民眾對本國看法和理念的一種**外交**形式。具體而言，公共外交所涵蓋的範圍超越傳統外交的面向，其中包括如何形塑其他國家的民意、本國以及其他國家的民間團體間互動、如何被**國際社會**所報導與理解，乃至於跨越國界的文化交流等等。簡言之，公共外交是藉由瞭解（understanding）、告知（informing）

以及影響（influencing）國外大眾，並擴大本國公民與其外國之間的對話，藉此來提升本國的**國家利益**。

公共外交是指國家的對外作為，以此定義來看，公共外交旨在形塑及影響其他國家人民的態度或者國際民意；簡單來說，即在爭取其他國家以及**國際社會**的民心（hearts and minds）。公共外交的核心乃是資訊（information）以及理念（ideas）的跨國交流，因此公共外交的推動作法可能採用包括出版、電影、文化交流、廣播、電視等等工具。正因為如此，部分人士將公共外交與國際宣傳（international propaganda）視為同義詞，然而仔細觀之，公共外交的內涵實際上比國際宣傳來得更廣泛及多元。

外交
Diplomacy

外交學權威尼柯勒生（Harold Nicolson）認為外交是根據談判來處理**國際關係**的事務，而**國際關係**是依照大使或使節來調整、處理的方法，屬於外交官的業務及技術。這個定義將外交視為外交官員運用交涉等處理**國際關係**之方法，其所注重的是技術層面。另外，普力斯凱（Elmer Plischke）則認為外交有6項意義：（一）外交是指主權國經由授權的代表，依據**國際法**處理國與國

之間事務的科學；（二）外交是指藉由談判來管理國際關係；（三）外交是處理國際間交流的事務或藝術；（四）外交乃是國防的第一線；（五）外交是指除了應用武裝衝突外，任何國家嘗試達成其對外政策的藝術和科學；（六）外交可以說是在戰爭開始之時停止，而在戰爭結束之時開始。由普力斯凱對外交的定義可以得知，外交是以和平手段來達成國家的對外政策，外交可以簡略的定義為「外交人員藉由和平的方式，以處理國際關係的方法和手段」。

永久中立國
Perpetual Neutral State

「永久中立國」是指不得參加任何軍事聯盟，且在發生戰爭時必須保持中立的國家。由於這類國家一般是處於周圍鄰國夾縫中的弱小國家，例如現時的瑞士、奧地利、土庫曼斯坦（Turkmenistan），以及以往的比利時和盧森堡，這些國家的中立常須由列強或國際組織保證。雖然在內政上永久中立國與其他獨立主權國家毫無分別，但由於永久中立國的外交政策受到一定限制，使得這些國家並非擁有完整的主權。

多極體系
Multipolar System

形容一種在國際環境中權力更為分散，且集團對峙更為複雜的狀態。布爾（Hedley Bull）於1963年大膽提出，兩極體系將不再存在，其他國家在國際政治中的分量將被重視，而兩大超強國將發現要和這些國家合作都有困難，更別想支配他們；而美國前國務卿季辛吉（Henry A. Kissinger）也曾於1970年代初期提出世界已有多極體系之傾向，世界權力中心除了美國、蘇聯兩大超極強權之外，另外中國、日本與西歐亦是3個權力重心。

在多極體系中，國際關係比兩極體系更為複雜，各國之間利益相互交錯，敵友關係常有變換。雖然多極體系會增加衝突的頻率，但衝突規模不大，且外交迴旋餘地也較大，容易形成均勢，如此的情勢較有利於國際關係的和平與穩定。

多重啓發性理論
Poliheuristic Theory

此理論是指運用多種認知方法，以處理複雜的政策方案。此理論整合理性決策學派與認知心理學派，以認知或啟發的方法處理決策過程的複雜資訊，並假定領導者的政策制定是依照兩階段過

程，第一階段是認知階段，主要任務是對所有可能的方案進行認知分析並加以篩選，最常被領導者運用的是啟發性的思考，以避免主要政治上重大損失的選擇；第二階段是理性選擇階段，根據理性的判斷和分析，計算第一階段中未被剔除的選項，並對每個方案進行成本收益分析，再選擇效用最大的方案，實現效用最大化的目標。

此理論的特徵有三：一為政治利益優先原則，決策者對於決策政治得失評估是以國內政治為主體，決策者的政治利益是外交決策中最為重要的考量；二為非補償性原則，決策者面對複雜資訊與選項，通常會先以運用個別的認知啟發面對複雜情況，以作為達到簡化繁雜資訊和情況的策略，而此有效啟發即是一種非補償性決策規則，每一個方案必須實現最低的標準，否則就會被放棄；三為滿意原則，在決策的過程中，由於高度複雜的環境、不完全的資訊和時間的限制，決策過程不可避免地具有不確定性和評估的複雜性，因此最終的方案很有可能不是效用的最大化，而只是令決策者相對滿意的結果，亦即之，由於種種條件的限制，決策者最終選擇的政策並不是能夠最大化自身利益的方案，而是尋求一個令人滿意或足夠好的政策。

多邊主義
Multilateralism

在早期的國際關係研究中，「多邊主義」的定義是以柯漢（Robert O. Keohane）為主，「多邊主義」是指「3個或3個以上國家群體中之國家政策協調的實踐」。一般來說，「多邊主義」主張國際重大問題和嚴重紛爭，應由有直接利害關係的各方（不管大小強弱）參與解決，解決的方式是和平談判，談判過程中要互諒互讓，求同存異，以縮小分歧，並達成共識。近年來，魯杰（John Ruggie）更進一步提出成功的多邊主義有賴於「擴散的互惠性」（diffuse reciprocity），亦即每一個國家都必須相信「目前在某些權利的犧牲會產生長期性的回饋」，這也使得每個參與的國家不會違背其承諾。

「多邊主義」之內涵主要包含不可分割性（indivisibility）、非歧視性或普遍性行為原則（nondiscrimination or generalized principles of conduct），以及擴散性互惠等3個特色。不可分割性是指多邊主義所涵蓋包括地理上與功能上的範圍內，組成單位與行動所散布之成本與利益的估算，基此，根據**集體安全**的安排可知，當成員之一遭受到攻擊，就如同所有成員受到攻擊一般；非歧視性或普遍性行為原則是指普遍的規範告誡形式，亦即所有成員在此規範下，皆

被平等對待，無歧視性的待遇，並不因個別成員的國家偏好、情勢的急迫性及優先特殊範圍而有所差異；擴散的互惠性則是強調在不同議題領域中，參與國的長期性利益，這也是促使參與成員邁向「合作」的動因。

有限理性模式
Bounded Rationality Model

賽蒙（Herbert Simon）認為在理性決策模式中，決策者將自己的價值（喜好）提高到最大限度（maximizing）或作最佳化（optimizing）選擇行為，這是不可能的。由於來自環境與人類計算能力的限制，造成有限理性（Bounded Rationality），所以決策者不太可能得到完全理性模式下的最佳解釋，而只能求得滿意解釋。因此，賽蒙提出「有限理性」模式，主張決策者受限本身經驗、能力與取得資訊之不易，通常僅能就其所知的情境下，做最佳的決策。

同儕模式
Collegial Model

此模式強調決策行為具有參與的、分享的和共同規劃的本質，決策成員定期召開正式或非正式決策會議，針對各種外交決策問題進行討論。在外交決策會議中，不論職務高低或主管業務內容，團隊成員均以決策小組的成員身分與會，集思廣益磋商外交問題。此決策模式的主要優點在於打破決策官員間的從屬關係，使決策官員在開會時能暢所欲言，領導人並無絕對的權力，領導人的責任只是盡力使眾人達成共識。

此模式主張決策是經由共識達成，然因為決策者彼此間地位平等，倘若發生意見相左，常會導致僵持不下的情形。決策成員間產生歧見的原因，一方面可能導因於官僚政治因素，決策官員的本位主義將所屬部門的組織目標視為外交政策的優先任務，形成決策成員的看法不同；另一原因則可能是決策官員間的外交理念相異，彼此爭奪外交政策詮釋權的現象。另外，此模式重視集體決策，政策決定過程相當緩慢而繁瑣，需要耐心和大量的時間投資，此種情形對於緊急政策的制定造成相當大的阻礙。況且，所有政策最後仍須領導人負責，因此領導人的支持態度成為重要因素，只有在領導者支持下才能建立共同參與式機制，同儕式的共識決策才能達到政策的有效性。

艾里森
Graham T. Allison

艾里森為研究決策之國際關係學者，其研究焦點置於危機處理。1971年，艾里森在《決策本質》（*Essence*

of Decision）一書中提出「理性模式」（Rational Model）、「組織程序模式」（Organizational Process Model）及「官僚政治模式」（Bureaucratic Politics Model）3種外交決策模式，分析1962年古巴飛彈危機時，美國外交政策的制定過程。然而由於大量機密資料、錄音帶、檔案的解密，艾里森與維吉尼亞大學教授哲利考（Philip Zelikow）重寫《決策本質》一書，將決策模式更改為「理性行為者模式」（Rational Actor Model）、「組織行為模式」（Organizational Behavior Model）及「政府政治模式」（Governmental Politics Model）三種。

決策理論
Decision Theory

政治學研究領域中，國際關係學者是最後才將研究焦點置於決策的學術社群。專攻美國研究的學者早在1950年代起，即開始研究什麼原因促使某些選民投票，而某些選民卻選擇棄權。此外，多年來，許多專攻美國研究的學者也試圖解釋「立法者、行政官員、政客、利益團體領袖及其他在政治領域中活動的行為者」之行為。而多數研究決策的國際關係學者，則將研究焦點置於危機處理，這些學者包含艾里森（Graham T. Allison）、史奈德（Glenn H. Snyder）

和狄辛（Paul Diesing）等等。

決策理論以「決策者」代替傳統學派將「民族國家」視為國際體系的基本成員地位，可以說是分析方法上的一大轉變。決策理論學者希望透過研究範圍的縮小，使得研究能更加具體與精確，也更具有系統性的分析。以決策理論作為分析途徑的研究方式，最大的優點在於資料的蒐集，此研究途徑提供一個制式且可供比較的分類法，除了可以描繪國家行為的比較分析外，更能對決策過程提供一個較嚴密的概念分析。

邦聯制
Confederation

邦聯通常是由一些有相似歷史背景的國家簽訂條約組成，一方面各組成邦在內政上保持獨立，保留各自原有的政府，但另一方面各組成邦又組成一些共同機構（如邦聯議會）以處理共同事務（主要是外交事務）。邦聯設有共同機構處理某些共同關切事項，但對成員國的人民沒有直接管轄權，各成員國仍然是完整的國際法人，而邦聯本身只是一個不完整的國際法人。邦聯各成員國仍保留對內、對外的主權，保留本國政府機關的一切職能，並有權自由退出邦聯。

歷史上有3個著名的邦聯：1776年到1789年的美利堅邦聯、1815年到1848

年的瑞士邦聯及1815年到1866年的德意志邦聯，不過這3個邦聯後來都發展成聯邦。

兩極體系
Bipolar System

兩極體系的擁護者以瓦茲（Kenneth Waltz）為代表，瓦茲認為兩極體系的世界最穩定，因為兩強有共同的利益去維持穩定。一般而言，兩極體系是指在特定的國際關係範圍內，存在著兩個由實力相當的大國或大國集團組成之相互對立的力量中心，其他國家或多或少都依附於這兩個力量中心。兩極體系有3種意涵：（一）國際間大多數國家分成兩組敵對聯盟；沒有一方握有絕對勝利籌碼；（二）只有兩個國家足以玩弄全球性嚇阻戰略，即兩大超級核子強權；（三）就軍事能力比較，不論傳統兵力或是核武，超級強權都超過其他國家。

世界範圍內的兩極體系出現於第二次世界大戰以後，以美國為首的資本主義陣營和以蘇聯為首的共產主義陣營形成兩個旗鼓相當、界線分明的力量中心。在這種體系下，國際關係的發展在很大程度上受兩大集團的影響，特別是美蘇兩國之間關係變化的制約。一般來說，兩極體系是一種僵硬及不穩定的國際關係格局，不符合戰後國際生活日益多樣化的全球化趨勢。隨著第三世界國家在國際政治舞台上的崛起，以及兩大陣營內部出現分化，兩極體系開始向多極體系過渡，一直至1991年蘇聯解體後，兩極體系徹底瓦解。

附屬國
Dependent State

附屬國名義上擁有主權，實際上在外交、經濟和軍事等方面依附於帝國主義強國並受其控制的國家。在壟斷資本主義階段，帝國主義國家在占有許多殖民地的同時，為了自身的利益，有時會讓一些落後國家在政治上、形式上維持獨立，但在金融、外交上附屬於自己。在歷史上，「附屬國」（又稱「附庸國」（Vassal State））包括多種多樣的非獨立政權，其附屬程度各有不同。既有在名義上是附屬國，但實際上與獨立國相差無幾的政權，例如中古後期德意志的諸侯國及歷史上的各種藩王政權；亦有在名義上是獨立國，但實際上受其他國家控制的政權，例如第二次世界大戰時期軸心國集團的「僕從國」以及冷戰時期蘇聯的「衛星國」等。此外，還有很多介於上述兩者之間的附屬國，例如中國古代的「藩屬國」（又稱「朝貢國」（Tributary State），例如朝鮮、越南），這些政權既非受宗主國控制，但亦非完全自主，其內政有時會受宗主國干預。

非零和
Non-zero Sum

　　非零和的意義是指個人或團體的利益所得並不會造成其他個人或團體的損失，亦即A的所得並不建立於B的損失之上。美國數學家納許（John Forbes Nash Jr.）提出「非合作賽局」（Non-cooperative Games）博士論文，以研究設定「多人非合作」之賽局為論述，後來被稱為「納許平衡」的概念，為日後非合作賽局理論（Non-cooperative Game Theory）和交易理論（Bargaining Theory）作了奠定性的貢獻。納許於1994年與哈桑尼（J. C. Harsanyi）及賽爾登（R. Selton）等賽局理論研究者，以研究發展非零和賽局（Non-zero-sum Games）之「囚犯困境」（Prisoner's Dilemma）理論，獲得諾貝爾經濟學獎。

　　「囚犯困境」是指遊戲雙方可能合作，也可能不合作，以自我利益為出發，其結果可能是「雙贏」或「雙輸」。「囚犯困境」主要是以描述警察隔離審訊兩名囚犯為案例，警察審訊囚犯採取「抗拒從嚴、坦白從寬」的策略，因囚犯被隔離時，害怕對方招了而自己沒招時，會使自己刑責加重，對方則無罪開釋，結果囚犯雙方最後皆採取認罪策略而雙雙被關進牢裡。「囚犯困境」證明了人性在被隔離的限制因素下，所產生的各謀自己利益之謀略。

政府政治模式
Governmental Politics Model

　　政府政治模式將重點放在一個政府的政治，根據這個模式，外交事務不是以作為一個選擇或輸出而被瞭解，外交事務發生的結果是被當作國家政府競賽者所討價還價而得到。政府的行動如同政治的結果，政府的決策及行動是來自於官員間不同利益和不平等影響的妥協、衝突和混淆，政治決策和行動的產生是藉由政府成員間的討價還價而來。此模式與「官僚政治」模式相同，皆強調政策的制定是透過官僚組織之間的妥協與溝通而來。

個人決策模式
Individual Decision Model

　　個人決策模式特別重視領導人對政策的影響力，假設領導人的人格及個人特質會對其決策及政策產生重要影響。例如在美國歷任總統的外交政策之研究，便發現不同的總統對外交政策的強調重點不同。西方學者金淳基（Samuel Kim）、奧森伯格（Michael Oksenberg）、白魯洵（Lucian Pye）等人及前中共外交部官員陸寧也曾以此研究途徑來解釋中共外交政策。領導人模式具

有濃厚的人治色彩，此模式不經由正式黨政決策組織體系的運作，而是由最高領導者依自己的判斷，並逕行作出基本決策。此模式對高度極權的中共政權而言，相當具有解釋力。尤其在毛澤東高度權威領導模式下，透過對毛澤東個人思想理念、性格及行事風格的研究，確可掌握中共外交政策的主要脈絡。

砲艦外交
Gunboat Diplomacy

砲艦外交是指為了特定目的而運用有限度海軍武力作為要脅，迫使另一當事國表態的方式。一般而言這與特定議題的爭執有關，例如1996年的台海飛彈危機期間，美國派出2艘航空母艦戰鬥群駛往台海附近的行動。

帝國主義列強憑藉武力威脅，推行其殖民侵略的一種外交活動，亦稱為砲艦政策。其典型表現在19世紀中葉，**殖民主義**者派遣海軍艦船遠征海外，抵達亞非國家口岸，或駛入內河，強迫這些國家屈服，簽訂不平等條約，以達到**侵略**的目的。另又如1840年英國對中國發動鴉片戰爭，利用砲艦強迫中國開放門戶，後再經過英法聯軍之役，英、法、俄、美等國迫使清朝政府簽訂一系列不平等條約，使中國逐步淪為半殖民地；1854年美國派遣海軍準將率4艘軍艦開到日本江戶，迫使日本開國，1858年日本德川幕府先後同美、荷、俄、英、法5國締結友好通商條約（總稱安政條約），把日本推向半殖民地的邊緣。

強制性外交
Coercive Diplomacy

強制外交的概念在1970年代由學者喬治（Alexander L. George）首度提出，主張強制外交應屬於防守型的危機管理（defensive crisis management），亦有別於一般所謂的**嚇阻**（deterrence）與**壓制**（compellence）等策略。施行強制外交時，相關決策者透過威脅使用武力，或使用有限度的武力，以勸說對手停止或放棄現正從事的行動，並防止危機情勢的升高，以避免戰爭的發生。

冷戰期間，美國、蘇聯兩國的領導人對於該一策略的運用極為廣泛與普遍，甘迺迪政府對於古巴飛彈危機的處理便是著名的案例。**冷戰**結束，**國際關係**進入所謂的後**冷戰**時期，面對區域衝突、人道危機和**恐怖主義**威脅等問題，強制外交更常被相關決策者和國際組織所施行、採用，亦多次在國際間重大的衝突與危機處理過程中扮演著關鍵的角色，並展現其重要性和多元化的一面。

理性模式
Rational Model

理性模式是歷史最悠久、最廣泛被用來分析一國外交政策產出的方法。在謀求最大利益的前提下，一國外交政策固然是經由理性的決策過程制定，並依照利益的大小排列政策選項的優先順序。然而由於決策者自有其他考量，最終作出的決策往往未必是最佳的選擇，但有一點可以確定，如果政策選項付出的代價太高、預期獲得的利益太低，決策者絕對不會考慮。

根據理性模式，一國外交政策的基本概念有以下幾項：（一）目標：行為者的目標被轉化為一個收益、實用或偏好的功能，目標顯示出所選擇結果的價值或實用性，決策的問題可藉由它的價值及客觀性來排列其可能的結果；（二）選擇：行為者必須在一系列選擇中作決定，這些選擇是以一棵決策樹的方式來表現，行為的選擇途徑必須從與其他選擇不同之處來區分；（三）結果：每一個選擇項都是一系列的選擇結果或輸出；（四）決定：在理性模式中，功能排列最高者即為最後的決定選項。

組織行為模式
Organizational Behavior Model

組織行為模式強調政策決策權在一群領導者的手中。組織行為模式強調組成政府的組織過程，行為者不是國家或政府，而是一群位於政府領導地位的鬆散聯盟組織。此模式的一般命題有：（一）行動是依據標準的運作過程及計畫而來，組織的行動主要是由組織的例行公式所決定，而非由政府領導的指示而來；（二）組織行為是慢慢改變且缺乏極大的彈性；（三）大範圍的計畫是被制度化的，其目的是為了提供一個較明確的方向。因此，一國政府所採取的外交政策是由一群領導者所決定，外交政策可由組織內部成員的共同目的與行為來解釋。

博奕理論
Game Theory

博奕理論是一種策略性思考的系統知識，透過策略推估，尋求自己的最大勝算或利益，從而在競爭中求生存。此理論是用來分析決策人員之間競爭或合作互動之方法，對棋局或整體社會都適用。匈牙利裔的數學家馮紐曼（John von Neumann）和美國經濟學家摩根斯坦（Oskar Morgenstern）於1944年出版

的《博奕理論與經濟行為》（*Theory of Games and Economic Behavior*）被視為博奕理論的奠基之作，之後博奕理論在各個領域的應用迅速普及開來。最初應用於數學、物理學等自然科學，然後經濟學、政治學，乃至於國際政治等社會科學亦採用之。在政治學與國際關係研究範圍內，博奕理論乃作為分析衝突情勢下政策決定之研究。

博奕理論又稱為「賽局理論」，又可稱為「互動決策理論」（Interactive Decision Theory），此理論探討的是互動行為（interactive behavior）：「我的計算必須考慮你的計算，而你的計算也考慮了我的計算」，賽局中每一個人之決策會受到賽局中其他人的影響。博奕理論提供一個有系統的方法，來分析這種相互影響的策略，僅藉形式化的推理，來決定賽局者為了要理性地追求其利益，會採取何種決策，以及如果他們真的如此選擇，會產生什麼結果。例如兩軍對峙或百家爭鳴，如何知己知彼，以何種方法來成功獲得勝利，或達成對其有利之形勢或目標。

單邊主義
Unilateralism

單邊主義也稱為片面主義，即單一國家依自己的能力與資源，自行採取行動，以追求其外交政策的實現。美國學者培里（Nicholas Berry）將單邊主義界定為：「輕視外國觀點之極少數決策者，以偏狹的本國利益為政策出發點之決策過程與思維」。總結而言，「單邊主義」就是把「個人主義」擴大到外交領域，在國際事務及國與國關係中，採取自我的態度及作法，毫不顧及其他國家的利益和立場。

單邊主義的出現主要是因為一個國家對於本身的實力抱持著過多的信心，認為可以藉由一己之力達成其目的，而不考慮他國態度或其他國際現實的因素。單邊主義曾經是國際關係中最受到支持的行動模式，因為這賦予各個國家最大限度的行動自由，而不涉及雙邊合作或是多國協商與同盟的問題。以美國為例子來說，在第一次大戰之後美國拒絕加入國際聯盟，拒絕參與國際政治中多邊合作，美國此種行為即為「單邊主義」的具體表現。

圍堵
Containment

圍堵是第二次世界大戰後到冷戰結束之前，美國與西方盟國採行的一項政策理念，其目的在阻止以蘇聯為首的共黨勢力擴張，使蘇聯的勢力侷限在第二次大戰結束時所建立的區域內。此觀念首由美國外交官肯楠（George Kennan）於1947年提出，他認為蘇聯的外

交政策是以馬列主義思想為本，因而會推動世界革命以摧毀**資本主義**國家。因此，他主張「要對蘇聯的擴張趨勢，進行長期、有耐心，但卻堅毅而英勇的圍堵。」

美國與西方諸國在1950年代參加韓戰，1960-1970年代加入越戰，乃至於拉丁美洲、非洲軍經援助政府軍反制左派叛軍，均為圍堵政策的實際表現。

零和
Zero Sum

零和的意義是指玩遊戲的結果對整體而言不會增加任何利益，亦即總合加起來對整體而言是沒有任何得利的。1928年馮紐曼（John von Neumann）首先證明基本的「壞中取小」定理（Minimax Theorem），此定理適用於設定敵我兩方對峙競爭的「零和」賽局，在此情形下所獲得的利益值，恰為對方所獲負數之虧損值，而對峙雙方所各獲得之值相加，則等於零。而所謂的「壞中取小」是指在一個「零和」賽局中，甲方在每個策略選項裡，都會因為乙方各種可能的反制，而得到不同的損失；且在此不同的可能損失中，必有最壞的情況，其損失之值會為最大（maximum）；因此若甲方在各個最壞情況的最大值中，應選擇一個其最壞情況值為最小（minimum）的那個策略，即為

採取「壞中取小」的原則。

如同賭博一樣，如4人參與，賭資合計100萬元，其結果不論誰贏誰輸，也不管贏多少，輸多少，其結果還是100萬元，不會增加一塊錢，只是贏的人口袋錢多一點，輸的人口袋錢少一點而已。又如橋牌、球賽等賽局，不是勝就是負，這就是一種零和競賽，是「零和賽局」的不合作賽局。零和賽局結果一定有輸有贏，有勝利的一方，也有失敗的一方。不過，在大多數的政治、經濟情境中的賽局，卻未必如此，在利益衝突之外，卻經常可能出現共同利益，以尋求相對有利的結果。

層次分析
Level of Analysis

對於**國際關係**研究而言，層次分析法是一種比較科學與有效的研究方法，運用層次分析法能使研究工作更清晰、更精確，甚至更科學。瓦茲（Kenneth Waltz）是第一個運用層次分析法的學者，瓦茲在《人、國家和戰爭：一種理論分析》（*Man, State and War: A Theoretical Analysis*）一書中，提出引起戰爭爆發的原因層次有3個：決策者層次（individual level）、國內政治層次（domestic level）及國際關係層次（international level）。一國為什麼會走向戰爭，瓦茲認為存在著3個層次上的原

因：一個民族國家的領導者性格特徵與信念、國家的本質，即追求權力和**國家利益**，以及**國際社會的無政府狀態**。

另一個將層次分析法應用於國際關係研究中的重要學者是辛格（J. David Singer），辛格於1961年發表一篇著名的論文：〈國際關係的層次分析問題〉（The Level-of-Analysis Problem in International Relations）。在這篇論文中，辛格指出層次分析法是國際關係方法論中最有力、最具說服力的方法，他將**國際關係**的研究劃分為兩個層次：國際體系和國家，透過對這兩個層次的比較，辛格試圖在國際系統層次和國家層次之間實現一個平衡。之後，層次分析法獲得迅速的發展，並且吸引更多國際關係學者的目光。羅森諾（James Rosenau）提供5個分析層次：個人、角色、政府、社會和國際體系。建立在羅森諾的研究工作基礎之上，盧賽特（Bruce Russett）和斯達（Harvey Starr）詳細地劃分更多的層次：**世界體系、國際關係、國內社會、國家政府、決策者的角色和個人**。

緩衝國
Buffer State

緩衝國是指地處於兩個敵對國家或集團間之不介入雙方衝突國家。在歷史上，當國與國之間對某地區的歸屬發生爭議時，可採取幾種方法解決爭議，其一為劃定「勢力範圍」，例如近代的中國、伊朗、摩洛哥，乃至整個非洲，均曾被列強劃分為勢力範圍。有時國與國之間為緩和衝突，亦會把在各國勢力範圍夾縫中的地區劃為「緩衝區」或「中立區」（Neutral Zone），例如近代的暹羅處於法屬印度支那和英屬緬甸中間，遂被兩國劃為其緩衝國。另外，在當代沙烏地阿拉伯也曾先後在與科威特和伊拉克接壤的地區設置「中立區」。在特殊情況下，某些地區會被劃為多國同時管治的「共管區」，例如大洋洲國家瓦努阿圖（Vanuatu）在獨立前便是不列顛和法蘭西的共管區（獨立前稱新赫布里底（New Hebrides）群島）。而摩洛哥的丹吉爾（Tangier）則更曾被劃為「國際共管區」，由列強委派的管治機構管治。除此之外，在近代有些弱小政權（例如希臘南部的克里特島（Crete）和羅馬尼亞地區的瓦拉幾亞（Wallachia）和摩爾達維亞（Moldavia））也曾成為列強共同保護的地區，這些地區也可算作共管區的一種。

嚇阻
Deterrence

嚇阻是指威脅用報復手段來加重對手進行攻擊的成本考量，以達到避免遭受攻擊的目的。嚇阻牽涉到3個要素的

考量：攻擊者想獲得好處、他國可能因報復攻擊而損失、報復行動可能真的會付諸實行。總之，就是要讓戰爭的成本遠高於獲益，而使得攻擊不具吸引力。

嚇阻在危機的情況下最具有其意義，這些情況包括高度的緊張關係、短時間內想解決關鍵的問題、對和平解決的期待甚低、國家目標受到高度威脅等，更精確地說，往往在最需要理性的時刻卻最常作出非理性的決策。嚇阻手段的實踐以**冷戰**期間美國與蘇聯兩個軍事強權為最具代表性。第二次戰後美蘇兩大強權分別發展大量的核子武器，雙方都具備足以完全摧毀對方核子武器的能力。為了防止美蘇任何一方先發制人，美蘇雙方都發展「嚇阻力量」，即使在任何一方發動核子突襲後，仍保留若干核子力量，發動反制攻擊，摧毀攻擊的一方。因為美蘇雙方同時具備「反擊摧毀」對方的實力，因此便「嚇阻」對方輕舉妄動發動核子突襲的意圖，這就是所謂「嚇阻」的本質。

聯邦制
Federalism

聯邦可說是介於**邦聯**與單一國之間的中間形態，其結合程度比**邦聯**更高。聯邦制是兩個或多個分享權力的政府對同一地理區域及其人口行使權力的體制。一般而言，聯邦和各組成單位不是上下級關係，而是依據聯邦憲法劃分各自的權力範圍，有關全國的外交、軍事、財政、立法等事務由聯邦中央政府管轄，各邦必須遵守聯邦憲法，並在不違反聯邦憲法的條件下制定各自的憲法和法律，管轄各地區的財政、稅收、教育、文化等具體事物。

在一些成熟的聯邦（如美國），憲法規定聯邦和組成邦的權限，並且以法院作為仲裁者，以解決兩者間的權力爭議。歷史上出現的聯邦大多數是由獨立國合併而成，或由**邦聯**演變而來。這些組成聯邦一方面保留在合併前的很多內政權，但另一方面又願意放棄獨立國的地位，並且將一些有共同性質的重要權力如國防、外交、財經制度、司法制度等交給聯邦政府管理。各組成邦的自治權是聯邦不可或缺的元素，據此，當代一些自稱實行聯邦制的共產國家（如蘇聯、捷克斯洛伐克和南斯拉夫）以及某些殖民宗主國將其殖民地拼湊而成的殖民地聯邦皆不能算作聯邦。

鴿派人士
Dove

「鴿派」為分析**國際關係**時常用的一個口語上用詞，此名詞用以形容主張採取柔性溫和的態度及手段處理**外交**、軍事等問題的人士、團體或勢力。採用白鴿的原因是在聖經的諾亞方舟故事

中，白鴿象徵著和平。總的來說，屬於
鴿派的人代表在解決衝突時，他們會尋
求和解的**外交**途徑來達成任務，而避免
使用高壓手段，他們視**軍備競賽**（arms
race）為高度危險的策略，甚至批評**嚇
阻**策略。

「鴿派」也為「**鷹派**」的相反詞，
「**鷹派**」偏好使用武力解決衝突或糾
紛。

鷹派人士
Hawk

「鷹派」一詞源於美國，原本是用
來形容1810年當選並主張擴張主義的青
年國會議員，該派勢力主要來自於當時
的美國南部和西部，而由於該派的鼓
吹，最後美國於1812年向英國宣戰。現
今鷹派一詞廣泛用於政治上，以形容主
張採取強勢**外交**手段或積極軍事擴張的
人士、團體或勢力。

「鷹派」的相反詞為「鴿派」，
「鴿派」主張以和平方式解決外交衝突
或糾紛。

第七篇　外交史
Diplomatic History

十四點原則
Fourteen Points

　　第一次世界大戰結束後，各國代表於1919年1月18日到6月28日匯集於巴黎召開和會，共有32個國家1,000多名代表出席，蘇俄與戰敗國沒有資格列席會議。整個會議期間由美、英、法、義4國首腦所組成的「四人會議」主導。扣掉實力較弱的義大利總理維托里奧奧蘭多（Vittorio Orlando）外，實際操縱會議的是美國總統伍德羅威爾遜（Woodrow Wilson）、英國首相勞合喬治（David Lloyd George）和法國總理喬治克里蒙梭（George Clemenceau）組成的所謂「三巨頭」。

　　當時的美國總統威爾遜為**理想主義**者，在到達巴黎之前，已提出所謂和平「十四點原則」，想作為各國在和會中依據的方針。這十四點原則分別是：廢止祕密外交、海洋自由航行、廢除關稅壁壘、簽訂貿易平等條約、縮小軍備、設立國際聯盟、民族自決原則、公正解決殖民地問題、允許奧匈帝國與鄂圖曼土耳其帝國的各民族獨立、建立一個有出海口的獨立波蘭、恢復比利時領土、法國重新獲得亞爾薩斯與洛林、外國軍隊撤出俄國，並保證俄國獨立、根據民族分布情況，調整義大利疆界等。

三國同盟
Triple Alliance

　　1881年法國與義大利在突尼斯（突尼西亞）問題產生衝突。主要是1870年普法戰後，俾斯麥（Ferdinand von Bismarck）鼓勵法國往非洲殖民地突尼斯發展，藉以轉移復仇焦聚；同時又慫恿義大利在北非與法國競爭。這結果導致義大利在與法國爭奪突尼斯中遭到失敗，迫使義大利轉靠德國。1882年5月20日，德奧義《三國同盟條約》（the Triple Alliance）在維也納簽訂。條約規定：一旦義大利遭到法國進攻，德、奧必須以他們的全部軍隊援助義大利；一旦德國未有直接挑釁行為而遭到法國侵略，義大利也擔負同樣的義務；締約國之一在同其他任何一個大國（法國除外）發生戰爭時，締約國另外兩方必須對他們的盟國採取中立，這意味著如果俄奧發生戰爭，義大利恪守中立。德奧義結成的同盟，史稱「三國同盟」。隨著在1907年英俄達成協商後，歐洲的國際體系也正式形成所謂以德奧義為首的「三國同盟」與英俄法為主的「**三國協約**」（Triple Entente）兩極體系。

三國協約
Triple Entente

　　三國協約是1907年英、法、俄為了

對抗德奧義為首的三國同盟而結成的另一個同盟集團。1894年法俄打破孤立，雙方成立《法俄同盟》，建立一旦法國受到德國或義大利攻擊，俄國將對德作戰；反之，一旦俄國受德國或奧匈帝國攻擊時，法國亦需對德作戰的條約。另一方面，面對德國的崛起，英國不得不放棄傳統的「光榮孤立」政策，迫切尋找同盟，於是在1904年兩國達成《英法協商》，雙方在非洲殖民問題達成共識。法國同意，今後不干涉英國在埃及的行動；而英國亦同意法國對摩洛哥享有特殊的參與利益；換言之，埃及成為英國勢力範圍；摩洛哥成為法國勢力範圍。之後，1907年在法國牽線下，英俄結束百年抗爭達成《英俄協商》，解決有關伊朗、阿富汗、西藏的勢力範圍問題。兩國合作主要因素，其實是針對德國而來，雙方皆感到德國崛起的壓力；另外，則是俄國自日俄戰爭後，國力已退居歐洲二線，實力無法危及英國，德國成為英俄主要敵人；最後，是俄國由於本身經濟情況，需要透過巴黎與倫敦金融借貸，所以想改善與英國關係。

三國同盟和三國協約兩大集團形成以後，國際關系日益緊張，局部戰爭接連發生，終於導致1914年第一次世界大戰的爆發。

布希主義
Bush Doctrine

係指小布希政府（George W. Bush Administration）的外交策略。當小布希贏得2000年美國總統大選之後，其父親老布希時期的國家安全團隊幾乎全數班師回朝，並在911恐怖攻擊事件後於國安政策論述上取得主導地位。初期，國防部副部長伍弗維茲（Paul Wolfowitz）在2001年9月13日的公開談話中，闡述了小布希總統的政策主張；認為，美國不只是要追捕恐怖分子，還要除掉他們的庇護與支援系統，終結支持恐怖主義的國家。由此一說法可以看出，「政權改變」（regime change）是當時一個重要的外交政策。接著在2002年6月，小布希總統本人在西點軍校發表演說，使用「先制」（preemptive）一詞闡述先發制人的戰略思維。3個月後，《美國國家安全戰略》（The National Security Strategy of the Untied States）正式出爐，強調美國要以其軍事與經濟的力量，推動自由與開放的國際社會，並且強調當涉及到美國的重大利益時，美國不排除採取單獨行動。學者貝瑞（Nicholas Berry）將此稱為單邊主義（Unilateralism）在美國外交政策上的確立。清楚可見，布希主義就是美國利益優先、美式政治價值輸出、美國軍力先發制人的三合一政策。學者傑維斯

（Robert Jervis）認為，「布希主義」有下列幾個主要特徵：（一）美國要有一套強而有力的政策來應付重大的安全威脅，特別是從預防性的角度來擬定這樣的策略；（二）美國不刻意追求單邊行動，但絕不排除在必要時刻以單邊行動維護自身利益；（三）國際間的和平穩定，特別是抑制恐怖主義，必須以強大的軍事力量作後盾。

巴魯克計畫
Baruch Plan

第二次世界大戰結束時，美國壟斷著原子能知識。1946年6月14日，由當時金融家美國代表伯納德巴魯克（Bernard Baruch）向「**聯合國原子能委員會**」提交了一項美國方案：即置原子能於國際控制之下，該計畫認為，**聯合國**必須設立專門強制性機構，共同管理核能、實現核能和平使用，此即所謂的「巴魯克計畫」。因為該方案要求進行國際查核，引起正在研發核武的蘇聯不滿，故蘇聯在**聯合國**否決此提案，蘇聯此一立場阻礙了國際合作，直到1963年，美、蘇、英3國才簽署《禁止核子試驗條約》，**國際社會**才開始有核武的**建制**合作。

卡特主義
Carter Doctrine

有鑒於蘇聯於1979年12月入侵阿富汗，1980年1月，美國卡特總統在向國會發表的國情咨文中警告：「任何外來力量企圖控制波斯灣地區，將被視為對美國重大利益的侵犯，美國將採取一切必要的手段，包括動用軍事力量加以回擊。」這就是後來所稱的「卡特主義」。

此政策表明卡特政府對蘇聯政策從緩和轉變為強硬路線。卡特在這份咨文中警告蘇聯不要利用伊朗和阿富汗的動亂作為藉口，任何想控制波斯灣地區的企圖，都將被看作是對美國**國家利益**的侵犯，此聲明被稱作美國的中東政策方針。它是對「**尼克森主義**」的一項修正。部分學者認為1991年1月的第一次波灣戰爭，亦被視為「卡特主義」的延伸，但同時「卡特主義」亦被批評美國為了控制、壟斷中東石油不惜出兵伊拉克。

古巴飛彈危機
Cuban Missile Crisis

古巴飛彈危機是發生於1962年10月14日，當時美國U2偵察機發現蘇聯在距離美國佛州不到150公里的古巴境內部署核子飛彈，而且這些飛彈能夠瞄準

全美各大都市，此消息立即震驚華府，世人稱為古巴飛彈危機。

在整個事件從發現到落幕13天中，美國總統約翰甘迺迪（John F. Kennedy）、充分發揮了冷靜、克制和審慎的態度，以堅決的立場力抗美國國防部等鷹派所提發動戰爭之想法，由於美國前一年才因豬玀灣事件挫敗，軍方積極想挽回顏面，所以力主開戰。當時戰爭一觸即發，約翰甘迺迪與國家安全顧問共同運用智慧與勇氣，化解了此次危機。此事件是冷戰最具代表性的一次危機，被形容為最可能導致第三次世界大戰的導火線，事後雙方皆設立熱線（hot line），建立起溝通管道，而在國際關係領域裡也成為博奕理論（Game Theory）最佳素材。

尼克森主義
Nixon Doctrine

發布於1969年7月的「尼克森主義」，象徵美國不再積極涉入亞洲事務。是美國對外政策的一次重大調整，不僅確立了尼克森政府對外政策的基調，也成為往後幾屆美國政府外交政策的指導原則。尼克森主義的背景主要在於1960年代中蘇的交惡，針對史達林（Stalin）逝世，赫魯雪夫（Khrushchev）對其清算並展開社會主義路線的修正，使中蘇雙方衝突大於合作。1969年中蘇雙方發生珍寶島武裝事件，事後雙方在中蘇邊境重兵部署。中蘇的分裂亦改變了美中間戰略關係。

1968年11月尼克森當選總統，提出「以談判代替對抗」的口號，成為美國改變冷戰圍堵政策的方針，並與中共重新建立關係。1969年7月尼克森在關島提出「尼克森主義」，其主要內容為：（一）美國認為亞洲和平與安全，今後應由亞洲國家自行負責；（二）美國將信守其條約義務，但美國不再以作戰人員捲入亞洲的紛爭；（三）對越南戰爭，美國將採取「越戰越南化」政策。美國明確表達了不再積極涉入亞洲事務的立場。

列國制度
Modern State System

1648年歐洲各國簽訂的《西伐利亞條約》（Treaty of Westphalia），象徵國際社會新的行為者出現，所謂列國制度成立，即以「主權國家」（sovereign state）為現代國際關係中的主要角色，國家誕生，國與國往來交流對等，任何一個意圖破壞均勢的國家都可能遭致其他歐洲國家的敵視。「主權」一詞成為現代國家必備元素；傳統上，主權概念與國家領土的排他性（territorial exclusivity）有絕對關係，現代國家的主要特質即是「主權」，可以從三個方

面加以理解，首先是主權必有其範圍與對象，此即是國家的領域，而對象必為其國民；其次主權必有其最高**權力**之本質，換言之，國家**權力**在其領域內或對其國民而言是最高權力，沒有任何以外的國家可以介入；最後，主權必有其掌握者，在民主國家，國家最高**權力**必掌握在其國民手中，即所謂的國民主權。反之，若是一般專制國家，則屬於君主主權或是政黨主權。

吉田主義
Yoshida Doctrine

「吉田主義」（Yoshida Doctrine），亦稱「吉田原則」，係指日本吉田茂首相在戰後所建構的日本安全戰略架構，並反映了日本冷戰期間的外交戰略。這是一種依賴美國的安全保證、專心發展經濟的戰略。第二次世界大戰後日本為因應薄弱軍力無法保障自身安全，因而主張依附在美國的安全體系下，故有所謂1951年《美日安保條約》的建立。

吉田主義的基本核心在於「輕武裝、重經濟」，而實體政策有兩項：一是美日安保體系的建立，提供美軍基地，以作為防衛日本與東亞區的軍事部署；另則是日本只成立自衛隊。此兩大原則是日本戰後對外經濟與安全政策的主要指導方針，也是使得日本得以在戰後迅速復興經濟的主要原因。換言之，日本所採取的戰略是優先發展經濟而將安全問題依託於美國所建立的軍事保護。

西伐利亞條約
Treaty of Westphalia

1618年爆發的三十年戰爭是歐洲規模最大的宗教戰爭，也是歐洲最後一次宗教戰爭。最初為新教與天主教之間衝突，後轉為複雜的國與國**權力**爭奪。1648年，在法國的斡旋下，歐洲各國簽訂《西伐利亞條約》，正式結束了戰爭。總結三十年戰爭，神聖羅馬帝國是大輸家，而羅馬教廷永遠失去了歐洲的宗主權，從此在歐洲政治中淪為配角，此後以國家為基本單位的國際體系得以確立。而在**國際關係**中若稱「西伐利亞體系」，則意指1648年後以主權國家為主的國際政治體系。

這個《西伐利亞條約》主要內容可分政治與宗教：政治的部分包括「土地劃分」、「有關神聖羅馬帝國問題」、「瑞士、荷蘭等獨立獲承認」；在宗教的部分則是「新、舊教各邦在帝國事務上權力平等」。西伐利亞和約對於近代西洋外交史有極大的影響。第一，它結束了歐洲大一統帝國和教會統一的原則。此後各國並立與宗教分歧成為普遍現象。於是**列國**制度和國際法得到發展

的機會；第二，今後各國在主權平等和政治獨立的基礎上可以自由運用並選擇自己有利的對外政策，如談判和締盟的方式；第三，外交制度的應用和均勢原則的共識，並以此建立了**國際社會**。

冷戰
Cold War

1945年蘇聯控制東歐並占領東柏林，1946年邱吉爾發表著名的「鐵幕言論」（Fulton Speech），標誌著冷戰的開始。緊接著1947年希臘內戰爆發，由於希臘內戰背後來自於蘇聯的運作，於是美國總統隨即發表**杜魯門主義**，即宣稱美國有領導自由世界和援助某些國家復興的使命，以防止**共產主義**的滲入，強調援助希臘和土耳其的必要性。之後，美國總統杜魯門（Harry Truman）決定要求國會通過給予希臘和土耳其共4億美元的援助。1947年，蘇聯成立「共產情報局」，開始替國際共產蒐集情報；對此，美國展開「**圍堵**」（containment）政策，在1947年7月分的《外交事務》（*Foreign Affairs*）季刊中，美國學者肯楠（George Kennan）發表〈蘇聯行動的根源〉，這篇文章後來成為美國戰後「**圍堵政策**」的理論依據與戰略框架，在戰後影響美國外交和**國際關係**長達半世紀之久。冷戰是一種亦戰亦和的恐怖平衡現象，像是空氣中冷澀

令人窒息的氛圍，這是由於美蘇兩大集團的意識形態對峙結果，在長達50年的美蘇激烈鬥爭中，沒有發生第三次世界大戰，主要是因為核子武器的關係，因為核武的存在已經徹底改變戰爭的本質。

杜魯門主義
Truman Doctrine

由於蘇聯在第二次大戰後立即朝東歐、西亞與東亞等面向進行填補真空，特別是在希臘與土耳其煽動游擊隊活動，深深地觸動了英國長期以來的外交敏感神經（英國為阻止舊俄自黑海獲得往地中海的出口曾費盡心力）。於是在英國敦促下，美國總統杜魯門於1947年3月12日宣布著名的「杜魯門宣言」。宣稱美國有領導「自由世界」和援助某些國家復興的使命，以防止**共產主義**的滲入，強調援助希臘和土耳其的必要性。杜魯門總統決定要求國會通過給予希臘和土耳其4億美元的支援。杜魯門的宣言發表後，旋即被稱為「杜魯門主義」，不僅在美國，而且在全世界引發了強烈迴響。杜魯門主義的提出標誌著美國對外政策的重大轉變，是美國施行「**圍堵政策**」的開端；至此，美國走出孤立主義，以世界警察的身分出現在世界。

法蘭西體系
France System

第一次世界大戰後所簽訂的《凡爾賽條約》（Treaty of Versailles），以及一系列戰勝國和戰敗國簽訂和約，例如1919年9月與奧地利簽訂的《聖日耳曼條約》（Treaty of St. Germain-en-Laye）；1919年11月與保加利亞簽訂的《涅宜條約》（Treaty of Neuilly）；1923年7月與土耳其簽訂的《洛桑條約》（Treaty of Laussane）。這些條約與《凡爾賽條約》、《國際聯盟盟約》一起，構成一個互為聯繫的條約體系，史稱「凡爾賽體系」。而1921年8月，美國邀請在亞太地區有利益關係的8個國家（英、日、法、義、中、比、荷、葡），在華盛頓召開華盛頓會議，又被稱為戰後所建立的「凡爾賽與華盛頓體系」。

「凡爾賽與華盛頓體系」可說是20世紀第一個為和平所建構的體系，它同時也改造了世界新秩序，成立國際聯盟，開始所謂**集體安全**的**建制**，有學者將這體系和之後法國與周遭國家同盟的法波結盟（1921）、法羅結盟（1926）、法南捷結盟（1927），統稱為「法蘭西體系」，並主宰著第一次世界大戰後20年的國際政治，不過相較於19世紀初的**維也納會議**、**歐洲協商**會議制度，給予歐洲帶來百年的和平，這「法蘭西體系」卻僅給予歐洲帶來不到20年的穩定，而且是在危機與衝突下渡過。

泛美和平
Pax Americana

所謂「泛美和平」，主要強調一種美國統治下的和平狀態。冷戰結束以來，美國成為世界上唯一的超級強權，並形成國際政治下的單極體系。以霸權穩定觀點來說，第二次世界大戰後，美國意圖形塑世界秩序，以經濟上「**布列頓森林體制**」作為領導世界的基礎，軍事上則提供「**核子傘**」的保護，以維持世界和平與經濟穩定做為「**公共財**」，建構全球**權力**的霸權。

美國就像當年羅馬帝國創造了羅馬統治下的「**羅馬和平**」（Pax Romana）一樣，創造一種美國統治下的和平，因為美國在世界上的地位要超過以往的任何帝國，美國有能力去塑造並統治一個世界。1971年美國麻省理工學院自由派經濟學家金德伯格（Charles Kindleberger）更提出了「**霸權穩定論**」（The Theory of Hegemonic Stability）概念來論證，指出兩次世界大戰歷史的主要教訓是，世界經濟想要穩定，就必須有個霸權穩定者，而美國正符合此霸權基礎。

泛英和平
Pax Britannica

　　所謂「泛英和平」，主要強調一種英國統治下的和平狀態。19世紀的英國服膺其「光榮孤立」與「權力平衡」的外交政策，並始終扮演一「離岸平衡者」（offshore balancer）角色，即不希望歐洲大陸出現強權政治，只希望歐洲維持一種均勢平衡，一旦歐陸出現破壞「權力平衡」的國家時，英國就會出現加以制止，與其他國家結盟，這種外交政策一直維持歐洲體系長達百年的穩定與和平。例如當19世紀初法國拿破崙（Napoleon Bonaparte）、第一次世界大戰德國威廉二世（Wilhelm II von Deutschland）與第二次世界大戰德國希特勒（Adolf Hitler）意圖征服全歐洲時，英國才積極參與制衡對抗，與周遭國家或之後美國共同維護歐陸體系的穩定。

門羅主義
Monroe Doctrine

　　發布於1823年的美國「門羅宣言」，其背景乃是1822年歐洲協商中維洛納會議，由法國出兵恢復西班牙王室統治的決議。1823年12月2日，美國第5屆總統門羅（James Monroe）在國情咨文中提出的美國對外政策原則，史稱「門羅主義」，是美國對外擴張政策的重要標誌。門羅主義是國際關係上第一個旗幟鮮明的美國主義，概要地宣布了新世界對舊世界的分離。主要內容有：（一）歐洲任何列強不得把美洲大陸業已獨立的國家當作將來的殖民對象；（二）美國不干涉歐洲任何國家的現存殖民地和保護國，但對那些已經宣布獨立並得到美國承認的美洲國家，任何歐洲列強進行干涉，美國只能認為是對合眾國不友好態度的表現；（三）美國和「神聖同盟」各國（俄、奧）的政治制度是不同的，原因是他們各有不同的政府，歐洲列強把他們的政治制度擴展到西半球任何地區的企圖，將危害美國的和平與安全。以上內容重點影響美國日後百年主要的外交政策。

柯林頓主義
Clinton Doctrine

　　「柯林頓主義」一般是指所謂「新干涉主義」（Neo-interventionism），主要針對因種族衝突或國家暴力侵犯人權造成的人道迫害，美國所進行的干預行動。以1999年美國與「北大西洋公約組織」（NATO）轟炸前南斯拉夫為例，學者克雷（M. Klare）認為這種干涉行動隱藏美國改變新戰略目標，也修改美國和其同盟的關係，讓同盟能支援美國的海外出兵行動，克雷並將干涉行

動取名為「柯林頓主義」，是一種維持區域安定，使不安定因素消散的最佳手段。

另外一種說法是柯林頓主政8年中的外交政策，亦稱為「柯林頓主義」。例如早期對中國的「擴大交往」（enlargement and engagement）政策，在經歷96年台海危機，以及中國軍事演習下，美國圍堵交往併行的「圍交」（Congagement）政策正式確立，成為美國亞太安全戰略的主要支柱。這是一種紅蘿蔔和棍子雙管齊下的作法，一方面提供合作誘因（經濟合作），另一方面則明確表示會採取嚴厲手段制裁不安於現狀國家的脫序行為（軍事駐防、加強美日安保等）。柯林頓政府採取圍堵交往併行的「圍交」政策，是一種「圍堵」加「交往」（containment+engagement=Congagement），係以一手接觸，另一手圍堵的策略與中國競逐戰略利益。

川普主義
Trumpism

主要有4個內涵反映在第45屆美國總統唐納·川普（Donald Trump）的內政與外交措施上：（一）美國第一與美國優先；（二）雙重標準的全球化；（三）公開歧視勞動階級的移民與移工；（四）退出成本大於獲利的國際合作。

讓美國再度不凡（Make America Great Again）是川普在首次競選時令人印象最深刻的口號，這個主張全然反應美國中心與傲慢獨尊的自我意識。由於2008年金融危機之後的美國不再總是全球化賽局中的贏家，因此川普訴諸「反全球化」來推行一系列的貿易政策，爭取國內政治的支持。然而，川普的反全球化是條件性的（conditional），只針對不利於美國經濟獲益的部分加以非難，但若有利於美國出口貿易的全球化，依然十分支持。基於相似的邏輯，過往美國支持或力促的國際合作，若不能為美國增加利益，反而還要美國投注大量資源的，川普也都希望退出。

《經濟學人》（Economist）曾有一些評論指出，川普雖未能順利連任，但川普主義將繼續在美國蔓延。主要原因有二；首先，川普2020年僅以些微差距落敗，代表川普主義的意識已在美國生根，並獲得相當程度的民眾支持。其次，川普成功地分裂了美國，而當一國景氣復甦不盡理想時，被分裂的群體很難重修舊好。事實上，美國知名評論家，安卓·蘇利文（Andrew Sullivan）曾發表一篇評論（Trump Is Gone. Trumpism Just Arrived），認為總統大選雖然讓川普這個人下台，但卻肯定他的政策理念，川普主義毫無疑問會繼續在2020年之後的一段時間裡，左右著美

國的內政和外交。

柏林危機
Berlin Crisis

　　歷史上柏林危機可歸納為3次,第一次柏林危機發生於1948年,主要是戰後美英法反對蘇聯所提出德國賠償俄國損失的要求,加上蘇聯不同意幫助德國貨幣改革,以便其經濟復甦,所以在1948年6月19日,蘇聯封鎖了從柏林西部往德國西部的通道,是為「柏林封鎖」,形成第一次美蘇冷戰高潮,之後西柏林儼如一座孤島,美國則以「空中安全走廊」的模式,在15個月內以空投方式援助西柏林民生物資。

　　第二次柏林危機發生於1958至1960年,當時蘇聯斷絕了柏林到西德的路上交通,並關閉邊境,想要逼使西方國家退出柏林,蘇聯明確的是要把柏林問題當成一種槓桿原理,以防止德國力量的壯大,尤其不想讓西德復甦的太快,以免強大而干涉東德的崛起,因為在這種權力的對比下,若是西德無法從戰後廢墟中站起,東德可能在第一時間內就會竄升;相反地,若是西德干預到東德的發展,那將是一項重大影響,可能會導致東德的垮台,與引發全面性的戰爭。

　　1961年發生第三次柏林危機,事件肇始於甘迺迪飛赴維也納與赫魯雪夫舉行會談,藉此次高峰會能夠緩和美蘇雙方的緊張關係。甘迺迪告訴赫魯雪夫,將不會建立一個獨立並具有核武的德國去威脅蘇聯,不過蘇聯必須回報以「尊重美國在歐洲的利益,並接受柏林的現狀」,整個討論焦點集中在柏林問題,但赫魯雪夫舊事重提,要求英、美、法撤出西柏林,由於甘迺迪斷然拒絕並作出強硬反應,蘇聯旋即於1961年8月13日封鎖東西柏林之間的邊界,並從15日起沿東西柏林分界線在東柏林境內築起柏林圍牆,是為第三次柏林危機。

閃電戰
Blitzkrieg

　　閃電戰(Blitzkrieg),是一種軍事學說與戰略,採用移動力量迅速而出其不意地進攻。第二次世界大戰期間德國納粹大規模運用此戰術,對波蘭、法國和蘇聯入侵。閃電行動的方法主要用在機動戰,而非消耗戰。因此需要開發特別的支援車輛、戰車、傘兵隊與通信的方式。

　　1939年德國入侵波蘭,揭開了第二次世界大戰歐洲戰爭的序幕,德國充分運用其在傘兵、裝甲部隊的優勢,快速突破波蘭部隊的防禦,分割並包圍大批波蘭部隊,使得波蘭軍隊不僅喪失補給和通訊交通,而且由於後方補給被占領,因而大批被德軍俘虜。僅僅28天,波蘭首都華沙就被攻克,波蘭戰役被視

為閃電戰的代表，其後德國入侵挪威和比利時、荷蘭、法國都採用了類似的戰術，即以大規模集中運用坦克和機械化部隊、與航空兵和傘兵高度協調、實施突擊、突破、迂迴包抄等戰略。

馬歇爾計畫
Marshall Plan

1947年6月5日，美國國務卿馬歇爾（George Marshall）在哈佛大學畢業典禮發表「歐洲經濟復建的計畫」（European Recovery Program），即馬歇爾計畫。1947至1951年此計畫取得美國的同意後，16國成立歐洲經濟合作組織（Organization of European Economy Cooperation, OEEC），協助歐洲提高生產力、支撐歐洲貨幣幣值、促進國際貿易，以配合處理美國的經援。按「馬歇爾計畫」內容，美國將在第二次世界大戰後4年內提供120億美金的經濟援助，使歐洲恢復繁榮；另一目的其實是藉此防止蘇聯共產勢力在歐洲國家繼續擴張，尤其是在德國、法國及義大利等地。馬歇爾計畫於1952年結束。

而OEEC於1961年轉變為「經濟合作暨發展組織」（Organization for Economic Cooperation and Development, OECD），是一個位於巴黎的國際合作組織，其工作重點為建立會員國強而有力的經濟實力，提高效率，發展並改進市場體系，擴大自由貿易，促進已開發及開發中國家之發展。

假戰
Phoney War

為形容第二次大戰初的狀況。德國於1939年9月1日以迅雷不及掩耳之勢突襲波蘭，英國和法國於納粹侵略波蘭的兩天後，正式對德宣戰。不過此後1939年9月至1940年4月，交戰國雙方都沒有動靜，大家都只為戰爭動員作準備，德國繼續武裝自己，以進行大戰，英法則努力準備防禦措施。英國人稱這段時間為「假戰」，德國人則稱為「靜坐戰爭」（Sitzkrieg）。歐洲在這7個月間並無任何大規模戰爭，直至兩個陣營在北歐戰役（挪威和丹麥發起攻擊行動）中爆發衝突，才結束這一段沒有戰爭的宣戰期。

第五縱隊
Fifth Column

第五縱隊係指在一國內部進行破壞，與敵人裡應外合，不擇手段意圖顛覆、破壞國家團結的團體，或稱叛國者。第五縱隊一詞來自1939年間，西班牙內戰時期，當時佛朗哥（Francisco

Franco）將軍領導叛軍與西班牙共和國軍隊發生衝突，佛朗哥手下一名將領摩拉（Mola）派遣4個縱隊（columns）對西班牙首都馬德里包圍，另有一支縱隊潛伏在馬德里城裡做內應，即城中有些祕密支持叛軍和佛朗哥的分子，在城中暗中與城外的叛軍裡應外合，最後幫助佛朗哥攻克馬德里。因此，摩拉便把這群內應分子比喻為協助他的「第五縱隊」。

舒曼計畫
Schuman Plan

　　1950年5月9日，當時法國外交部部長舒曼（Robert Schuman）發表顧問莫內（Jean Monnet）所構思的計畫，即由法國提出與德國合作開發其礦產的「舒曼計畫」，旨在透過一共同的機構建立，求取共同監督與管理法德兩國的煤、鋼生產，同時開放其他歐洲國家的加入，史稱「舒曼宣言」（Schuman Declaration），此宣言亦被視為達成歐洲整合的第一步。

　　煤鋼的共同開發將能確保共同的經濟發展，有助於舒緩歐洲再爆戰禍的可能，並促使歐洲朝向和平發展。由於「舒曼計畫」提供的經濟利益有助於德國的復甦重建，所以當時德國接受了法國的提議，於1951年與法、義、比、荷、盧5國在巴黎共同簽訂所謂的《歐洲煤鋼共同體條約》（Treaty establishing the European Coal and Steel Community），成立「歐洲煤鋼共同體」（European Coal and Steel Community, ECSC）。歐洲煤鋼共同體成立後，會員國於1957年3月復簽訂《建立歐洲經濟共同體條約》（Treaty on establishing the European Economic Community）及《建立歐洲原子能共同體條約》（Treaty on establishing the European Atomic Energy Community），創立「歐洲經濟共同體」（European Economic Community, EEC）及「歐洲原子能共同體」（European Atomic Energy Community, EAEC），為歐洲合作奠定基礎。

華沙公約
Warsaw Pact

　　1955年以蘇聯為首的東歐國家，在波蘭首府簽訂正式名稱為《華沙友好合作互助條約》（Warsaw Treaty of Friendship, Cooperation, and Mutual Assistance），並根據此條約建立一個共同防禦組織——「華沙公約組織」，該組織最初由蘇聯、阿爾巴尼亞、保加利亞、捷克斯洛伐克、東德、匈牙利、波蘭和羅馬尼亞組成，整個東歐國家除南斯拉夫以外，全部加入該組織。按條約規定：「如果在歐洲發生任何國家或集團對締約國武裝進攻，每一成員國應以

一切必要的方式，包括使用武裝部隊，立即進攻或給予援助。」

此公約以及之後組織的成立，主要是針對當時西方陣營的「北大西洋公約組織」。兩者並成為冷戰期間兩大集團對峙壁壘分明的標誌。冷戰期間，「華沙公約組織」先後干預了波蘭、匈牙利與捷克斯洛伐克等之抗爭。不過隨著1989年東歐發生民主革命後，《華沙公約》變得名存實亡。1991年7月1日在捷克布拉格華沙公約組織領導人在最後一次高峰會議上正式宣布《華沙公約》不復存在。

開放與重建
Glasnost and Perestroika

1980年代中期後，包含蘇聯在內的東歐共產國家經濟情況愈加惡化，1985年3月11日，蘇聯領導人戈巴契夫（Gorbachev）上台，代表蘇聯國內新希望改革世代的興起。戈巴契夫展開一些改革，不只是在經濟上，也是在政治和社會上。戈巴契夫的改革計畫階段包含了4個部分，分別是「加速」（uskorenie）、「開放」（glasnost）、「重建」（perestroika）、「民主化」（demokratizatiya）、「改革」（reform）等概念。其中1986年所拋出的「重建」與「開放」象徵一種「新思維」，並把兩個俄語單詞推向世界。這

是寄望能夠重新復興蘇聯經濟，但這些改革卻得不到解決的方法、反而產生更多對蘇聯體制的不滿。

戈巴契夫除了在經濟上進行改革，並透過政治上對憲法的修改，企圖以民主政治的具體落實挽救蘇聯政權的危機。1989年開放國會直選，戈氏也當選蘇聯第1任總統。但是戈氏的改革開放政策面臨激進派與保守派兩股力量的拉扯，最後造成蘇聯各加盟共和國的獨立分離。最後1991年8月的蘇聯流產政變，更使得蘇聯正式走向解體。

雅爾達體系
Yalta System

1945年2月4日至11日，蘇、美、英3國首腦在蘇聯克里米亞半島上的雅爾達舉行會議，重點在討論德國處置問題、波蘭疆界、聯合國、蘇聯參戰，以及遠東事務安排等問題。

其中關於德國問題，三方就蘇德戰場和西歐戰場的軍事形勢交換情報，制定對德國心臟地區進行有力的作戰計畫，討論了德國無條件投降和處置德國的基本原則。至於遠東問題，則作出保存外蒙古現狀（蒙古人民共和國）、恢復日俄戰爭前俄國之權利（包括庫頁島南部及其附近島嶼、大連闢為國際商港，旅順租予蘇聯為海軍基地）、中東與南滿鐵路由中蘇合營，但維持中國在

滿州全部主權，以及日本將千島群島割讓與蘇聯。另外則是討論戰後波蘭政府組成問題，並作出在德國投降及歐洲戰爭結束後2個月或3個月內，蘇聯將參加對日作戰的決議。

這次會議是數次大國會議中最重要的一次，會上發生的爭執和達成的協定，對戰後世界事務有相當大的影響。戰爭後期大國圍繞戰後世界安排問題所達成的協議被稱為「雅爾達體系」，它繼承了國際事務中的強權政治原則，承認並劃分大國的勢力範圍，又具有消極的一面，並在一定意義上推動戰後兩極格局的形成。

新帝國主義
New Imperialism

有別於17、18世紀西班牙、荷蘭與葡萄牙的海外拓張，它發生在西方民族國家體系完成後的拓張運動，學者稱為「新帝國主義」，它是一種強權政治的表現，也是因應19世紀工業革命或西方帝國海外殖民熱潮產生的剝削行為。學者包加特（W. Baumgart）指出各個國家在帝國主義成長的動機、因素不同，大致可歸類為6項：（一）經濟因素：為最主要因素，此動機為19世紀工業革命後，列強取得廉價勞工與原料，以及產品為開闢新市場，以避免生產過剩，即進行不斷的殖民掠奪；（二）政治因素：政治動機往往與經濟動機相互影響，原本以經濟導向的國家，在有意無意取得土地後，為了便於管理、防止動亂威脅、促進交易穩定性等，不得不占領這些地區；（三）沙文主義：帝國主義常常與民族主義緊密相連，尋求個人與國家的榮耀。在19世紀末，歐洲的民族國家經常以海外殖民財富來衡量其聲望；（四）戰略安全：從1648年開始，**權力平衡**轉為歐洲外交政策的主軸，統治者視殖民為一種國際安全的保障，尋找支配貿易的路線，建築要塞據點，以求輕易而安全地從事經貿活動；（五）人道宗教因素：傳教士積極提倡帝國主義，是因為便於傳教，他們認為自己信仰才是唯一真實信仰；（六）貪婪因素：列強只想要控制、支配、擁有和壓迫其他民族，也就是種族優越所產生的慾望，帝國主義者認為自己優於其他種族。

綜上因素，在19世紀歐洲列強盛行之際，給予帝國主義行徑上的動力，提供了合理的動機，並強化了帝國主義向外擴張有力的藉口。

綏靖政策
Appeasement

綏靖政策是一種透過某些讓步來討好某個競爭對手的外交政策，以避免可能導致戰爭的事務。綏靖政策係指第一

次大戰至第二次大戰間，面對德國希特勒崛起，歐洲普遍所瀰漫的一種姑息主義、和平主義、泛和平政策，即不希望刺激希特勒而導致戰爭。因此各國於1938年舉行**慕尼黑會議**，有了犧牲捷克利益的共識。**慕尼黑會議**標誌著和平主義的極致，從英國的角度來說，此時其外交政策受到諸多因素的牽制，除了其本身殖民地問題外，其國內有強大的和平主義思潮，加上英國的財政政策比較保守，不願意提高軍費，出現財政赤字，以及英國統治階級想利用納粹在德國阻止無產階級革命。

　　現在綏靖政策一般指1930年代英、美、法、蘇等大國對德、義、日侵略者姑息、妥協、安撫，並不惜犧牲他國的利益，去滿足侵略者的欲望，藉以圖苟安的政策。

雷根主義
Reagan Doctrine

　　雷根（Ronald Wilson Reagan）總統在1980年代擔任兩屆8年美國總統，其主張與政策被冠上「雷根主義」。雷根主義主要有三大內容：包括堅定的反對共產主義；緊縮開支、削減福利，實行小型政府；大幅削減稅收、實行更充分的市場經濟。尤其第一項反共部分，更被世人視為雷根主義最重要之貢獻。

　　1982年6月8日，雷根在英國國會發表演說，擘劃所謂「雷根主義」，誓言全力支持對抗**共產主義**的鬥士。當蘇聯入侵阿富汗、鎮壓波蘭團結工聯而內外交困之際，雷根稱蘇聯為「邪惡帝國」，並宣示：「邁向自由民主，將馬列**共產主義**埋葬在歷史的灰燼當中。」為堅持反共，雷根積極支援中美洲、亞洲及非洲的反共產主義活動，卻也難免陷入干涉他國內政，如阿富汗、尼加拉瓜反抗軍、伊朗軍售、干涉兩伊戰爭等之醜聞。

維也納會議
Congress of Vienna

　　召開於1814年9月的維也納會議（1814-1815），其主要目的在於處理自1789年法國大革命及拿破崙戰爭以來，二十多年間所造成的國際秩序解體問題，同時也是以保守為基本特徵的一種復辟時期反噬。該會議由以保守著稱的奧地利首相梅特涅（Metternich）主導，它使歐洲復辟後的政治秩序制式化和穩定化，史稱維也納體系。1815至1848年間的歐洲，在維也納體系勢力均衡原則的支配下，帶來歐洲所謂「百年和平」，亦創造了一套新的行為規範與國際體系。維也納會議主要服膺幾個原則：（一）正統原則：恢復歐洲各國封建舊王朝的統治。包括法國、西班牙、葡萄牙、羅馬教皇的政權也予以恢復。

換言之，就是恢復拿破崙戰爭前所有正常的統治狀態；（二）補償原則：即如果舊日統治者的領地已被瓜分，不能恢復時，則以相當的領土予以「補償」；（三）均勢原則：戰後的和議安排大多朝向此一原則進行，各國並不希望歐洲大陸出現如拿破崙般的霸權，所以均衡原則成為各國的一致共識。

慕尼黑會議
Munich Conference

1938年3月12日，希特勒以德意志人民的內部問題為由，占領奧地利，不久將奧地利併入德國，成為德國的東方省。緊接著希特勒想進占捷克斯洛伐克，結果在英國首相張伯倫（Chamberlain）調停下，1938年9月29至30日，英國首相張伯倫、法國總理達拉第（Daladier）、納粹德國元首希特勒和義大利首相墨索里尼（Mussolini）在德國慕尼黑舉行會議，並達成《慕尼黑協定》（Munich Agreement），捷克政府在英法的強大壓力下被迫接受該項協定，將蘇台德地區割讓給德國，慕尼黑會議和《慕尼黑協定》是英法推行綏靖政策與和平主義的極致表現，象徵理想主義重大挫敗，國際社會的現實政治，也是希特勒加緊備戰的重要步驟，由於張伯倫等的讓步，協定迫使捷克喪失了1.1萬平方英里的領土、360萬居民與

經濟資源，相較之下則加強了納粹德國的經濟與軍事實力，助長了德國、義大利、日本、法西斯的侵略氣焰，使整個歐洲格局發生了變化。

歐洲協調
Concert of Europe

1818至1822年間歐洲主要國家召開了4次會議，希望能解決當時發生於國際間的一些重要議題，史稱歐洲協商或歐洲協調。其4次會議之概要，茲分述如下：（一）亞琛會議（Aachen, 1818）：這個會議旨在解決法國與四強的關係、西班牙南美的殖民地叛變問題，以及沙皇亞歷山大一世（Alexander I）建議組織一支國際軍隊（國際刑警部隊）的想法。會議最後決定以公正的方法對待法國；（二）特拉波會議（Troppau, 1820）：此會議旨在討論西班牙、那不勒斯、葡萄牙的叛變問題；（三）萊巴赫會議（Laibach, 1821）：這是已休會的特拉波會議之延續。會議決定奧地利派遣軍隊往那不勒斯鎮壓革命；（四）維洛納會議（Verona, 1822）：此會議旨在討論干涉西班牙叛變問題。會議決定西班牙革命被鎮壓，俄、奧、法國派出遠征軍出征西班牙。

雖然「歐洲協商機制」只維持5年，但這種「會議制度」以和平討論取代戰爭去解決紛爭，藉以維持歐洲的和

平。通過會議形式解決紛爭，以及列強維護集體安全的努力。1815至1914年，除了一些地方戰爭外，此「會議制度」在歐洲各國之間維持了99年的和平，亦成功地維持了歐洲的權力平衡。

豬玀灣事件
Bay of Pigs

1961年的「豬玀灣事件」，是美國總統甘迺迪上任後第一件外交作為。由於美國中情局（CIA）情報錯誤，低估古巴新任共產領導人卡斯楚（Fidel Alejandro Castro Ruz）實力，乃支援流亡美國的古巴游擊政府，結果造成行動失敗，事後甘迺迪在電視上向全國人民承認錯誤。此次行動失敗，反而塑造卡斯楚英雄形象，國際社會譴責美國行動為侵略行為，指責美國干涉他國主權。對美國來說這次未成功的進攻不但是一次軍事上的失敗，而且也是政治上的失誤。國內外對這次進攻的批評非常強烈，使得剛剛上任不到90天的甘迺迪政府為此大失信譽，相反的卡斯楚政權和古巴革命被鞏固。此外，由於古巴擔心美國會再次進攻，因此古巴開始與蘇聯親近。豬玀灣事件與之後1962年的古巴飛彈危機具有某種程度的關連性，請查閱古巴飛彈危機部分。

韓戰
Korean War

1948年8月與9月，南北韓分別成立。1950年6月25日，韓戰爆發，它既是內戰，也是一場國際戰爭、代理人戰爭。鑑於1949年2月，中共與蘇聯簽訂《中蘇友好同盟互助條約》，韓戰爆發，中共幾經辯論，為防禦東北國境安全，並在維護與蘇聯關係的考慮之下，在1950年10月中旬，中共組成「抗美援朝志願軍」渡過鴨綠江。另一方面，聯軍統帥麥克阿瑟（Douglas MacArthur）將軍與杜魯門總統為不同意見而爭執，1952年雙方戰爭陷入僵局；直到1953年美國新任總統艾森豪（Dwight D. Eisenhower）以嚴重口吻警告，並考慮動用核武，同年3月，史達林去世，各方在1953年7月27日於板門店簽訂停戰協定，結束韓戰。

韓戰對台美之意義在於國民政府與華府間關係的修好。韓戰期間美國為了阻止戰爭的擴大，宣布台灣海峽中立化，強調「台灣地位未定」，並稱「中共非中國」，拒絕承認中共，並對中共實施禁運。

離岸平衡者
Offshore Balancer

學者米爾斯海默（John

Mearsheimer）在其《大國政治的悲劇》（*The Tragedy of Great Power Politics*）一書，指出了所謂「離岸平衡者」概念，透過有海洋隔絕的因素，來分析美國與英國這兩個國家，其中以英國為例，其所採取的「光榮孤立」與「權力平衡」原則，就是扮演一種歐洲大陸的「離岸平衡者」角色，即不希望歐洲大陸出現強權政治，只希望歐洲維持一種均勢平衡，一旦歐陸出現破壞「權力平衡」的國家時，英國就會出現加以制止，與其他國家結盟，在歷史上的兩次世界大戰，以及之前對拿破崙戰爭，還有百年對抗俄國南下政策等等，所突顯的就是海洋國家所選擇自身「光榮孤立」的外交政策，但是海島國家所面對「孤立政策」還必須身兼強權條件，尤其在19世紀工業革命時期，對於原料的取得、勞力、市場的獲得，海島國家還必須拓展海外殖民地，以保障其國內市場經濟健全，所以英國會以征服或殖民來維持其本身國力，並成就所謂「日不落國」。

羅加諾體系
Locarno System

羅加諾體系，是透過幾個公約所組成，一種集體安全的嘗試，也是歐洲政治菁英積極推動歐洲和平的方略之一。第一次世界大戰後德國債務問題，以及所引發的魯爾危機，使得歐洲政治人物已嗅出戰爭的味道，為了避免危害人類戰爭再起，1925年10月，英、法、德、義、比、波、捷7國在瑞士小城羅加諾舉行會議，並簽訂了最後議定書和7個條約，其中主要是《德、比、法、英、義相互保證條約》即《萊因公約》；其餘為德國分別與法、比、波、捷簽訂的《仲裁條約》，以及法國與波、捷簽訂的《相互保證條約》，這些條約總稱為《羅加諾公約》體系。根據《萊因公約》的規定，德、法、比3國相互保證不破壞凡爾賽條約所規定的德法、德比之間的領土現狀，不違反關於萊因非軍事區的規定，3國保證透過和平方式解決一切爭端，同時英國和義大利作為保證國，有援助被侵略國的義務。

在整個《羅加諾公約》裡，可以說德國是最大贏家，它藉著《羅加諾公約》體系恢復了第一次大戰後國家尊嚴，重新加入列強行列，並在國際政治中獲得自由和平等地位。尤其1926年，國聯理事會進行改組，德國被增補為常任理事國，至於德國可以在短期內站起來，主要歸功於其外交部長史特斯曼（Stersemann）的努力，就在《羅加諾公約》簽署的隔年，史特斯曼與法國外長白里安（Briand）、英國外長張伯倫（Chamberlain）3人榮獲諾貝爾和平獎。

蘭德公司
RAND Corporation

美國著名智庫之一。其成立之初主要為美國軍方提供研究和情報分析服務。其後，此組織逐步擴展，成為獨立與非營利機構。蘭德公司的前身是美國空軍在1945年的一項「蘭德計畫」，當時是有關航太工程的研究，由道格拉斯飛機公司承接這個項目。1948年5月，蘭德從道格拉斯公司中脫離出來，成為一個獨立從事知識體系的智庫組織，之後成為美國政經研究未來學和影響公共政策發展的典範。RAND是英語Research and Development一詞簡縮而得來。它是美國最重要的外交和國防政策研究所之一，有一千多名成員和一億多美元的年度預算。

美中貿易戰
US-China Trade War

美中貿易戰，又稱美中貿易爭端、美中貿易摩擦，是2018年開始至今美國與中國間的一場持續進行的貿易戰。貿易戰源起於美國總統川普於2018年3月22日簽署備忘錄時，宣稱「中國偷竊美國智慧財產權和商業秘密」，並根據1974年貿易法第301條要求美國貿易代表對從中國進口的商品徵收關稅，涉及商品總計估達600億美元，同年7月6日，美國開始對價值340億美元的中國輸美商品徵收25%的額外關稅。美中貿易戰只是開啟近代美中霸權競逐的序曲，美中之間存在著多重的矛盾，涉及科技戰、金融貿易、人權、意識形態等議題，世人稱美中競逐的結構亦是國際新冷戰或第二次冷戰的開端。

新冷戰
New Cold War

延續2018年美中貿易戰所造成的國際局勢，一般稱新冷戰、第二次冷戰與冷戰2.0。有別於第一次冷戰，指的是1945年第二次世界大戰後，美國與蘇聯之間的對峙，不只在政治與軍事緊張局勢、甚至發生於地緣政治、同盟集團、科技與太空等。美中新冷戰的特色在於，相較於第一次美蘇冷戰主要是意識形態（資本主義與共產主義）與軍事方面的競爭，第二次冷戰所涉及層面更廣，分散在意識形態、政治外交、經濟貿易、軍事、網絡、科技文化等。由於全世界的國家因為都希望與中國保持較高的貿易關係，但又需要美國在安全上的保護，導致很多國家為了自身利益，在一些議題上都表示謹慎態度，例如香港自治、新疆人權問題等。

英國脫歐
Brexit

　　英國脫歐是指英國2020年1月31日退出歐洲聯盟的舉措，使英國不再受歐盟法律、歐洲單一市場與相關歐盟自由貿易協定約束，並可取回對移民政策的控制權。此事件在於2016年6月23日英國的全民公投中，有51.9%的英國選民投票支持離開歐盟，大部分支持脫離歐盟的選民來自英格蘭與威爾斯的郊區，大都會倫敦則支持留在歐盟中。回顧英國於1973年1月1日，正式加入歐洲共同體（歐盟前身），1975年全民公投確認了英國成為歐共體會員國，2020年正式脫歐，而目前歐盟尚有27個會員國。

第八篇　道德與國際法
Morals and International Law

一般法律原則
General Principles of Law

　　一般法律原則是指各國法律體系當中所共同具有的原則，由於各國國內法之原則並非國際法，一般法律原則如果被國際司法機關或國家之間的談判所引用，藉以解決國際爭端或處理問題時，它就取得了國際法的地位，可以填補條約和習慣國際法的不足，在裁判案件中具有一定的作用，通常作為補充國際法而適用，在國際法的淵源中居於次要地位。根據《國際法院規約》第38條規定：「法院裁判案件時可適用一般法律原則，為文明各國所承認者。」至於其效力為何？學術界對此尚有爭議，部分學者認為，一般法律原則的作用主要在於補漏，充其量僅是用於解釋國際條約和習慣國際法的手段而已；也有學者將一般法律原則區分為用於解釋國際法規範準則的絕對法，和用於補充條約和習慣國際法不足的法源。無論如何，儘管國際社會有許多不同的法律體系，不容易產生人類全體一致的法律意識，但各國立法還是有一些共同的原則，如時效、善意、公允及善良等，這些原則在各國法律體系中都是被採用的。

人道干涉
Humanitarian Intervention

　　人道干涉是外國武力進行干預的一種形式，也是為了阻止在第三國境內發生重大人權侵害事件而使用武力的行為，例如防止大規模屠殺或滅絕種族所採取的干涉行為。人道干涉不一定獲得國際社會的合法授權，因為若是合法的行動，就沒有必要去採取可能引發爭議的行為。19世紀初，人道干涉行動在國際間不斷發生，並得到歐洲列強普遍支持，到了19世紀末，支持人道干涉的觀點出現分歧，部分國家認為此與國家平等原則相違背，但也有部分國家認為人道干涉應被允許，惟不應單方面採取行動，應以全人類的名義行使，並以除了侵權國以外的所有國家之集體決定，或至少以最大多數文明國家的集體決定為前提。1945年聯合國成立後，《聯合國憲章》第2條規定禁止成員國使用武力或以武力相威脅，改變了各國對人道干涉的看法，加上冷戰期間發生的人道干涉事件，隨之而來的第三世界國家抗議和譴責相當強烈，此後國際間藉人道干涉名義出兵的情況已減少許多。

不受歡迎人物
Persona Non Grata

　　不受歡迎人物一詞源自拉丁文，是

外交用語，也稱不可接受的人。一國對別國派駐或將派駐的外交官表示不滿和不能接受，常以不受歡迎人物為由，要求派遣國收回任命或召回該外交官。1961年《維也納外交關係公約》第9條規定：「一、接受國得隨時不具解釋通知派遣國，宣告使館館長或使館任何外交職員為不受歡迎人員，或使館任何其他職員為不能接受。遇此情形，派遣國應斟酌情況召回該員或終止其在使館中之職務。任何人員得於其到達接受國國境前，被宣告為不受歡迎或不能接受；二、如派遣國拒絕或不在相當期間內履行其依本條第1項規定所負義務，接受國得拒絕承認該員為使館人員。」由此可見，一旦外交人員的行為被確定為違背相關的義務，駐在國可以宣布其為不受歡迎人物，要求於限定時間內離境。倘若派遣國的外交人員在接受國犯罪，此時，接受國法院雖因相關人員的外交豁免權而無權審理該犯罪案件，仍可以宣布其為不受歡迎人物，並驅逐出境。

不擴散核武器條約
Nuclear Non-Proliferation Treaty

　　《不擴散核武器條約》又稱《防止核擴散條約》或《核不擴散條約》，是冷戰時期英國、美國及蘇聯等國家為防止核武擴散所主導簽訂的國際公約，

1968年1月7日來自59國的代表分別於倫敦、華盛頓和莫斯科締結簽署。該約共有11條，宗旨除防止核擴散之外，並推動核裁軍和促進和平利用核能的國際合作，1970年3月正式生效，內容要點包括：有核國家不得向任何無核國家直接或間接轉讓核武器或核爆炸裝置；不幫助無核國家製造核武器；無核國保證不研製、不接受和不謀求獲取核武器；停止核軍備競賽，推動核裁軍；把和平核設施置於國際原子能機構的國際保障之下，並在和平使用核能方面提供技術合作等國際義務及要求。《不擴散核武器條約》雖然規定締約國的各項義務，但缺乏必要的強制力和監督力，特別是對擁有核武國家僅要求壓縮其核武庫，並沒有時間表和監督機制，而對無核國家的審查制度也只限於其申報的核設施，尤其是對拒絕履行義務甚至退出條約的國家，亦無明確的處罰條款，導致成效不彰，2017年在聯合國的努力之下，另通過了《禁止核武器條約》（the Treaty on the Prohibition of Nuclear Weapons, TPNW）。

中立
Neutrality

　　中立是指其他國家發生戰爭時，一國不參加交戰任一方，不給任何交戰國援助，包括不讓本國領土被任何交戰國

用於作戰目的等。在政治意義上，中立意味著不參加任何國家聯盟，不在本國領土上設置任何外國基地或駐紮外國軍隊，不歧視任何特定國家，且必須以發表宣言、聲明或事實遵守中立的方式表明其立場。當一國取得中立的法律地位之後，便成為中立國，應完全置身於其他國家間所進行的戰爭之外，對交戰雙方保持不偏不倚的態度。另中立國又可區分為戰時中立國和永久中立國，前者是指在國際戰爭開始後，保持中立狀態的國家；後者則是根據條約或單方發表的宣言，不論在平時或戰時皆永久奉行中立政策的國家。至於確認和保證一國為永久中立制度的法律依據，有些是國際條約，有些則是國內法，例如瑞士是根據1815年《維也納會議宣言》成為歐洲的永久中立國；比利時和盧森堡分別根據1831年及1867年的《倫敦協約》，先後成為永久中立國，但比、盧兩國的永久中立於第一次世界大戰遭到德軍入侵而被破壞，後經1919年《凡爾賽和約》廢除；奧地利的永久中立則是根據1955年通過的《聯邦條例》，蘇、美、英、法等4國按瑞士模式，對奧地利的領土完整和不可侵犯作出承諾與保證。

公海自由
Freedom of the High Seas

公海自由是公海法律制度的基礎，傳統上公海係指不包括國家領海或內水的全部海域。1958年《公海公約》規定，公海自由包括航行、捕魚、鋪設海底電纜和管道，以及上空飛行等自由。1982年《聯合國海洋法公約》則限制了公海的範圍，規定公海是不包括在國家的專屬經濟區、領海、內水或群島國的群島水域以內的全部海域，公海供所有國家平等地共同使用；它不是任何國家領土的組成部分，因而不處於任何國家的主權之下；任何國家不得將公海的任何部分據為己有，不得對公海本身行使管轄權。至於公海自由包括：（一）航行自由；（二）飛越自由；（三）鋪設海底電纜和管道自由，但受關於大陸礁層規定的限制；（四）建造國際法所容許的人工島嶼和其他設施的自由，但受關於大陸礁層規定的限制；（五）捕魚自由，但受公海生物資源的養護和管理規定的限制；（六）科學研究的自由，但須遵守公約中關於大陸礁層和海洋科學研究兩部分的規定。

太空法
Space Law

1957年蘇聯發射第一顆人造衛星之後，人類進入了太空時代，各種太空探測活動也相繼運行，然而，這些利用探索太空的活動引起許多國際法問題。聯合國大會於1958年成立和平利用外太

空特設委員會，並起草了5個關於太空活動的國際條約，包括：1967年生效的《外空條約》，規定太空屬於全人類，任何國家都無權剝奪其他國家和平開發的權利；1968年生效的《營救協定》，規定締約國營救遇有緊急情況的宇航員等義務；1972年生效的《責任公約》，確立空間物體造成損害的國家責任主體和賠償責任的原則；1976年生效的《登記公約》，規定締約國應當如何對其空間物體履行登記的強制性義務；1984年生效的《月球協定》，確立各國在探索開發月球和其他天體的活動中應遵守的原則。此外，**聯合國**大會並通過了一系列與太空有關的原則和宣言，其中包括1963年《各國探索和利用外太空活動的法律原則宣言》、1982年《各國利用人造地球衛星進行國際直接電視廣播所應遵守的原則》、1986年《關於從外太空遙感地球的原則》及1992年《關於在外太空使用核動力源的原則》等。這些原則和宣言雖不具有拘束力，卻代表了**聯合國**的觀點，對各國具相當程度的指導作用。另**聯合國**大會還以決議的形式，對有關國際空間**條約**進行解釋，如2004年《適用發射國概念的決議》等。

引渡
Extradition

引渡是一國應外國請求，將位於本國境內而被請求國起訴或判刑的人，根據有關國家的請求，移交給請求國審判或處罰的一種國際司法協助行為。儘管引渡的歷史可追溯至中世紀，但在18世紀以前，引渡的對象主要是叛亂者、逃兵和異教徒，是否同意引渡行為，則由君主決定，因此當時引渡成為各國統治者維持專制統治和進行政治交易的工具。隨著「罪刑法定主義」及「無罪推定」等法律觀念的演進，引渡的條件、程序和性質也發生了根本的變化，在當前**國際社會**上，引渡已成為一項國際司法協助的重要制度，有權請求引渡的國家包括：罪犯本人所屬國、犯罪行為發生地國或受害國。一般而言，引渡是屬於一個國家主權範圍自由決定的事，國家並無引渡罪犯的義務，但如果國家間有**條約**規定，應先履行相關義務；如無**條約**規定，是否向他國引渡，完全由一國自行決定，若發生幾個國家同時要求某國引渡某一罪犯時，原則上被請求國有權決定接受哪一國的要求。至於被引渡者，可以是請求國的國民、第三國國民或被請求國國民，通常各國都拒絕引渡本國國民。此外，政治犯不引渡也是各國公認的國際法原則，但各國對政治犯的界定並不一致，基於屬地管轄權的原則，被請求國有權可以決定是否引渡。

世界人權宣言
Declaration of Human Rights

　　人權是指作為一個自然人所應享有的權利與自由，1948年12月10日聯合國大會第217A(III)號決議通過《世界人權宣言》，明確限制國家的行為及國家對於公民應具有之義務。《世界人權宣言》條文共30條，序言中明確指出宣言之目的在於「作為所有人民和所有國家努力實現的共同標準，以期每一個人和社會機構經常銘念本宣言，努力通過教誨和教育促進對權利和自由的尊重，並通過國家的和國際的漸進措施，使這些權利和自由在各會員國本身人民及在其管轄下領土的人民中，得到普遍和有效的承認和遵行」。由於《世界人權宣言》並非國際公約，不具強制性，直到1976年《公民權利及政治權利國際公約》和《經濟、社會及文化權利國際公約》分別生效之後，相關的人權保障始具法律效力。至於其他與《世界人權宣言》有關的重要公約包括：《預防暨懲罰種族滅絕罪行公約》（1951年生效）、《禁止酷刑公約》（1984年生效）、《消除任何形式種族歧視國際公約》（1969年生效）、《消除任何形式對婦女歧視公約》（1981年生效）、《聯合國兒童權利公約》（1989年生效）及《國際刑事法院羅馬規約》（2002年生效）等。

外交特權
Diplomatic Privileges

　　為了保證外交代表、外交代表機關及外交人員進行正常外交活動，各國根據相互尊重主權和平等互利的原則，按照國際慣例和有關協議相互給予駐在本國的外交代表、外交代表機關和外交人員一種特殊權利，這種特殊權利在外交上統稱外交特權。其主要內容有：（一）使館的特權：使館館舍是指供使館使用和供使館館長寓居之用的建築物，或建築物之各部分，以及所屬之土地。使館館舍不可侵犯，包括以下四方面：一是接受國官員非經使館館長許可，不得進入使館館舍；二是接受國負有特殊責任，採取一切適當步驟保護使館館舍免受入侵或損害，並防止一切擾亂使館安寧或有損尊嚴之事情；三是使館館舍及設備，以及館舍內其他財產與使館交通工具免受搜查、徵用、扣押或強制執行；四是通訊自由，例如使用外交信差及密碼電信在內的方法通訊，使館來往公文不得侵犯，外交郵袋不得開拆或扣留等；（二）外交人員的特權：人身不得侵犯，外交人員不受任何方式之逮捕或拘禁，包括刑事、民事和行政管轄豁免，接受國對外交人員應予尊重，並應採取一切適當步驟以防止其人身、自由或尊嚴受到任何侵犯；免納關稅和其他直接捐稅；行李免受查驗等。

生化武器公約
Biological and Toxic Weapons Convention

　　生化武器又稱生物武器，是以毒劑殺傷有生力量的各種武器、器材之總稱。由於生化武器傳染性強，傳播途徑多，殺傷範圍大，作用持續時間長，被利用於戰爭中，對人類社會造成嚴重傷害。有鑑於此，美國、英國、蘇聯等12個國家於1971年向第26屆聯合國大會提出《禁止細菌及毒素武器的發展、生產、儲存以及銷毀這類武器的公約》，簡稱《生化（物）武器公約》，草案於同年9月28日聯合國大會通過，1972年4月10日各國代表分別在華盛頓、倫敦和莫斯科簽署，1975年3月26日正式生效。公約共15條，主要內容包括：締約國在任何情況下不發展、不生產、不儲存、不取得除和平用途外的微生物製劑、毒素及其武器；不協助、鼓勵或引導他國取得這類製劑、毒素及其武器；締約國在公約生效後9個月內銷毀一切這類製劑、毒素及其武器；締約國可向聯合國安理會控訴其他國家違反該公約的行為。

先占
Occupation

　　先占是人類社會最古老取得財產的自然方式之一，早在古羅馬法中已成為一項深信不疑的原則，古羅馬法學家認為，先占是一個手續程序，通過這個程序，原始世界的「無人物件」在世界歷史中即成為個人的私有財產。至於可成為先占的客體是極為廣泛的，例如野獸、被發掘出來的寶石、新發現或以前從未經過耕種的土地、荒廢的土地及敵產等。在國際法上，先占被引用成為領土取得的重要方式，意指一個國家有意識的取得不在任何國家主權下的土地之占取行為，其構成要件有二：首先，占有之標的須為無主物，傳統國際法認為無主地是不屬於任何國家的荒蕪土地，或雖有土著居住但尚未形成國家的土地，惟現代國際法不認可這種主張，國際法院在1975年《關於西撒哈拉問題的諮詢意見》中指出，根據國家實踐，凡有部落或人民居住並有一定的社會和政治組織的地方，就不能認為是無主地。其次，先占必須有占領和行政管理，如設立居民點、懸掛國旗或建立行政機構等。

自決
Self-Determination

　　自決又稱民族自決，是指同一民族有權利決定自己的發展前途，或指外國奴役和統治下的民族和人民可自由決定地區之獨立，組成新的國家，並對其

領土擁有主權。民族自決倡言全世界各大小民族，皆可自行決定自己歸屬的政府體制、政黨組織、政治環境與命運等，而這些決定不得為他國或其他政權決定。此一概念源於1918年1月美國總統威爾遜（Thomas Woodrow Wilson）提出的《十四點原則》，1945年被列入《聯合國憲章》的重要原則，不過憲章用People代替Nation，因此不限於某一民族，某一地區的人民全體也可以擁有這項權利。此後，隨著亞洲、非洲及拉丁美洲各國殖民地紛紛獨立，全世界掀起民族自決的浪潮，**聯合國**於1952年決定由人權委員會起草兩個人權公約，一個包括公民和政治權利，另一個包括經濟、社會和文化權利，並於1966年分別通過《公民權利與政治權利公約》和《經濟、社會與文化權利國際公約》，進一步將民族自決的權利列入國際公約的保護。兩大公約皆開宗明義指出：「所有人民都有自決權，他們憑這種權利自由決定他們的政治地位，並自由謀求他們的經濟、社會和文化的發展。」

自衛
Self-Defense

自衛權是國家的固有權利，是指國家在遭受外國的武力攻擊時，進行單獨或集體自衛的權利，這種權利並非源於其他主體的特別授權，而是國家作為

國際法主體自然擁有的一項權利。根據《聯合國憲章》第51條規定：「**聯合國任何會員國受武力攻擊時，在安全理事會採取必要辦法，以維持國際和平及安全以前，本憲章不得禁止行使單獨或集體自衛之自然權利。會員國因行使此項自衛權而採取之辦法，應立即向安全理事會報告，此項辦法於任何方面不得影響該會按照本憲章隨時採取其所認為必要行動之權責，以維持或恢復國際和平及安全。**」第51條嚴格限制了國家行使自衛權的條件，然而，關於自衛的前提和時間，憲章規定的條件是限定「受到武力攻擊時」，何謂武力攻擊？該條文並沒有明確定義，也沒有界定武力攻擊的範圍及內涵。學界對此有限制性和擴張性兩種解釋，採取限制性解釋的學者認為「受武力攻擊時」，僅指武力攻擊正在發生，或者已經發生但尚未終止；採取擴張性解釋的學者認為，武力攻擊不僅指遭受武力攻擊時，而且指「可能」遭受武力攻擊時，理由是根據**習慣國際法**，對於可能和實際的攻擊或威脅行使自衛權都是有效的。

承認
Recognition

承認是指國家以一定方式對新國家或政府出現這一事實的確認，並表明願意與之建立正式外交關係的行為。關

於承認的性質，國際法學說分成「構成說」（constitutive theory）及「宣示說」（declaratory theory）兩派，前者認為承認是構成主權國家之要件，只有承認才使新國家成為國際法主體；後者認為國家的成立與它取得國際法主體資格，並不依賴於任何國家的承認，承認只是一種對既存事實情況的正式認知而已，不影響已存在之國家主權地位。至於承認的類別有4種，分別是對國家的承認、政府的承認、交戰團體和叛亂團體的承認。傳統國際法還將承認分為「法律承認」（de jure recognition）和「事實承認」（de facto recognition），前者表示承認國給予新國家或新政府以一種完全的、永久的正式承認，是不可撤回的；後者為非正式的承認，具有臨時及不穩定性，是可以撤銷的。此外，承認一經作出即產生一系列的法律後果，雙方可以建立正式外交關係和領事關係，或締結政治、經濟、文化等各方面的條約或協定，具有溯及既往的效力，可追溯到新國家或新政府成立之時。

治外法權
Extraterritoriality

　　治外法權是指進入本國的外國元首、外交代表及**聯合國**官員等外國人，免除本地司法管轄的情形，治外法權通常是基於當事國之間**條約**或協定的安排，使外國人得以免除駐在國的司法管轄，其個人及家人不受當地的民事及刑事訴訟，不受逮捕，其住所及財產不受侵犯，並且免徵稅款等。這些外國人雖可免受當地法律的管轄，並非表示他們可以不守法，一旦行為違法，仍可能導致駐在國政府抗議，或被以「**不受歡迎人物**」的名義驅逐出境。此外，治外法權亦可延伸到國家擁有的交通工具，一國軍艦、飛機或政府船舶在外國的領土之中，可免除司法管轄，但私人擁有的船舶及飛機則無此權利。治外法權通常是互相給與的，若根據**條約**規定，締約一方對處於締約他方領土內的本國國民適用本國的法律，行使本國司法管轄權，其國民不受所在國法律約束和法院管轄，此即領事裁判權的概念，在性質上，領事裁判權也屬於治外法權之一。

侵略
Aggression

　　侵略是指一國使用武力侵犯另一國的主權、領土完整或政治獨立。1974年12月14日**聯合國**大會通過第3314號決議案（Definition of Aggression General Assembly Resolution 3314 [XXIX]）指出：「侵略是指一個國家使用武力侵犯另一個國家的主權、領土完整或政治獨立，或以本定義所宣示與《**聯合國憲章**》不

符的任何其他方式使用武力；一國違反憲章的規定而首先使用武力，就構成侵略行為的顯見證據。」根據該決議，任何下列行為，不論是否經過宣戰都構成侵略：（一）一國的武裝部隊侵入或攻擊另一國領土；或因此種侵入或攻擊而造成的軍事占領；（二）一國的武裝部隊轟炸另一國的領土，或一國對另一國的領土使用武器；（三）一國的武裝部隊封鎖另一國的港口或海岸；（四）一國的武裝部隊攻擊另一國的陸、海、空軍，或商船和民航機；（五）一國違反其與另一國訂立之協定所規定的條件，使用其根據協定在接受國領土內駐紮的武裝部隊，或在協定終止後，延長該項武裝部隊在該國領土內的駐紮期間；（六）一國以其領土供另一國使用讓該國用來對第三國進行侵略行為；（七）一國或以其名義派遣武裝小隊、武裝團體、非正規軍或僱傭兵，對另一國進行武力行為，或該國實際捲入了這些行為。此外，安理會可以斷定其他行為也構成侵略，包括憲章中關於合法使用武力各種情況的規定在內。

政治庇護
Asylum

政治庇護是指因政治或宗教信仰不同而被迫害者，可受到其他國家或主權勢力之保護。**聯合國**制定的1951年《難民地位公約》和1967年《難民地位協定》，對於難民的定義是指處在所屬**國籍**國家外，若回國恐因特定因素被迫害者，特定因素包括種族、**國籍**、宗教、政治意見和特定社會團體會員，簽署這些協定的會員國有義務不送還，或不遣返難民至他們會面臨迫害的地方。至於迫害（persecution）的定義，《難民地位公約》並未明確界定，因此各國採取的政治庇護標準也不一致。以美國國內法的規定為例，政治庇護是一個外國人身在美國，並且符合成文法界定的難民條件，其中包括3個要件：（一）這個外國人不能或不願意返回他的國家；（二）因為遭受迫害或有理由擔心遭受迫害；（三）這種迫害是因為這個外國人的特定種族、宗教信仰、民族或者**國籍**，從屬於某一特定的社會團體，或其所持的政治觀點引起的。由此可見，申請庇護者如果可以表明他有合理的基礎擔心他受到上述列舉的迫害，則他符合政治庇護的條件。另一方面，政治庇護是提供保護，不是對已經遭到迫害者提供營救，是故，證明自己資格的重點在於說明有充分理由恐懼回國，而不是證明已經有了危險。

格老秀斯
Hugo Grotius

格老秀斯（1589-1645），荷蘭

人，是西歐啟蒙運動時期出現的第一位自然法學家，也是近代國際法創始人。格老秀斯自幼聰慧，8歲時能用拉丁文寫詩，有神童美譽，14歲進入大學就讀，攻讀數學、哲學和法學，15歲取得法學博士學位。1609年格老秀斯提出《海洋自由論》（Mare Liberum），主張海洋是人類共有，任何人都無法占為己有，此一學說後來成為**公海自由**原則的理論淵源。1618年格老秀斯捲入國內政治與宗教衝突遭逮捕入獄，並被判處終身監禁，1621年越獄成功避居法國巴黎，受到法王路易十三（Louis XIII）的盛情資助和款待，因此得以專心從事寫作，1625年完成國際法史上的輝煌巨著《戰爭與和平法》（De Jure Belli Ac Pacis），該書闡明戰爭起源、性質、分類，以及戰爭中的合法、違法行為與處理規則等。儘管格老秀斯的研究範圍相當廣泛，涉及法學、政治學、文學、語言學及史學等，但使他享有盛名的主要仍在國際法方面，其思想係以自然法為基礎，認為自然法源自於人的理性，任何與理性和社會本性相合的行為，就是道義上公正的行為，反之，就是罪惡的行為。1634年格老秀斯擔任瑞典駐法大使，1645年從瑞典返法途中病逝。由於格老秀斯對國際法的重要貢獻，後世譽為「國際法之父」。

海盜
Piracy

海盜是一種相當古老的犯罪行為，意指在海上搶劫其他船隻的犯罪者。人類自有船隻航行以來，就有海盜行為的存在，由於大部分海盜都在各國國界以外活動，因此早期國際法中也包括了關於海盜的法令，但直到1958年《公海公約》制定後，才有對海盜比較明確的定義，該約第15條規定，海盜行為是：（一）私人船舶或私人航空器的船員或機組成員或乘客為私人目的，對下列物件所實施的任何非法的暴力或扣留行為，或任何掠奪行為：（甲）在公海上對另一船舶或航空器，或對另一船舶或航空器上的人員或財物；（乙）在任何國家管轄範圍以外的地方對船舶、航空器、人員或財物；（二）明知船舶或航空器成為海盜船舶或航空器的事實，而自願參與其活動的任何行為；（三）教唆或故意便利本條第（一）和（二）款所述行為的任何行為。另1982年《**聯合國海洋法公約**》第101條也對海盜定義如下：（一）私人船舶或私人飛機的船員、機組成員或乘客為私人目的，對下列物件所從事的任何非法的暴力或扣留行為，或任何掠奪行為：（甲）在公海上對另一船舶或飛機，或對另一船舶或飛機上的人或財物；（乙）在任何國家管轄範圍以外的地方對船舶、飛機、

人或財物；（二）明知船舶或飛機成為海盜船舶或飛機的事實，而自願參加其活動的任何行為；（三）教唆或故意便利（甲）或（乙）項所述行為的任何行為。

浮動領土
Floating Territories

領土是構成國家的四大要件之一，其範圍包括領陸、領海及領空。此外，依照**習慣國際法**，具有一國**國籍**的船舶或航空器，以及一國駐外使領館，也可被視為**國家主權**所管轄的領域，即國際習慣上所稱的浮動領土。至於一國刑事管轄權是否可及於浮動領土？答案是肯定的，多數國家均規定對於在掛有一國國旗或國徽的該國船舶或飛機上實施的犯罪，視同在本國領域內犯罪，例如《中華民國刑法》第3條規定：「在中華民國領域外之中華民國船艦或航空機內犯罪者，以在中華民國領域內犯罪論。」《中華人民共和國刑法》第6條第2款亦規定：「凡在中華人民共和國船舶或者航空器內犯罪的，也適用本法。」《德國刑法》第4條則規定：「在懸掛德國國旗或國徽的船艦、航空器內發生的犯罪行為，無論犯罪地法律如何規定，均適用德國刑法。」在國際實踐上，2001年4月1日中美撞機事件發生後，美國即主張中國不能對降落在海南島陵水軍機場的美國偵察機登機檢查，因為它是美國領土的一部分。

國家責任
State Responsibilities

國家責任是指國家由於從事了國際不當行為，違反自己所承擔的國際義務時，在國際法上應承擔的責任。構成國家責任首先必須有國際不法行為，其次是這種不法行為是可以歸因於國家，個人的不法行為，除非能證明有關國家事先疏於防止或事後疏於懲治，一般不構成國家責任。由於國際不法行為時有發生，凡違反**條約**或國際法義務的行為都是國際不法行為，國家須為此承擔法律上的後果，1930年海牙國際法編纂會議對國家責任的定義如下：「如果由於國家機關未能履行國家的國際義務，而在其領土內造成對外國人之人身或財產的損害，則引起該國的國際責任。」1979年**聯合國**國際法委員會草擬之關於國家責任的條文草案，將國際不當行為區分為國際罪行和國際不法行為，前者指違背對保護**國際社會**的根本利益至關重要的一項義務之行為，如**侵略**、武力建立殖民統治、實行奴隸制、**滅絕種族**、大規模污染大氣或海洋等。其他違反國際法的行為皆為國際不法行為，對任何國家違反國際義務的行為，國家都必須負責，至於國家承擔責任的形式有道歉、

賠償、復原及懲處有關人員等。

國家管轄權
Jurisdiction of States

　　國家管轄權是國際法所確認的國家基本權利之一，也是國家對其領域內的一切人和物行使國家主權的表現，範圍包括：（一）屬地管轄權：又稱屬地優越權，是指國家對其領土及領土內的一切人、物和事件，都有管轄的權利，除非國際法另有規定，屬地管轄權優於其他管轄權類型；（二）屬人管轄權：又稱屬人優越權，是指國家對於具有其國籍的人，具有管轄的權利，無論他們在國內還是國外。除自然人外，國家行使屬人管轄權的物件在不同程度上還包括具有該國國籍的法人、船舶或航空器；（三）保護性管轄權：是指國家對於在其領土範圍以外，從事嚴重侵害該國或其公民重大利益行為的外國人進行管轄的權利；（四）普遍性管轄權：是指根據國際法的規定，對於從事危害國際安全與和平及全人類利益之國際罪行的人，不論其國籍及行為發生地為何，各國都有管轄的權利，例如戰爭罪、侵略罪、違反人道罪及海盜罪等已被公認為國家普遍管轄權的罪行。此外，滅絕種族、販毒、販奴、種族隔離及劫機等行為，也被相關的國際公約確定為締約國合作懲治的罪行。

國家繼承
State Succession

　　國家繼承係一國喪失其國際法律人格或發生領土變更的事實，導致國際法的權利義務在相關國家之間發生轉移，被取代的國家稱被繼承國，取代別國的國家稱繼承國。在國際實踐上，國家領土變更情況主要有合併、分立、分離、獨立及部分領土轉移等5種，對於不同的領土變更情況，國家的繼承情況也各不相同，當被繼承國的國際人格仍繼續存在時，發生部分的繼承。當被繼承國作為國際法主體的資格不再存在時，被繼承國的領土和居民全部構成繼承的客體，便發生全部的繼承，惟全部繼承並不意味著被繼承國的一切權利義務都由繼承國全部繼承，例如新獨立國家對於被繼承國的債務，一般採取不繼承。聯合國國際法委員會把國家繼承分為：（一）關於條約的繼承，指繼承國對被繼承國簽署的條約中規定的權利；（二）關於條約以外事項的繼承，指國家財產、國家債務、法律制度及居民地位等；（三）國際組織的繼承，指國際組織成員資格的繼承，例如聯合國的會員資格。

國際公法
International Law

國際公法也稱國際法，舊稱萬國法，是指國家之間的法律。1625年荷蘭學者**格老秀斯**為近代國際法建立了初步完整的體系，**格老秀斯**並在其出版的名著《戰爭與和平法》中，將此法稱為萬民法，1789年英國哲學家邊沁（Jeremy Bentham）在《道德和立法原則》（*The Principles of Morals and Legislation*）一書中，首次使用國際公法的名稱，此一名詞才廣為**國際社會**所普遍接受。不過，對於國際公法的定義，長期以來各國學者並沒有取得一致的共識，由於國際公法的主體是國家及國際組織，因此一般的看法是，國際公法是國家在其相互交往中形成的，主要調整國家間關係法律約束力的原則、規則和規章制度的總稱。英國學者史塔克（J. G. Starke）對國際公法定義如下：「國際公法大部分是國家相互交往關係中，認為應該遵守並經常遵守之原則與規則的法律總體，包括：相關國際組織運作、國際組織間，與國家或個人關係的法律規則，以及某些**國際社會**關切的非國家個體及個人權利義務之法律規則。」

國際刑事法院
International Criminal Court

1998年7月17日**聯合國**在義大利羅馬舉行設立國際刑事法院全權代表外交會議，並通過《國際刑事法院羅馬規約》（簡稱《羅馬規約》），規約序言申明，對於整個**國際社會**關注的最嚴重犯罪，絕不能不予處罰，為有效懲治罪犯，必須通過國家一級採取措施並加強國際合作。2002年7月1日國際刑事法院在荷蘭海牙成立，由於該法院審理案件不溯及既往，因此僅受理2002年7月1日以後發生的案件，法院設有18位法官，以及檢察官辦事處、預審庭、審判庭及上訴庭，法官經選舉產生，任期9年，不得有2位以上法官來自同一個國家，法官的組成除須有專業背景考量之外，尚須考慮到世界各主要法系的代表性、公平地域性和適當數目的男女法官。此外，國際刑事法院審理國家、檢舉人和**聯合國**安理會委託審理的案件，但只追究個人的刑事責任，而且是各國所屬法院不能自主審理的情況下才可介入，任何國家、組織和法人均不受國際刑事法院的管轄。檢察官根據國際刑事法院預審法庭的同意，應某個國家或聯合國安理會的請求對罪犯進行起訴，法院有權對**滅絕種族**罪、戰爭罪、反人類罪和**侵略**罪進行審判，適用的刑罰包括監禁、罰金及沒收財產等，最高罰是無

期徒刑。

國際地役
International Servitude

　　地役權是利用他人土地，以便有效使用或經營自己土地的權利，此一概念源自民法物權的概念，後來也被引用在國際法上，成為國際地役的概念，意指為了他國利益，根據條約對一國領土所加具有永久性質的特殊限制。國際地役可分為積極地役和消極地役，積極地役是國家依條約允許他國在其領土上，從事某項行為而設立的地役，如允許他國在本國領土經營鐵路、部分過境、在領海內捕魚、設立軍事基地等；消極地役是國家依條約為他國利益，不在其領土從事特定行為的地役，如國家在某些區域不設防、在特定地區實行非軍事化、不將某一港口供特定國家艦隊使用等。在近代國際關係實踐上，國際地役往往是因為不平等條約關係，不同於國內法上的地役係基於雙方自願的意思表示。此外，國內法上的地役以土地相鄰為必要條件，而國際地役則否。

國際私法
Private International Law

　　國際私法是調整涉外民商事關係法律規範的總稱，由於涉外因素又稱國際因素，民法和商法在西方傳統上稱為私法，調整國際間民商事法律關係的法律則通稱為國際私法。至於涉外因素主要有3種情況：（一）民事法律關係主體的一方或雙方，是外國的自然人或法人；（二）它的客體是位於外國的物或其他標的；（三）引起法律關係發生、變更、消滅的法律事實，存在於外國。一般而言，國際私法屬於國內法的範圍，解決的物件和方法，由各國的國內法決定。至於國際私法規範的主要內容有：對外貿易的買賣、承攬、運輸、保險、信貸及結算等關係；涉外婚姻、家庭、繼承及債務關係；專利權、版權及商標權等智慧財產權的國際保護；以及涉外民事案件的司法管轄和仲裁，外國法院判決的承認和執行等。整體而言，國際私法與國際公法的主要不同在於，國際私法是調整自然人、法人之間，跨越一國地域範圍的民商事關係；國際公法則是規範國家與國家之間的外交、政治、軍事及經貿等關係。

國際法院
International Court of Justice

　　國際法院是聯合國的司法機關，1946年4月在荷蘭海牙成立，負責解決國家之間的法律爭端，及對聯合國各機關和專門機構提出的法律問題提供諮詢意見。依據《國際法院規約》規定，在

國際法院得為訴訟當事國者限於國家，由於國家將法律爭端送交國際法院屬於自願性質，因此只有當事國一致同意將爭端提交國際法院時，法院才能作出裁決。此外，所有**聯合國**會員國都是《國際法院規約》的當然參加國，非**聯合國**會員國經安理會建議並取得大會同意後，也可作為《國際法院規約》參加國。至於國際法院之成員係由**聯合國**大會和安理會選出15名不同**國籍**的法官組成，其中不得有2人為同一國家之國民，法官不代表任何國家，但代表世界各大文化及主要法系，任期9年，每3年改選三分之一，法官應具備在本國擔任最高司法職務的資格或公認的國際法權威，並以出席法官的過半數決定司法判決，如當事國一方不履行法院判決所規定的義務，當事國另一方可提請安理會確定應當採取的措施以執行之。法院正式文字為英文及法文，如各當事國同意用法文辦理案件，其判決應以法文為之；如各當事國同意用英文辦理案件，其判決應以英文為之。

國際航空運輸五大自由
Five Freedoms of the Air

　　國際航空運輸五大自由與國際航空運輸中相當重要的航權（業務權）概念關係密切，航空公司經營國際航空運輸業務，如果得不到航權，是不可能進入市場的。即使獲得了一定的航權，但得到的權利不充分，那也是很難經營國際航空運輸業務。1944年11月1日美國等52國代表在芝加哥舉行國際民用航空會議，並簽訂《國際民用航空公約》、《國際航班過境協定》和《國際航空運輸協定》（統稱《五大自由協定》）。其中規定：每一締約國給予其他締約國下列定期國際航班的空中自由：（一）不降停而飛越其領土的權利；（二）非商業性降停的權利；（三）卸下來自航空器**國籍**國領土的旅客、貨物及郵件的權利；（四）裝載前往航空器**國籍**國領土的旅客、貨物及郵件的權利；（五）裝卸前往或來自任何其他締約國領土的旅客、貨物及郵件的權利。另《WTO服務貿易總協定》的「航空運輸附件」中，把Traffic Rights一詞定義為運營權，它包含航線權、航權、經營權、運力權及運價權等權利。

國籍
Nationality

　　國籍是基於一定條件而成為隸屬於一個國家公民或國民的法律資格，也是國家與個人之間的樞紐。**國際法院**在1955年《諾特朋案》（Nottebohn Case）中，將國籍定義為：「一種法律束縛，其基礎是一種依附的社會事實，一種真正的生存、利益和情感聯繫，並

伴隨有相互的權利和義務。可以說，它構成這種事實的法律表述，即，或直接被法律或為政府當局行動之結果所授予國籍的個人實際上與整個具有該國籍的居民，較之與任何他國之居民，有更密切的聯繫。如果它構成一種個人與使其成為他的國民間的關係法律術語，那麼被一國授予國籍，僅僅賦予該國行使針對另一國保護的權利。」取得國籍的方法主要有出生和入籍（歸化）等方式，因出生而取得國籍，又可區分為血統主義和出生地主義兩種制度。採用血統主義的國家，則不管出生地如何，孩子的國籍必須隨父母雙方或一方的國籍；採取出生地主義的國家，不問父母的國籍，孩子出生在本國即取得本國國籍。至於入籍是指外國人或無國籍的人，按照某國法律規定提出申請，經批准後取得該國國籍，或透過結婚、收養等方式取得某國國籍。

專屬經濟區
Exclusive Economic Zone

專屬經濟區是指領海以外並鄰接領海的一個區域，其概念的形成源於1972年中南美洲國家通過《聖多明哥宣言》，主張一國可擁有200海里承襲海的主張。同年，非洲國家在喀麥隆舉行關於海洋法的研討會也提出經濟區之概念，並在1974年舉行的聯合國第三次海洋法會議上被廣泛討論，1982年《聯合國海洋法公約》正式將專屬經濟區納入國際海洋法律制度。在法律性質上，專屬經濟區享有的權利並非主權，而是主權權利（sovereign rights）。根據公約之規定，沿海國在其專屬經濟區擁有勘探和開發、養護和管理海床和底土以及其上覆水域之自然資源的主權權利；利用海水、海流和風力生產能源等的主權權利；對建造和使用人工島嶼、進行海洋科學研究和保護海洋環境的管轄權。另由於沿海國在專屬經濟區內享有對漁業的專屬管轄權，因此外國漁船非經許可不得在區內捕魚，但沿海國如果沒有能力捕獲全部可捕量，應通過協定或其他安排，准許其他國家捕撈可捕量的剩餘部分，特別是同一區域的內陸國和地理不利國。在寬度方面，沿海國可以主張從測算領海寬度的基線量起，不超過200海里範圍的專屬經濟區，至於海岸相向或相鄰國家間的專屬經濟區重疊時，應在《國際法院規約》第38條所指的國際法基礎上，以協議劃定。

情勢變遷原則
The Doctrine of Rebus Sic Stantibus

情勢變遷原則原係民法上的概念，又稱情事變更原則，意思是法律關係成立後，作為該項法律關係基礎的事情，

由於不可歸責於當事人的原因，發生了非當初所能預料到的變化，如果仍堅持原來的法律效力，將會產生不公平的結果，有背於誠實信用原則，故應對原來的法律效力作相應之變更。學者把相關概念引進國際法領域，認為若因不可預見的情勢變化，而使條約中所規定的某項義務，危及締約國一方的生存或重大發展，該締約國一方有權要求解除這項義務。1969年《維也納條約法公約》對於上述爭論作出重要的結論，規定可以援引「情勢之根本改變」作為終止或退出條約的根據，使得情勢變遷原則得以成為國際上的實體法規範。該約第62條規定：（一）條約締結時存在之情況發生基本改變而非當事國所預料者，不得援引為終止或退出條約之理由。除非：（甲）此等情況之存在構成當事國同意承受條約拘束之必要根據；及（乙）該項改變之影響將根本變動依條約尚待履行之義務之範圍；（二）情況之基本改變不得援引為終止或退出條約之理由：（甲）倘該條約確定一邊界；或（乙）倘情況之基本改變，係援引此項理由之當事國違反條約義務或違反對條約任何其他當事國所負任何其他國際義務之結果。

條約
Treaty

條約是指兩個或兩個以上國家之間，或國家組成的國際組織之間，或國家與國際組織之間，共同議定在政治、經濟、科技、文化及軍事等方面，規範彼此權利義務關係的國際法律文件總稱，常見的條約名稱有：條約、專約、公約、協定、議定書、換文及規約等。1969年維也納聯合國條約法會議通過《條約法公約》，對條約一詞定義如下：「稱條約者，謂國家間所締結而以國際法為準之國際書面協定，不論其載於一項單獨文書或兩項以上相互有關之文書內，亦不論其特定名稱如何。」1986年《關於國家和國際組織間或國際組織相互間條約法的維也納公約》，對條約的定義則是：（一）一個或更多國家或一個或更多國際組織間，或（二）國際組織相互間，以書面締結並接受國際法支配的書面協議，不論其載於一項單獨的書面文書或兩項或更多的書面文書內，也不論其特定的名稱為何。

習慣國際法
Customary International Law

習慣國際法，又稱國際習慣、國際慣例，是國際法最古老，最原始的淵源。由於習慣國際法在一般國際法內容

中占了主要部分，而且**條約**和其他國際法淵源往往透過習慣國際法起作用，加上條約通常須以習慣國際法為背景加以解釋，因此可算是最重要的國際法淵源。至於習慣國際法至今尚無公認的定義，通常國際習慣是指各國重複類似的行為而具有法律拘束力的規則，是在國際交往實踐中形成的，惟其構成因素各派學者觀點不一。整體而言，成為習慣國際法必須有兩個構成要件，一是各國共同的或相近的行為和作法，二是被各國接受為法律，即所謂的法律必要確信。另國際習慣是不成文的，必須尋找證據來證明，證據只能從各國實踐中尋找，可歸納為3個方面：（一）國家之間的外交關係，表現於**條約**、宣言以及各種外交文書；（二）國際組織和機構的實踐，表現於國際組織和機關的決定、判決等；（三）國家內部行為，表現於國內法規、法院判決、行政命令等。

最後通牒
Ultimatum

　　最後通牒一詞源於拉丁語「最後一個」，音譯為「哀的美敦書」，意思是外交談判破裂前最後講的話，也就是最高威脅的意思，表明或隱含如果條件不被接受，就將以嚴厲的懲罰相威脅。在外交談判過程中，一國若就某個問題用書面通知對方，並限定必須在一定時間內接受其條件或答覆，否則將採取某種強制措施，包括使用武力、斷交、封鎖及抵制等，即為最後通牒。最後通牒是沒有談判餘地的最後要求，如果不被接受，通常下一步就是嚴厲的制裁，甚至向對方宣戰。傳統國際法認為，交戰意向必須透過宣戰或附帶開戰條件的最後通牒來明確表示，例如1907年海牙和平會議制定之《關於戰爭開始的公約》規定：「締約國承認除非有明確的且事先的通告，彼此之間不得開始戰爭。通告的形式可以是說明理由的宣戰聲明，或附有宣戰條件的最後通牒。」在近代歷史上，也有些國家刻意向對方提出條件嚴苛的最後通牒，藉此達到戰爭目的，例如第一次世界大戰前，奧匈帝國向塞爾維亞發出的最後通牒即屬此類。

無害通過
Innocent Passage

　　無害通過是指外國船舶在不損害沿海國和平安寧與正常秩序的條件下，擁有無須事先通知或徵得沿海國許可，而連續不斷地通過其領海航行之權利。1982年《聯合國海洋法公約》第17條規定：「在本公約的限制下，所有國家，不論為沿海國或內陸國，其船舶均享有無害通過領海的權利。」不過，沿海國為了維護其秩序及權益，保證無害

通過的順利進行，也可以制定有關無害通過的相關法規，至於軍用船舶是否享有無害通過權，各國的實踐並不一致。此外，無害通過必須連續不停地迅速通過，不得停泊和下錨，除非不可抗力、遇難和救助，潛水艇或其他潛水器則須浮出水面並展示其船旗。若有下列行為之一即為有害：（一）對沿海國的主權、領土完整或政治獨立進行武力威脅或使用武力；（二）武器操練或演習；（三）蒐集情報使沿海國的國防或安全受損；（四）影響沿海國防務或安全的宣傳行為；（五）在船上起落或接載任何飛機；（六）在船上發射降落或接載任何軍事裝置；（七）違反沿海國海關衛生財政移民的法律和規章，以及上下任何商品、貨幣或人員；（八）故意和嚴重的污染行為；（九）捕魚；（十）研究或測量活動；（十一）干擾沿海國通訊系統或其他任何設施的行為；（十二）與通過沒有關係的其他任何行動。

絕對法
Jus Cogens

絕對法又稱強行法或強制規律，源自國內法的概念，係必須絕對服從和執行的法律規範，奧地利學者菲德羅斯（Alfred Verdross）首先將此一概念引用在國際法上，意指為了整個國際社會的利益而存在的，是國際社會全體公認為不能違背，只能以同等性質的規則才能變更的規則，它不能以個別國家間的條約排除適用。1969年《維也納條約法公約》正式採用絕對法的概念，該約第53條規定：「條約在締結時與一般國際法強制規律牴觸者無效。就適用公約而言，一般國際法強制規律指國家之國際社會全體接受，並公認為不許損抑且僅有以後具有同等性質之一般國際法規律始得更改之規律。」由此可見，絕對法的特徵必須是：（一）國際社會全體接受；（二）公認為不許損抑；（三）以後具有同樣強制性質之規則始得更改；（四）與絕對法相牴觸的條約均屬無效。此外，該約第64條亦規定，當一般新絕對法產生時，任何現有條約之與該項規律牴觸者即成為無效而終止。

訴諸戰爭權
Jus Ad Bellum

傳統國際法承認戰爭是解決國際爭端的強制手段之一，認為戰爭權是從國家主權引用出來的一種固有權利，因此也被稱為訴諸戰爭權。隨著國際法的發展，和平解決國際爭端的思想獲得普遍接受，訴諸戰爭權逐漸受到限制，國際社會開始提出限制戰爭的相關主張。在1899年和1907年海牙舉行的和平會議上，兩次會議所通過的《和平解決國際

爭端公約》均規定：為盡可能避免在**國際關係**上使用武力起見，各締約國同意在訴諸武力之前，應酌請一個或數個友好國家出面干預或調停；1919年《**國際聯盟盟約**》序言亦規定：「為增加國際間合作並保持和平與安全起見，特許承受不從事戰爭之義務」；1928年《巴黎非戰公約》要求廢棄戰爭；1945年《**聯合國憲章**》規定各會員國應以和平方法解決國際爭端，不得在**國際關係**上使用威脅或武力。上開規定顯示，從現代國際法的觀點看來，使用武力是受到禁止的，戰爭也當然是非法的，至於《**聯合國憲章**》所不禁止者，只有兩種情況，一是為**自衛**而使用武力；二是**聯合國安**理會為制止**侵略**行為而採取的軍事行動。

禁止核武器條約
Treaty on the Prohibition of Nuclear Weapons

　　鑒於核武器對國際社會的危害愈來愈大，為防止使用核武行為給人類和環境造成災難，聯合國於2017年7月7日邀集會員國通過《禁止核武器條約》，2020年10月在滿足超過50個國家批准和加入的公約生效所需條件之後，2021年1月22日正式生效。該約是第一個將核武定義為非人道且違法的國際條約，規定締約國不應發展、生產、製造或以其他方式獲得、擁有或儲存核武，也不應使其領土或管轄的任何地方存在其他國家的核武，並規定擁有核武的國家應當以不可逆轉的方式消除核武，以及具體的查核機制。

滅絕種族
Genocide

　　滅絕種族是希臘文種族（genos）及拉丁文殺害（cide）的合成詞。第二次世界大戰期間，納粹德國屠殺了數百萬名猶太人、蘇聯戰俘、波蘭人及數十萬其所謂的「劣等」種族，為防歷史悲劇重演，1948年12月9日聯合國大會決議通過《防止及懲治滅絕種族罪公約》，1951年1月12日生效，共19條，確認滅絕種族行為不論發生在平時或戰時，都是國際法上的一種罪行，應對其加以防止並懲治。公約定義滅絕種族罪是蓄意全部或局部，消滅民族、人種、種族或宗教團體，包括殺害該團體的成員，致使該團體成員在身體上或精神上遭受嚴重傷害；故意使該團體處於某種生活狀況下，以毀滅其全部或局部的生命；強制施行辦法，意圖防止該團體內的生育；強迫轉移該團體的兒童至另一團體之一種行為者。該公約並規定，對滅絕種族行為應予以懲治，凡被訴犯滅絕種族罪者，應交由行為發生地國家的主管法院，或締約國接受其管轄權的國

際刑事法庭審理；不得將上述罪行視為政治罪行，以便引渡。**國際法院**在對《防止及懲治滅絕種族罪公約作出保留的諮詢意見》中指出：「本概念所引起的第一個後果是公約所強調的原則，即使沒有**條約**的義務，也被文明國家認為對各國具有約束力。」

義戰
Just War

義戰是一種源自於基督教的古老傳統思想，它以道義準則和正當理由，允許國家適當地使用武力。早在古希臘時代，對於戰爭正義性的討論就已經開始，亞里斯多德在《尼各馬可倫理學》（*Nicomachean Ethics*）第5卷當中對正義的論述，開啟了從自然法中去追求正義的傳統，使正義不再服從於利益。中世紀基督教大興，基督教悲天憫人的觀念影響了義戰理論的成形，聖奧古斯丁（Aurelius Augustinus）將人類所應遵守的道德上升到永恆之法的地位，認為永恆之法代表了上帝完美道德與意志的實現，人們應從基督教當中去找尋真正的正義。**格老秀斯**則從法的角度界定義戰，否定了宗教作為正當性的最高來源，戰爭必須符合人人平等的自然法。此後因國際法學思想興盛，不再強調自然法的倫理色彩，而是走向更務實國家互動規範。以奧本海（Lassa Francis Lawrence Oppenheim）為代表的實證法學派和以凱爾森（Hans Kelsen）為代表的純粹法學派，認為正義標準太過主觀與多元，無法用法律條文作出明確的界定，反對用國際法去界定義戰理論。近代國際實踐上，義戰雖然強調對人權的保護，但也同時要求保證**國家主權**的完整與獨立，義戰行動仍必須考慮侵略與干涉兩者的不同。

種族淨化
Ethnic Cleansing

種族淨化係指某個國家或某個地區的強勢集團，為了自己的政治、經濟或宗教目的而動用武力，或透過**滅絕種族**等手段，將特定或若干民族的所有成員屠殺或強制遷徙，企圖建立種族單一的地區。2001年**聯合國戰犯法庭**將前南斯拉夫獨裁者米洛塞維奇（Slobodan Milosevic）正式起訴，指控的罪名是米洛塞維奇於1999年下令在科索沃進行所謂種族淨化政策，犯下了違反人道罪。2002年開始運作的**國際刑事法院籌備委員會**，在關於法院司法權中罪行要素的最終定稿文本進一步指出，種族淨化構成**國際刑事法院**司法權限內的所有三類罪行，例如種族滅絕的定義，包括有計畫地將一些個人從他們的家園中驅逐出去之行動；武力威脅或高壓強迫目標人群遷移被認為是違反人道罪的一個要

素；非法放逐和遷移，以及移置平民被認為是構成戰爭罪的要素。

種族隔離
Apartheid

種族隔離是南非引自荷蘭語的名詞，為區分隔離制度（分離）之義。1910年南非聯邦在大英帝國內部獲得獨立以後，建立了只有歐裔白種人享有選舉權和被選舉權的白人政權。政權建立之初，對居民中的非白種人實行種族歧視的政策，1948年以後，執政的南非國民黨（National Party）又頒布一系列法令推行種族隔離制度，將南非人民劃分為白種人、黑種人、有色種人和亞裔人，不同種族的人分別居住在不同地區，受不同的教育，占全國人口比例最多的黑種人，卻被隔離居住在指定的保留地或班圖斯坦（Bantustan）內，不得和白人同住一地、同處一室、同校就讀、同院就醫，不能使用同一公共設施和場所。種族隔離政策遭到國際社會的嚴厲譴責，1946年印度向聯合國指控南非政府制定歧視印度血統南非人的法律，1952年聯合國大會將南非種族衝突問題列入議程，此後數十年間，聯合國機構每年都審議南非問題，通過了許多譴責南非實行種族隔離政策的決議，並採取武器禁運及經濟制裁。在國際社會長期施加壓力之下，南非政府終於在1991年6月27日宣布廢除種族隔離制度。

維也納外交關係公約
Vienna Convention on Diplomatic Relations

1952年聯合國大會通過第685/Ⅶ號決議，要求國際法委員會儘早編纂「外交關係與豁免」題目，1954年委員會開始起草《外交關係公約》，1958年向聯合國大會提交最後條款草案，並建議締結公約。1961年4月18日在維也納通過《外交關係公約》，1964年4月24日生效。公約共53條，對有關常駐外交使節的選派、接受、位次、特權等國家的權利與義務作了規定，公約集外交法之大成，是聯合國國際法委員會認為唯一具有單純編纂性質的例子。凡屬習慣法明白無誤者，或通過國際慣例的影響可以確定的規則均包括在內，並附有關於取得國籍和關於強制解決爭端的兩項任擇議定書。公約第1條界定有關外交特權與豁免諸名稱的內涵，第2條規定「國與國之間外交關係及常設使館之建立，以協定為之」；第3至47條是公約的核心部分，將外交特權與豁免分為6個部分，即使團職務、使團館舍、使團人員、關稅與檢查、檔案與通訊以及其他條款，其中涉及的特殊法律問題，包括外交關係的建立、外交代表的等級、使

館的不可侵犯、稅收與關稅的豁免、公約的受益者、無線電通訊及限制使館活動等；公約第48至53條為最後條款。

戰爭犯罪
War Crime

戰爭犯罪是指參與策劃、準備、發動或進行**侵略**戰爭，或犯有違反戰爭法規和慣例、違反人道原則等嚴重罪行者。傳統國際法將戰爭犯罪視為作出違反戰爭法規和慣例的罪行，第一次世界大戰後，協約國提出審判德皇威廉二世和其他德國戰犯的要求，儘管審判未能進行，但國際間對戰爭罪犯的看法已開始出現改變。1928年《巴黎非戰公約》廢棄以戰爭作為推行國家政策的手段，進一步擴大了戰爭犯罪的範疇。第二次世界大戰後，美、英、法、蘇四國根據1943年《莫斯科宣言》，於1945年8月8日在倫敦簽署《控訴和懲處歐洲軸心國主要戰犯的協定》及其附件《歐洲國際軍事法庭憲章》。根據《歐洲國際軍事法庭憲章》第6條規定，戰爭犯罪包括三類：破壞和平罪、違反公認的作戰法規或慣例的戰爭罪、危害人類罪。1945年11月至1946年10月同盟國在紐倫堡審判德國主要戰犯，其中24名被告分別被判處絞刑及無期徒刑等。1946年**聯合國**大會第95(Ⅰ)號決議確認紐倫堡國際軍事法庭判決書中所承認的國際法原則，

1968年**聯合國**大會通過戰爭罪及違反人道罪不適用法定時效公約，決定對戰犯的追訴不受時效的限制，大會並要求引渡那些已犯罪而沒有受到審判的戰犯。

戰略攻擊武器裁減條約
Strategic Offensive Reductions Treaty, SORT

2001年12月13日美國宣布退出《反彈道導彈條約》，由於該約是**冷戰**時期延續下來的美俄戰略穩定框架和國際核裁軍框架重要基礎，因此美國退出使原有的大國戰略穩定框架受到嚴重削弱。鑒於美俄兩大軍事強權在《反彈道導彈條約》存廢問題上的分歧，影響國際和平秩序，雙方互邀在削減戰略武器問題進行磋商，並達成將核彈頭削減之共識。2002年5月24日美國總統小布希（George Walker Bush）與俄羅斯總統普丁（Vladimir Putin）在莫斯科簽署《戰略攻擊武器裁減**條約**》，又稱《莫斯科條約》，該約內容規定：雙方的戰略核彈頭的總數不得超過1,700至2,200枚，雙方在規定的數量內，自主決定本國戰略進攻性武器的構成；1991年簽署的《第一階段消減戰略武器條約》（Strategic Arms Reduction Treaty-1, START-1）仍然有效；條約有效期至2012年12月31日，在雙方達成協定的情況下可以延長，也可以根據隨後的協定

提前替換；各方在行使國家主權時可以退約，需提前3個月通知對方。

戰略武器裁減條約
Strategic Arms Reduction Treaty

美國和蘇聯為了追求戰略實力均衡，在近半個世紀的**軍備競賽**中，製造了數萬枚各類導彈和核武，對世界和平構成嚴重威脅。1982年5月美國總統雷根（Ronald Wilson Reagan）提出分兩階段削減戰略武器的建議：首先把彈道導彈彈頭至少削減三分之一，其次將雙方擁有的其他戰略武器也規定均等之最高限額，經過10年談判雙方終於達成共識。1991年7月31日美國總統布希（George Herbert Walker Bush）與俄羅斯總統葉爾欽（Boris Yeltsin），在莫斯科高峰會議正式簽署《START-1》。根據該約，雙方在7年內把進攻性戰略武器削減30%，屆時每一方所擁有的陸基洲際彈道導彈、潛艇發射彈道導彈及重型轟炸機總數不得超過1,600件，其攜帶的核彈頭不超過6,000枚。1993年1月3日雙方簽訂《第二階段削減戰略武器條約》（簡稱《START-2》），規定在2003年1月1日之前，美俄部署在進攻性戰略武器上的核彈頭總數，分別削減至3,000枚和3,500枚。美俄將銷毀所有分導式陸基洲際多彈頭彈道導彈，並

把美海基彈道導彈彈頭削減到1,700至1,750枚，雙方將重型轟炸機攜帶的核彈頭數量限制在750至1,250枚之間。至此，美俄削減進攻性戰略武器談判終於取得實質性成果，但該約由於美國國會不予批准，最後不了了之。

聯合國海洋法公約
United Nations Convention on the Law of the Sea

海洋法的編纂始於1930年，**國際聯盟**在海牙召開國際法編纂會議討論領海問題，第二次世界大戰後，隨著海洋科技進步，一些科技發達國家提出新的主張。1958年2月24日至4月27日**聯合國**在日內瓦召開海洋法會議，簽訂《領海及鄰接區公約》、《公海公約》、《捕魚及養護公海生物資源公約》和《大陸礁層公約》等4個國際**條約**。由於會議對領海寬度未達成協議，1960年3月17日至4月26日又在日內瓦召開第二次海洋法會議，專門討論領海寬度問題，仍無結果。第三次聯合國海洋法會議於1973年12月3日召開，至1982年底，會議先後舉行了11期，討論包括領海、國際海峽、大陸礁層、**專屬經濟區**、群島國、島嶼制度、深海床、海洋環境保護、海洋科學研究和海洋爭端的解決等問題。經過會員國長期爭辯之後，《**聯合國海洋法公約**》於1982年4月30日正式

通過，同年12月10日在牙買加蒙特哥灣117國代表在公約上簽字。公約除序言外，包括正文17部分，共320條，另加9個附件和1個最後文件，該約不僅被稱為「海洋憲法」，也成為國際社會有史以來對於海洋最完整的立法。

雙重否決權
Double Veto

雙重否決權是指聯合國安理會常任理事國可以藉投反對票的方式，阻止安理會關於實質事項和先決問題的決議通過之權力。依《聯合國憲章》第27條第3款和1945年《中美蘇英四國代表關於安理會投票程序的聲明》，安理會關於程序事項以外的一切事項（實質事項）的決議，應包括全體常任理事國在內的9個理事國可決票之表決，任何一個常任理事國投反對票，即可阻止該項決議的通過，安理會成員國就某一事項出現分歧或異議時，應適用實質事項的表決，對此先決問題作出預備性表決。任一常任理事國投反對票，該事項即成為實質事項，常任理事國缺席均不構成否決，根據大國一致原則，只要任何一個常任理事國投反對票，議案就不能通過，常任理事因此享有否決權。另由於安理會在決定某一事項是否屬於程序性事項的問題，也要由包括常任理事在內的可決票決定，使得常任理事國享有兩次否決的權利，因此稱為雙重否決權。

難民
Refugee

難民是指由於種族、宗教、國籍、政治意見或曾參加某個特定團體等因素，而被該國政府拒絕入境；或指原無國籍，現在原居住國之外，因前述因素不能或不願回原居住國者。聯合國為處理第二次世界大戰期間遺留下來的歐洲難民問題，於1951年1月在日內瓦成立聯合國難民事務高級專員公署（Office of the United Nations High Commissioner for Refugees；簡稱聯合國難民署），後來因為世界各地陸續出現難民問題，工作範圍逐步擴大。同年7月28日聯合國召開難民和無國籍人地位全權代表會議，並通過《難民地位公約》對難民之定義如下：「因有正當理由畏懼由於種族、宗教、國籍、屬於某一社會團體或具有某種政治見解（而遭迫害）的原因留在其本國之外，並且由於此項畏懼而不能或不願受該國保護的人，或者不具有國籍並由於上述事情留在他以前經常居住國家以外，而現在不能或者由於上述畏懼不願返回該國的人。」

第九篇　國際戰爭與和平
International War and Peace

人類安全
Human Security

人類安全的概念是依據聯合國在1994年出版的人類發展報告而來，根據這篇報告，人類安全有幾項意涵：（一）人類安全是全球的關切項目，國家不論強弱，人類無論貧富，都受到人類安全的影響；（二）人類安全的組成部分是相依互賴的，飢荒、疾病、毒品走私、種族衝突以及社會的動亂不再只是單獨的事件，它們彼此之間是相互影響的；（三）人類安全經由早期預防比較容易確保，人類安全的問題若能早期預防，花費較少，而且成效更好；（四）人類安全是以人為中心，人類安全關切的是人類如何生存、如何選擇他們的生活方式，如何在競爭、衝突與合作的環境之中進行互動和生存。亦即，人類安全因此可以分成七大項，它們分別是：（一）經濟安全；（二）糧食安全；（三）健康安全；（四）環境安全；（五）個人安全；（六）社群安全；（七）政治安全。

大規模報復
Massive Retaliation

此為1954年為美國總統艾森豪（Dwight David Eisenhower）所採取的外交政策，也是一種戰略性教條（doc-trine），宣示美國能回應任何核武的挑戰，藉由其大量使用一種對攻擊方實力大小不相稱的力量報復，特別是對具有挑釁意味的核子攻擊或是任何不具正當性的軍事行為所做的回應。亦即，對於蘇聯而言，在使用毀滅性武器攻擊的前提考量在於，美國亦會盡全力透過威力與數量相似的武器報復，而其效果則顯現在冷戰時期，蘇聯並未採取挑釁使用核武，對於西歐國家的安全保障，提供了重要的戰略措施。延伸至安全領域的探討，大規模報復是指一種以牙還牙的攻擊方式作為回應對手挑釁或攻擊的行為，這與使用武器的破壞有關，帶有相互保證毀滅的思維，也使得發動戰爭與攻擊的國家必須審慎思考。

大規模毀滅性武器
Weapons of Mass Destruction, WMD

又稱大規模殺傷性武器，是一種造成大規模死傷的武器，一般針對的是平民，但是也可以針對軍事人員。不過，大規模毀滅性武器不具備實用性，因為一旦使用就會遭到強烈的反彈和災難性後果。1937年德國在西班牙內戰中針對非軍事目標進行戰略轟炸，大規模毀滅性武器一詞就是在這時被提出的，最早只是指此種轟炸行為。在冷戰中，大規

模毀滅性武器指的就是核子武器。由於核子武器的威力要比生物或化學武器都巨大，一些人認為大規模殺傷性武器應該只包括核子武器。

第一次將核子武器、生物武器（Biological）和化學武器（Chemical）併稱為大規模毀滅性武器是在1991年聯合國安理會第687號決議中，該決議提到：因所有大規模毀滅性武器所引起的對和平與安全之威脅，然後特別指出核武器（Nuclear）——包括放射性武器、生物武器、化學武器均屬於大規模毀滅性武器，總稱為NBC，並提到了3個相關的國際條約：《核不擴散條約》、《化學武器公約》、《生物武器公約》。

不對稱戰爭
Asymmetric Warfare

廣義而言，發動戰爭的行為者都在尋追求某種程度的不對稱性，目的在於擴大自身的優勢。不對稱戰爭則是由較弱或科技較為落後的一方，透過非預期的手段或創新的方式，攻擊較強敵人的脆弱處，亦即，一個較弱或是科技較落伍的國家，運用出其不意或是創新的方式，攻擊強大對手的弱點，而且要避開對手的優勢。梅茲（Steven Metz）和詹森（Douglas V. Johnson）則提出不對稱的形式（forms of asymmetry）：使用方式（method）、科技（technology）、意志力（will）、士氣（morale）、組織（organization）、毅力（patience）或時間預期（time perspective）的不對稱，這其中包括藉由資訊戰的方式達成此一目標。

準此，不對稱戰爭應包括：（一）有敵意的一方攻擊另一方的企圖，此一企圖可能是隱性的、不宣告的；（二）發生在兩敵對的國家、團體組織或國家對某一組織之間；（三）弱對強、強對弱或兩者交互兼具；（四）武力的運用有兩種方式，一為使用非傳統、非常規的手段，另一種則為具絕對優勢高科技武器的使用；（五）忽略戰爭倫理的特性，不擇手段以求達到戰爭目的為訴求；（六）獲勝不再是唯一選擇，主要是以達到其戰爭目的或目標為要。

布贊
Barry Buzan

其代表作為1983年出版的《人民、國家和恐懼》（*People, State and Fear*），提出複合安全理論（complex security theory），意指在一個地理上多種多樣的、無政府狀態下的國際體系中，安全互賴的常規模式是一種以地區為基礎的集合。亦即，一組國家在安全認知與利害關係是被相互聯繫的，亦是由行為者間的互動所形塑。此外，他認

為安全分析中的領域論述是：軍事安全與國家武裝性進攻和防禦能力有關；政治安全與國家、政府系統和意識形態的穩定性與合法性有關；經濟安全涉及資金、金融與市場能否保持國家能力與福利水準；社會安全涉及語言、文化、宗教、民族認同和習俗的持續性；環境安全則是關係地方與地球生態圈的維繫。

永久和平
Perpetual Peace

　　是指一種在國際體系內的持續和平情形，此概念並非單指永遠廢除戰爭的可能性，它隱含人類達成一種世界秩序的可能性，準此，戰爭將是非必要的手段。再者，這種理念的詳細闡述都見於和平計畫的形式之中，其中又以18世紀啟蒙時期的思想家康德（Immanuel Kant）為代表。他認為在**無政府**的國際體系中，必須藉由永久和平來協調此一問題，然而，戰爭是罪惡與道德淪喪的源頭，戰爭的頻率代表個人權利與自由持續受到侵略國家的威脅，所以，人類與國家的責任是透過達成積極的永久和平目標來廢除戰爭。亦即，達到他所謂沒有靈魂的專制政府（soulless despotism）──所有國家成為全球世界主義共同體的一分子，而不需要建立單一世界政府來形塑持續和平的情境。

先發制人戰爭
Preemptive Wars

　　在911攻擊事件之後，美國的戰略目標轉為對抗恐怖組織。小布希總統於2002年9月提出的國家安全戰略，主軸則為先制攻擊（preemptive strike），並在全球戰略上建構反恐主義聯盟，並以「**單邊主義**」（Unilateralism）為主，**多邊主義**為輔，建立國際多邊反恐機制。亦即，當我方在感受到不快或者察覺到一場不可避免攻擊行動即將發生，可能是侵略，或者是為了獲得戰略性利益而不斷逼近我方時，我方便主動出擊發動戰爭以獲得勝利。就美國而言，其安全上的新威脅是恐怖分子以及所謂的**流氓國家**（rogue states），而傳統之嚇阻（Deterrence）戰略無法用來應付恐怖分子無所不在的攻擊行為，以及甘冒犧牲人民生命及國家財產風險的**流氓國家**，例如伊朗。不過，更令美國擔憂的是，恐怖主義團體經由**流氓國家**取得**大規模毀滅性武器**後，將造成難以評估的威脅。

共同安全
Common Security

　　此一概念強調透過非競爭的途徑能達到安全的境地，不過，在其定義上，仍是模糊的，大致上反映出80年代處於

美蘇兩大集團競爭的東西關係下，倡議和平共存的途徑。蘇聯領導人戈巴契夫（Mikhail Gorbachev）致力於在新思維（new thinking）架構下倡議多元的共同安全議題，這導因於戈氏成功縮減軍事支出並將之應用於內部體制的改革，卻無損於蘇聯的安全。準此，戈巴契夫希望在共同安全概念下，美國與西歐國家能支持相互裁減毀滅性武器的建議，藉此國家間能在互賴的國際體系中，學習合作的行為與聚合彼此間政策的制定，並減少在政策制定過程中的誤判與誤解，降低安全的不確定性。此外，若就理論層次而論，共同安全概念介於理想主義與現實主義（Realism）之間，現實主義論者認為此一概念的支持者忽略了一個重要的事實，國家間仍是持續為安全而競爭，因為國家利益使然。

合作安全
Cooperation Security

合作安全是指透過軍事安全與非軍事安全領域相互結合的漸進過程，國家得以透過合作、對話來維持國際安全。亦即，在互信基礎上，開展多邊合作，取代以往以權力平衡為基礎的冷戰安全觀，其特色為：（一）成員的包容性：合作是指不論觀點與政治體制是否一致的國家在內；（二）內容的廣泛性：除軍事議題外，亦涉及環境、人口、跨國犯罪等；（三）模式的多樣性：包括官方或非官方、多邊或雙邊、正式或非正式等形式。

準此，合作安全的核心是合作，強調增加互信，形塑包容而非排他，建立多邊而非單邊互動，透過非軍事方式而非純軍事方式，以諮商取代對抗，藉由再確認而非嚇阻策略，主張軍事透明而非祕密，採取預防措施而非事後矯正，提升互賴而非片面行動。準此，合作安全的思考跳脫權力平衡下相互毀滅的恐怖平衡，是以相互生存（mutual survival）的共同安全概念作為思維的方向。

安全社群
Security Community

根據多意奇（Karl Deutsch）的定義，安全社群是指一個團體結合在一起，伴隨著正式或非正式的機制或實踐，確保團體內成員長期地進行合理的和平演變。阿奇拉（Amitav Acharya）則認為，安全社群主要指涉的對象是一個由主權國家組合而成的跨國性區域，且區域內的人民對於和平演變可以有所預期。同時，安全社群具備幾項特徵：（一）區域內沒有戰爭；（二）各國家之間沒有對其他國家有發動戰爭之打算，甚至連武器競賽也沒有。不過，這並不代表差異、爭端與利益衝突就不存

在。在阿得爾（Emanuel Adler）與巴納特（Michael Barnett）的《安全社群》（*Security Communities*）一書中，他們將安全社群分為初始的（nascent）、進階的（ascendant）與成熟的（mature）3個階段，同時，他們將重點擺在交易（transactions）的部分，而非建構論式的社會化與規範化的集體認同部分。再者，他們將安全社群形成的重點擺在有創造力且具有遠見的政治菁英（creative and far-sighted political elites）身上。

協商安全
Concert Security

19世紀初的歐洲協商（Concert of Europe）可謂協商安全的例證。亦即，當拿破崙戰爭結束後，歐洲各國為防止戰事再起，主要的戰勝國間藉由不定期的召開國際會議，來交換彼此的意見，促使各國能理性的使用軍事手段，避免少數國家的侵略野心而為國際社會帶來不安。亦即，建立一套機制，在歐洲地區如果出現動亂之際，由參與機制的國家，以會議的方式，採取共同因應措施。此種協商安全的形式，在1818年至1823年發揮功效，其間召開了愛克斯拉夏貝勒會議（The Congress of Aix-la-Chapelle）、特羅寶會議（Congress of Troppau）、萊巴赫會議（Congress of Laibach）以及維戎那會議（Congress of Verona），其目的即是透過協商機制來討論促進歐洲安全的方案，其中「特羅寶議定書」（Troppau Protocol）有段重要的內容：「一國因革命導致政府更替，如其結果威脅到其他國家，將自動從歐洲同盟除名，直到回復法律秩序與安定為止。」即可理解協商安全機制的用意。

和平主義
Pacifism

和平主義的思想基礎在於單方面承諾不以暴力手段作為談判籌碼，亦即，唯有國家採行和平主義，並給予放棄使用武力的堅定承諾，才能避免戰爭的發生。此外，和平主義者反對一切形態的戰爭，亦對國際組織抱持懷疑的態度，試圖透過激烈的社會改革，促進建設性和平。亦即，和平主義論者不以戰爭或暴力行為作為解決衝突與爭端的手段，透過承諾來建立當事者之間的信任。不過，從歷史經驗分析，沒有實力作為後盾的承諾，結果卻是背道而馳，這可從德國占領捷克與日本侵略中國的事件得到印證。再者，國家間的權力不對稱，也會破壞原有的承諾，尤其是在當事國之一的國家內部發生情勢變遷之際，執政者的轉換或是發生政變、革命時，國家發展的方向有時會因為上述的情勢而

產生改變，撕毀承諾的可能性就大增，破壞既有和平狀態的手段也就出現。

建構和平
Peace Building

　　根據蓋里（Boutros Boutros-Ghali）所發表之《和平議程》（*An Agenda for Peace*），建構和平是指採取行動、加強與鞏固和平的機制，以避免再度發生衝突。艾文斯（Gareth Evans）則認為建構和平是指「國際制度」（international regimes）和「國內的和平建立」（in-country peace building），確保爭端、武裝衝突或其他重大危機在第一時間不會產生的策略而言。

　　蓋里認為促成和平與維持和平是在阻止衝突，並在實現和平後締造和平，而此兩者的成功則會加強在衝突後建構和平（post-conflict peacebuilding）的機會；而菲勒史東（A. B. Fetherston）則主張在宏觀國際政治層次上，此三者常是各自分離卻相互作用，而在微觀的行動層次上，此三者之行動策略則極為相似。聯合國在處理區域衝突時，依據憲章第六章和平解決爭端之精神，而採取了維持和平、締造和平與建構和平這三類具體措施。此三者的目標相同，均欲達到爭端和平解決的狀態，不同處在於所採取的行動策略分別為維持、締造與建構和平。亦即，在維持和平達成和平

協議，繼之以締造和平及協助和平協議的實行，最後採用建構和平來穩固和平的局勢。

星戰計畫
Strategic Defense Initiative, SDI

　　冷戰時期，美國研擬建立戰略防禦系統的可行性，1982年3月公布《高邊疆：新的國家戰略》（*High Frontier: A New National Strategy*）報告，提出開拓和利用宇宙空間的構想，並將高邊疆戰略定位為未來在軍事、經濟和科學諸方面綜合開發和利用外太空的總體戰略，這更是美國能否在21世紀繼續保持霸權地位的關鍵。1983年2月美國參謀首長聯席會議向總統雷根（Ronald Wilson Reagan）建議發展戰略防禦的計畫，以便遏止蘇聯龐大、先進的攻擊性戰略力量，及可能對美國進行的先發制人第一擊。雷根總統於1983年3月23日發表演說將此一星戰計畫定調，藉以實現美國的戰略防禦和太空工業化，並提出開發太空領域、確保太空優勢，將國際軍事、經濟競爭轉移至技術導向的新領域。

　　亦即，美國希望藉由SDI攔截並摧毀目標為美國本土或盟國國土的戰略飛彈，使核武成為無用的攻勢，而在面對SDI可能引發蘇聯發動先發制人的第一

擊，尋找減少核武戰爭的方案，藉以降低國際社會對美國追求軍事優勢的質疑。準此，SDI的防禦主要針對蘇聯對美國進行大規模洲際飛彈的襲擊，這分為兩部分：一是洲際彈道飛彈防禦計畫，藉由在外太空建立多層防禦體系，達到全部摧毀來襲飛彈的目的；二是反衛星計畫，是以研製和部署反衛星武器系統，來摧毀對方的衛星，獲得空間優勢為目的。

相互保證毀滅
Mutually Assured Destruction, MAD

是指對立的任何一方都無法阻止對方發動毀滅性攻擊，亦即，兩方中如果有一方全面使用核子武器則兩方都會被毀滅，又被稱為恐怖平衡。根據嚇阻理論的論述，衝突的雙方，避免有人使用毀滅性武器就必須部署這樣的武器，用以保證彼此間可能因戰爭而產生相互毀滅的態勢。準此，假設雙方都有足以毀滅另一方的武力，而且一方如果受到另一方攻擊，不論理由為何都會以同樣或更強的武力還擊，預期的結果就是衝突會立刻升級到雙方都保證會完全毀滅。此種策略主要應用在冷戰時期，且被視為避免兩大陣營全面直接衝突的助力。再者，此策略也造成軍備競賽，因為雙方都要爭取核子武力的平手，或至少保留第二擊的能力。

當然，威脅的可信度是保證毀滅的關鍵。對此，雙方都必須投下大量資本，這同時導致核武投射系統的多元化與強化，以及反彈道飛彈條約的簽署。

約翰蓋爾敦
John Galtung

1959年，蓋爾敦在挪威的奧斯陸成立了「國際和平研究所」，該機構的建立為和平研究的發展奠定了基石。1964年，他又創辦了《和平研究雜誌》（*Journal of Peace Research*），該期刊的出版一直延續到現在。雖然美國和平學研究的發展與歐洲和平學研究並沒有必然聯繫，但是，蓋爾敦以及其他歐洲和平研究者確實對和平學的建立作出了巨大貢獻。此外，蓋爾敦的和平理論又被稱為結構主義，他對行為體社會觀和結構社會觀這兩種理解社會的不同視野加以區分。蓋爾敦強調結構社會觀，將社會理解為不同的安排與布置，任何一種行為體在此結構環境中都不再是自己，行為體還必須承擔一定的角色任務，其行為也不再只是對與之發生關係的其他行為體具有意義，更影響其所處的社會整體結構。

軍事技術革命
Military Technical
Revolution, MTR

　　可追溯到軍事事務革命一詞，在
1955年羅伯茲（Michael Roberts）就職
演說──《西元1560至1660年間之軍事
事務革命》中，首度引用軍事事務革
命的概念，進而被普遍接受及採用。
軍事技術革命的概念，最先出現於1970
年代，蘇聯的歐加科夫（Marshal Ogar-
kov）指出，科技使戰爭產生革命性改
變，不僅戰鬥空間增大，戰爭進行的時
間也縮短，亦即，技術層次的進步帶動
軍事技術層面的改良。所以，美國進行
軍務革命研究時，則將研究重點置於科
技面向，談論議題多以軍事技術革命為
主軸，蘇聯軍事專家則以共產主義意識
形態闡釋軍務革命的起源與內涵。其
後，各專家學者則透過不同面向分析軍
事技術，美國國防專家則認為，過於強
調科技因素，將使軍務革命的概念趨於
狹隘，故對軍務革命理論的探討範圍日
益擴大，尤以資訊科技與心理層面為重
心。

軍事事務革命
Revolution in Military
Affairs, RMA

　　在1955年羅伯茲就職演說──《西
元1560至1660年間之軍事事務革命》
中，首度引用軍事事務革命的概念，並
於1991年波斯灣戰爭後，興起美國政府
及軍事部門的討論，同時引起全球的關
注。美國國防部淨評估辦公室（Office
of Net Assessment, ONA）認為軍事事務
革命是指運用創新的科技，輔以軍事準
則、組織與作戰概念的大幅變革，從而
使戰爭本質發生根本性改變。美國戰略
研究國際中心（Center for Strategic and
International Studies）認為真正的軍事
革命是把先進的新科技與正確的作戰理
論和體制相融合，然後混合著有創新的
作戰概念，使武器發揮出最大效能的變
革。亦即，武裝部隊從技術到組織、戰
略、戰術、訓練、條例及後勤等各個層
面都同時發生變化，就是軍事革命。準
此，軍事系統大量運用嶄新科技與創新
作戰概念，同時透過軍事組織的變革增
加軍隊的戰鬥力與軍事效能，這就是軍
事事務革命。

軍備競賽
Arms Race

　　根據**現實主義**的論點，在無政府的
狀態下，各國為求自保，加強軍備則是
一個國家試圖維繫**國家安全**或重建國際
均勢的重要方法。由於各國皆想增加軍
備，以便取得更多安全的保障，結果導
致競賽的狀態，造成國家間針對其他國

家增強軍備的動作而更加強化自身軍備的過程，形成所謂的**安全困境**。就歷史分析而論，19世紀末至20世紀初，英國與德國以及法國與德國間的軍備競賽，進而導致第一次世界大戰的爆發；冷戰時期的美蘇對抗，更是造成國際體系恐怖平衡的態勢。準此，軍備競賽還涉及到決策者的心理認知因素，亦即，對於自身拓展軍事設備的行為，往往高估本身的善良意向，卻低估對手採取同樣行為的價值，形成認知的偏見，或是高估對手提升軍備的敵意，導致軍備競賽甚至造成衝突。

哥本哈根學派
Copenhagen School

1985年，哥本哈根衝突與和平研究所（COPRI）成立，致力於歐洲安全的非軍事領域研究，透過社會學的觀點研究和平的議題。1990年，由**布贊**、柯史崔普（Morten Kelstrup）、維夫（Ole Waever）等共同著作的《歐洲安全秩序的重塑》（*Re-Constructing European Security*）出版，宣告哥本哈根學派的誕生。該學派的觀點在於，人們不可能使安全化（securitization）行為主體成為分析的焦點，安全化實踐才是分析的中心，亦即，安全化的過程，代表一個行為主體適應其他行為主體對威脅內容構成的認知，進而塑造**國際體系**內的安全互動。哥本哈根學派將指涉對象與安全行為主體、功能性行為主體、威脅和脆弱性邏輯、區域化動力作為分析的基本架構，用以分析軍事、政治、經濟、社會、環境安全等五大領域。

恐怖主義
Terrorism

是指有系統地使用暴力來製造民眾心理上與精神上的恐懼，讓民眾對其政府施壓，藉以達到特定的政治目標。世界各地的歷史上都出現過恐怖主義活動，包括左派及右派的政治組織、民族主義者、特殊族群團體以及革命分子。恐怖主義的影響逐日加大，一方面在於現代武器的致命性和科技複雜性愈來愈高，另一方面則是大眾傳播媒體散播攻擊新聞的即時性也愈來愈迅速，這也使得恐怖主義者藉由全球化的效益在獲取武器之際，亦藉助媒體來宣揚其活動與訴求。有史以來最嚴重的恐怖攻擊發生在2001年9月11日，自殺性的恐怖分子劫持4架美國民航客機，其中2架撞上紐約世界貿易中心（World Trade Center）的雙子星大樓，另一架撞擊華府的五角大廈（Pentagon），第四架則墜毀在賓州匹茲堡附近。這些撞擊導致世貿中心幾乎全部崩坍、五角大廈西南角燒毀，造成飛機上266人罹難、撞毀的建築物內外數千人死亡，其所造成的效應，不

僅是實體的毀壞，更造成民眾心理的極度恐懼感。

核彈威懾
Nuclear Deterrence

又可稱為核彈嚇阻或核武嚇阻。第二次大戰後，核子武器的出現，使得擁有核武的國家在國防戰略上增加毀滅性的攻擊能力，美國就是一個將核武納入國防戰略體系的國家。核武「嚇阻」戰略，則是以核子武器的毀滅特性，運用威嚇手段，迫使敵人放棄政治、軍事目標的安全戰略。而核武所展現的影響力，包括戰略與戰術核武層面，藉由核武的使用威脅敵人，迫使敵人就範。成功的核武威懾與「嚇阻」戰略必須建立在幾項要素之上：第一，是嚇阻者的實力；第二，是嚇阻者的決心；第三，是威脅的可信度；第四，是戰爭的準備宣示；第五，是訊息是否明確清楚；第六，是所承諾事務及嚇阻者的重要性；第七，是國家尊嚴與榮辱的投入；第八，是本身立場之合法性；第九，是道德原則的強與弱；第十，是歷史原則淵源，最後則是軍力的展示。只要嚇阻或威懾能夠奏效，核武戰爭沒有爆發，核武威懾戰略就算是成功。

國家安全
National Security

一般是指一個國家保護它的內部社會制度不受外來威嚇的能力，傳統的國家安全是指國家免於受到外敵壓迫和威脅，包括國家對所有外來侵略、間諜活動、敵意偵察、破壞、顛覆、困擾及其他敵意影響等所採取之保護。包溫（David A. Baldwin）也提供了一套評估國家安全的指標：（一）捍衛安全的對象（Security for whom）；（二）捍衛何種價值觀的安全（Security for which values）；（三）安全的程度（How much security）；（四）威脅的來源（From what threats）；（五）達到安全的手段（By what means）；（六）獲得安全的代價（At what cost）；（七）安全的期間（In what time period）。準此，可將國家安全定義為：為維持國家長久生存、發展與傳統生活方式，確保領土、主權與國家利益，並提升國家在國際上的地位、保障國民福祉，所採取的對抗不安全之措施。亦即，包括：（一）國家生存不受威脅。這是國家安全的根本涵義；（二）國家領土完整，不受任何侵犯；（三）政治獨立和主權完整，維持政府運作和國家發展；（四）維持經濟制度和發展的正常狀態；（五）確保國民傳統生活方式，不受外力干涉與控制。

強制和平
Peace Enforcement

「強制和平」行動見於《聯合國憲章》第七章，主要分為非軍事性質的制裁（sanctions）和軍事性質的「和平強制行動」（peace enforcement）。第一，「制裁」是指不使用或不威脅要使用武力的措施，目的在強迫或終止一國的行動，主要的行動如阻絕該國或該造取得維繫其經濟、政治與社會的重要性物資；第二，和平強制行動即是威脅使用或使用武力，據以達成一個和平目標。和平強制行動有時也用來支援**維和行動**，尤其是在有關各造陸續退出停火協議，而需要和平強制行動來協助強制執行停火協議或重建緩衝區時，最困難的和平強制行動，便是用來協助一個體制被破壞殆盡的國家之內部的人道援助活動。

一旦處理武裝衝突的所有方法都無效時，武力解決就是國際社會接下來會思索的選項。《聯合國憲章》第42條以及第七章便有以武力解決和平之威脅、和平之破壞和侵略行為的規定，此時這種干預的方式便是所謂的強制和平行動，相較於維持和平的和平性質，強制和平則是較具強制力性質的。強制和平策略的運用在於其他維和行動的努力皆失敗後之最後手段，且不需取得衝突各造的同意。亦即，由**聯合國**授權的部隊執行軍事戰鬥任務，使用軍事力量或威脅使用軍事力量來強迫屈從於**聯合國**的制裁或決議之下。

第二擊能力
Second Strike Capability

第二擊能力是指國家擁有足夠的資源與能力，在經歷他國的攻擊後仍然有能力採取反擊的攻勢。通常應用在核子戰爭上，一國核子戰力在遭敵方首輪核子襲擊之後，還能存活下來並給予核子回擊的能力。若從核威懾角度看，二次攻擊能力愈強，兩國發生核子戰爭的機率也愈小，反而能達成更為穩定的核均衡關係。亦即，擁有毀滅性武器的雙方，在進行戰爭之際，發動戰爭的一方，最佳的戰略即是在第一次發動戰事時，完全的將對手擊垮，讓其無任何的還擊能力，否則，將導致對手傾全力並使用毀滅性武器作出還擊，結果將是兩敗俱傷，並使任何一方都無法獲得最佳的結果。

結構暴力
Structural Violence

是指藉由社會關係結構進行壓迫，透過有系統的暴力形式，在一個既有規則的社會架構或社會團體中，透過阻止人們滿足他們的基本需要，緩慢的殺

死他們，像是貧窮、飢餓、政治迫害，以及其他社會與經濟衝突等方式。對於建設性和平論者而言，其目的在於消除引發戰爭的原因，其背後的社會共犯結構，是該論者所欲改變的結構，包括種族衝突、文化、宗教的歧異以及仇外思想等。所以，他們試圖鼓勵人民參與政治及和平運動，希望人民能發展出對全人類與國際社會的認同，跨越民族、種族與宗教的藩籬，強化經濟、社會與政治生活的平等，如此才能消除戰爭與衝突的根源。準此，社會結構是造成結構暴力的主因，其中涉及到經濟與政治權利的剝削行為，這比起戰爭所造成的傷害更來的直接與重大。

奧斯陸和平研究
Oslo Peace Research

　　1959年由「蓋爾敦」創辦奧斯陸和平研究所，目前已建立了許多和平研究機構，例如在美國就有一百多所大學設置了和平學專業的研究中心。奧斯陸和平研究致力於以社會學的觀點研究和平、衝突與暴力關係，並從理論前提與論證內容來強調社會學方法論對於國際政治學研究的影響，並發行了《和平研究雜誌》與《安全對話》（*Security Dialogue*）兩本重要的學術期刊。此外，研究中心包括了幾個工作團隊：Transnational and International

Facets of Civil War、Microfoundations of Civil War、Environmental Factors in Civil War、Human Rights, Governance and Conflict、Conflict and Economic Performance、Values and Violence、Dynamics of Institutional Change and Conflict、Civil Peace、Cross-cutting Activities等研究核心。

新安全觀
New Security Perspective

　　新安全觀的論述主要可由前中共國家主席的兩次談話來分析，首先，1999年3月26日，前中共國家主席江澤民在瑞士日內瓦裁軍談判會議上發表談話，首次提出並闡述中共的新安全觀。另外，在2000年9月6日的聯合國千禧年高峰會上發表演說時，江澤民又提到拋棄冷戰思維的新安全觀。從兩次談話的內容可知，營造共同安全是防止衝突和戰爭的可靠前提，而新安全觀的核心，應該是互信、互利、平等、合作，各國相互尊重主權和領土完整、互不侵犯、互不干涉內政、平等互利、和平共處五項原則以及其他公認的國際關係準則，是維護和平的政治基礎，互利合作、共同繁榮，是維護和平的經濟保障。國家間必須建立在平等基礎上的對話、協商和談判，才是解決爭端、維護和平的正確途徑，藉由建構新的安全觀和公正合理

的國際新秩序，才能從根本上促進裁軍進程的健康發展，使世界和平與國際安全獲得保障。

極端愛國主義
Jingoism

極端愛國主義是一種對自我祖國的忠誠和熱愛，以及為祖國服務的意願，其主要表現在於：對祖國山川景物、物產資源、歷史傳統和文化藝術的無限珍愛；對祖國尊嚴、榮譽、利益和命運的強烈關注；力求祖國在經濟、社會和文化上得到發展的忠誠願望；對外來侵略堅決反抗，願為祖國獻身的英勇精神。極端愛國主義在不同時代、不同國家和不同階級中，具有不同的內容和作用，均視當時的歷史條件而定，所以，在侵略與被侵略、壓迫與被壓迫之間不會有性質一致的愛國主義。在資本主義上升時期，當資產階級取得政權之後，為了向外擴張，欺騙本國勞動人民，利用極端愛國主義的旗幟，散布對其他國家、民族的仇視和不信任，實行侵略和掠奪政策。

此外，無產階級既是極端愛國主義者，又是國際主義者，他們既反對外國侵略者壓迫本國人民，也反對本國剝削階級侵略、壓迫其他國家和人民。他們為了保衛祖國和人民的利益，不惜貢獻自己的一切，同時也尊重其他國家和民族，尊重他們的自由、平等和文化。在資本主義社會裡，無產階級代表了自身民族的根本利益，因而也體現了真正的極端愛國主義。在社會主義國家，極端愛國主義建立在對社會主義祖國的熱愛，對共產黨的信賴，對社會主義和共產主義的忠誠基礎上，建立在國內各民族平等、團結、互助的基礎上，是進行社會主義革命和社會主義建設的強大精神力量。

禁止核擴散建制
Nonproliferation Regime

此一建制提供一個架構，試圖制止核能物質與技術的擴散，此與禁止擴散條約不同的是，它是集合所有具有相同想法的國家，包括核武管制認知社群的作用、核武知識的散布、國家核不擴散政策的持續推動，對禁止核擴散採取更進一步具體化的決策措施。藉由核不擴散建制的建立，聚集所有對禁止核擴散相關條約，透過明確的網絡關係，達到嚴密監控核能物質及技術的動向，1968年的《核不擴散條約》即為此一建制的基礎。亦即，禁止核武擴散建制是指透過國家間為規範核武擴散的國家行為而產生之多邊協定，並以明文規定來界定國家的行為範圍，藉由規範與規則來形塑國家行為的權限、限制其行動以及影響行為者期望持久性互動的一套正式或

非正式規則。準此，合作的建構變成為建制運作的目標。

預防外交
Preventive Diplomacy

此為**聯合國**前秘書長蓋里在其提交安理會的報告《和平議程》中曾試著多方討論維和行動的概念之一，他將維和行動概括成四大活動項目：包括「預防外交」；「締造和平」；「維持和平」；「衝突後的重建和平」（post-conflict peace building）。簡單來說，預防外交旨在：減緩爭端在各造間升高，藉以防止現存的爭端演進成為衝突，並在衝突發生後限制其擴散，其方式為建立信心措施、調查、早期預警、軍事部隊的預防部署和建立非武裝區域。亦即，外交人員用來處理緊急情勢的延伸性工具，透過對威脅的評估、監視、事實尋找和早期預警等等，也就是說，讓爭端沒有發生的可能。

預防性戰爭
Preventive War

又稱預防戰爭，是用來預防未來一個對安全或戰略性優勢有所損失，而發動的一場戰爭。與**先發制人**戰爭不同的是，預防性戰爭只聲稱防止一場未來可能發生的假設攻擊，例如，發動戰爭的原因是為了防止對手獲得更強有力的武器。在國際法內，預防性戰爭與侵略戰爭的地位幾乎是相同的。不過，上述發動戰爭的原因，常導致假防禦之名而進行侵略攻擊之實，國家行為者若都藉由此一途徑進行其所謂的預防攻勢，**國際社會**可能落入爭戰不止的狀態。再者，如何界定預防，又是另一個關鍵因素，倘若對國家造成安全性的損害即可成為發動戰爭的理由，這又會形成戰爭的浮濫，致使國際社會無法穩定發展。所以，對於有意透過戰爭形成拓展疆界手段的領袖，將會在預防性戰爭合法性的架構內，不斷開啟爭端情事，藉以獲取更多的資源。

綜合性安全
Comprehensive Security

綜合安全是指嘗試將安全所囊括的範圍擴及其他非傳統軍事安全的面向上，並且透過這些面向的強化互動與合作，使得區域安全穩定得以維持。綜合性安全概念，不僅包括軍事性因素，更包括政治、經濟、社會及其他議題，其內涵主要為：（一）經濟安全：貿易、市場、債務、糧食、能源供應、貧窮、失業等；（二）社會安全：毒品、麻醉品、人口流動、流行傳染病、道德人心

淪喪等；（三）政治安全：顛覆叛亂、分離運動、種族、宗教紛爭等；（四）環境安全：溫室效應、空氣污染、土地污染、海洋污染、資源探測利用等；（五）軍事安全：外來侵略的威脅、領土爭端、海洋航線保障、核武與大規模毀滅性武器繁衍，以及增強軍事力量；（六）文化安全：根據薩伊德（Edward Said）分析帝國與文化的關係，認為從大眾傳播媒體與流行文化的研究中發現霸權與權力議題的延伸。

維和
Peacekeeping

　　與締造和平、建構和平同為聯合國干預（intervention）之不同形式的表現，依據蓋里所發表之《和平議程》，維和是指：在所有當事國同意的原則下，經由聯合國在場的部署，通常是涉及聯合國的軍事人員、警察或文職人員。維持和平是一種技術，為衝突的預防及和平的締造增加可能性，亦可譯為維持和平。當然，此種維和的方式都透過維和部隊來執行，若從冷戰期間聯合國維和行動的性質分析，主要是基於當地國的同意才能進入當地的衝突地區，其目的並不在於懲罰侵略者、也不是迫使當地國接受相關的解決方案，只求維持或恢復和平，亦不對爭議問題有預設立場，其武力則是以自衛所需為限。後

冷戰時期則有變化，包括介入國家內戰或種族衝突的協調與回復和平，以及增加人道救援與全面重建的功能。

維持和平行動
Peace-Keeping Operations

　　是一種國際社會關心衝突事件的象徵，代表了國際社會不希望衝突持續擴大，而造成對國際和平安全的威脅與危害。所以，維和行動的部署，其意義不僅在於它能為衝突做些什麼（can do something），更重要的是傳達願意為解決衝突做些什麼（willing to do something）的訊息。維和行動的重要特徵包括：（一）維和行動是專指由聯合國安全理事會或大會所授權成立之任務，而且由聯合國秘書長負責統籌任務的指揮工作，包括指派部隊指揮官等；（二）維和行動所執行之範圍，從最早的監督停火、巡視緩衝區，擴大至安置難民重返家園、監督選舉、維持法律與秩序、促進政治對話、協助經濟重建等人道救援層面。亦即，由傳統維和行動單純的衝突解決（conflict settlement）、功能擴大至衝突解決（conflict resolution）、多面向功能的維和（multidimensional peacekeeping）；（三）大國（特別指安理會五常任理事國）在維和行動中所扮演的角色，有著極為深遠的影響。大國必須至少不反對維和行

動,不對維和行動行使否決權。再者,雖然大國不參與任務部隊的直接部署行動,但在維和任務的補給與運輸作業上,更需要大國(特別是美國)提供協助。

彈性反應
Flexible Response

彈性反應為美國總統甘迺迪(John F. Kennedy)的軍事戰略,亦即,不計代價的適切彈性反應,用以批判前兩任政府對於不對稱的戰略構想,認為其政策工具僅以經濟援助或是核武嚇阻為手段,並不足以應付各種的挑戰。彈性反應的戰略中心構想包括:增強傳統與非傳統的軍事能力、建立戰略飛彈部隊、重新加強聯盟的團結、重新重視非軍事性的圍堵工具、進一步有效地運用國內重要的國防資源,藉以拓展美國與蘇俄談判的範圍。

彈性反應是用以補救在核武嚇阻下,因考慮不完備而致使侵略戰爭的結果,漸漸形成藉由以牙還牙的方式,達到嚇阻破壞現狀的侵略行為。準此,保證報復可說是整個彈性反應的威脅方式。亦即,保證報復的可信度是來自能有足以對各種規模、層次與不同方式的侵略行為採取相抗衡的策略,透過以戰止戰的方式打擊已經發生的侵略戰爭。

締造和平
Peacemaking

是一種解決衝突的形式,與維和、建構和平同為聯合國干預之不同形式的表現,目的在於建立平衡的權力關係,其過程是藉由理性的和平主義、非暴力的保護措施以及公民不服從運動等方式達成。依據蓋里所發表之《和平議程》,締造和平是指:帶領敵對的當事國,透過《聯合國憲章》第六章規定的和平方式,達成協議,其中包含使用武力迫使衝突各方接受解決方案。亦即,締造和平包括所有解決武裝衝突的和平手段,目的在於降低衝突程度、隔離交戰雙方、停止既有的血腥屠殺、促使交戰雙方走向和平解決的道路,最終達成解決方案。艾文斯將其分為兩階段,第一階段的目的在於試圖終結武裝敵對態勢,重心在於談判的過程,涵蓋停火、撤軍、部屬觀察團、隔離交戰雙方並監視停火狀態,以及給予難民協助。第二階段則是尋求協議做為解決衝突的方案,焦點則在於找尋爭端議題的解決方案。

鬆散的核武
Loose Nukes

最初意指對於核子武器守衛不力的前蘇聯國家,可能誘使恐怖主義分子與

犯罪者前往，導致核武相關知識與設備的管制不力，目前則是指專家將核武、核原料或技術交給不當的人或國家，尤其是前蘇聯科學家透過黑市交易，將鈾與鈽售予給價高者。在俄羅斯與烏克蘭均有前蘇聯時期所部屬的核子武器，在蘇聯解體後，這些國家面臨嚴重的經濟蕭條、猖獗的犯罪行為以及蔓延的貪污行徑，造成工資低廉的核子科學家，走私核武原料以及核武，不僅造成管制上的漏洞，也可能使毀滅性武器流入國際社會，造成國際安全的威脅，這使得西方世界持續關注此一情勢的發展。

第十篇　國際組織
International Organizations

七七集團
Group of 77, G77

1964年6月15日，當聯合國貿易暨發展會議（UNCTAD）第一次會議結束後，77個發展中國家簽署《七十七國聯合宣言》（Joint Declaration of the Seventy-Seven Countries），宣告七七集團的成立。1967年10月間，於阿爾及利亞舉行第一次七七集團部長會議，通過《阿爾及利亞章程》（Charter of Algiers），據此逐步發展出G77的組織架構和各重要規章。G77是聯合國中，由發展中國家組成之最大的政府間國際組織。本組織使南方國家可在聯合國體系內，就各種重要的國際經濟議題，表達並促進其集體經濟利益，亦增加其聯合談判籌碼，也促使南方國家就發展議題協調合作。

G77屬於鬆散的協商機制，其重要機構包括：主席1人，為集團最高政治單位，也是發言人，並負責協調集團事務；南方高峰會，為G77最高決策機構，每5年1會；外長年度會議，於每年聯合國大會年會召開前在紐約舉行；各種部長會議，就各種專業事務召開會議；發展中國家經濟合作之後續與協調委員會（Intergovernmental Follow-up and Coordination Committee on Economic Cooperation among Developing Countries, IFCC），2年1會，由各國資深官員組成。至2021年中，G77成員國已高達134國，但其名稱並未改變。官方網站為http://www.g77.org。

八大工業國高峰會
G8

各國相互依賴現象日漸普及，一國問題已非僅對其國內產生影響，特別是若干已開發國家掌握世界重要經濟命脈與發展，因此，八大工業國高峰會（G8）為每年由世界上最主要的8個工業先進國家領袖聚首之會議。8國領袖就當前世界上各種經濟、政治與社會問題交換意見，期望以由上而下的方式，透過達成共識，發表宣言，來解決問題。此8國為加拿大、法國、德國、義大利、日本、俄羅斯、英國與美國，另外，歐洲聯盟也派員與會。

G8由來，是由法國前總統季斯卡（Valery Giscard d'Estaing）倡議，於1975年在法國首次舉行，當時與會僅有6國（加、俄未參加）。然各國領袖與會後，認為此機制具重要性，因此，之後即每年固定舉行。隔年，加拿大加入，成為G7。1991年起，俄羅斯參加部分會議，直到1997年正式成為成員國，而使G7變成G8。G8雖名為領袖高峰會，但在正式舉行前，已先舉行一系列會議來討論相關問題，如外長會議、財政部長會議等，以幫助後來高峰會議

之舉行。G8並未設有秘書處，而是在各與會國家間輪流舉行，東道國領袖即擔任該年輪值主席，並負責該次所有會議。2014年，俄羅斯因吞併克里米亞而被凍結成員國身分；2017年，俄羅斯則是宣布永久退出八國集團。期間，雖仍有多國發言表示希望其回歸，但迄今未果。因此，G8名存實亡，實由G7（七大工業國高峰會）所取代。

上海合作組織
Shanghai Cooperation Organization, SCO

1996年4月26日，中國、俄羅斯、哈薩克、塔吉克、吉爾吉斯5國元首在上海會晤，簽署《關於在邊境地區加強軍事領域信任協定》，為「上海五國」機制的第一次會晤，此為**上海合作組織**之前身。2001年1月，烏茲別克申請加入。同年6月14至15日，該6國元首在上海的第6次會議簽署《「上海合作組織」成立宣言》、《打擊恐怖主義、分裂主義和極端主義上海公約》和關於吸收烏茲別克加入「上海五國」機制的《聯合聲明》，宣布SCO正式成立。

SCO宗旨是加強成員國間相互信任與睦鄰友好；鼓勵成員國在政治、經貿、科技、文化、教育、能源、交通、旅遊、環保等領域有效合作；致力於維護地區和平、安全與穩定；推動建立民主、公正、合理的**國際政治經濟**新秩序。2007年，簽署《上海合作組織成員國關於舉行聯合軍事演習的協定》和《上海合作組織成員國多邊經貿合作綱要》，故其性質已超越初期的政治、軍事性質，往全方位性質的區域性國際組織方向轉變。SCO主要機構包括，最高決策機構的元首理事會，每年1會，可就重大問題作出決定和指示；政府領袖理事會，每年一次例會，主要研究組織內多邊合作戰略與優先方向，解決經濟合作等領域的原則和迫切問題，並組織年度預算；另設有議長、安全會議秘書、外交、國防、救災、經濟、交通等部門領導人、總檢察長、最高法院院長會議等年度定期會晤機制；兩個常設機構，分別為設在北京的秘書處和塔什干的地區反恐機構。

至2021年中，SCO成員國有8國，除原6國，另有印度與巴基斯坦。有4個觀察員，阿富汗、白俄羅斯、伊朗、蒙古。6個對話夥伴，亞塞拜然、亞美尼亞、柬埔寨、尼泊爾、土耳其和斯里蘭卡。SCO成員國面積約為歐亞大陸面積五分之三，人口超過30億，達世界總人口四成以上。這是在中國境內成立的第二個政府間國際組織，且中國具有高度影響力。SCO官方語言為中文和俄文。其秘書處官方網站為http://chn.sectsco.org/。

太平洋經濟合作理事會
Pacific Economic Cooperation Council, PECC

太平洋經濟合作理事會最早起源可追溯至1960年代，日本提出成立一個太平洋貿易自由區（Pacific Free Trade Area, PAFTA）構想。後來則是在日本前首相大平正芳（Masayoshi Ohira）和澳洲前總理弗雷澤（Malcolm Fraser）倡議下，於1980年正式成立，並在澳洲坎培拉舉行首屆太平洋共同體研討會（Pacific Community Seminar, PECC I），會議上共有14個經濟體，和亞洲開發銀行、太平洋盆地經濟合作事會（Pacific Basin Economic Council, PBEC）、太平洋貿易暨發展會議（Pacific Trade and Development Conference, PAFTAD）參加。每個經濟體代表都分別由一位產、官、學界代表組成。所以PECC可謂由亞太地區產、官、學界做後盾的國際性經濟合作組織。

PECC目的是為促進亞太地區經濟發展，扮演一個可讓各方合作和政策協調的區域性論壇。其具有政策導向、務實性和前瞻性之特色，是亞洲太平洋經濟合作會議（APEC）唯一的非政府觀察員，其對APEC部長會議和工作小組提供資訊，可謂是APEC的智庫。PECC主要機構包括大會、會員體委員會、扮演最高決策單位的常務委員會、執行委員會、PECC主要運作單位的任務小組（Task Forces）和位於新加坡的國際秘書處。至2021年中，PECC共有25個會員體（member committee），其中包含22個會員（full member）、1個準會員（associate member）——法屬太平洋島嶼，以及2個機構會員（institutional member）——PBEC與PAFTAD。官方網站為http://www.pecc.org。我國於1986年以「中華台北」（Chinese Taipei）名義加入。

世界知識財產權組織
World Intellectual Property Organization, WIPO

1884年生效之保護工業財產權的《巴黎公約》與1886年保護文學藝術作品的《伯恩公約》機構，於1893年合併，成為「保護智慧財產權聯合國際局」（United International Bureaux for the Protection of Intellectual Property, BIRPI）。1970年，隨著世界知識財產權組織公約生效，BIRPI成為世界知識財產權組織。1974年，WIPO再成為聯合國的專門機構之一。WIPO主張知識財產權是促進各國經濟、社會與文化發展的重要方式，故其任務是透過各國合作，並與其他國際組織配合，來促進保護和有效使用各種知識財產權。據

此，戰略目標展現於每4年訂定的期中計畫，並詳列於2年期的計畫與預算文件中。據「2020-2021計畫與預算」，WIPO戰略目標如下：（一）智慧財產權國際規範架構的平衡發展；（二）提供優質的全球智慧財產權服務；（三）利用智慧財產權來促進發展；（四）全球智慧財產權基礎建設的協調和發展；（五）為智慧財產權資訊和分析提供全球參考資源；（六）建立尊重智慧財產權的國際合作；（七）解決與全球政策問題相關的智慧財產權；（八）WIPO、其成員和所有相關者間的有效溝通方式；（九）高效行政和財政支持。

WIPO最高決策機關為大會（general assembly）、成員國會議（conference）與協調委員會，這些機構每兩年在日內瓦舉行一次例行會議，隔年舉行特別會議。下有數個專業功能的常設委員會與工作組。另外，又稱國際局的秘書處負責協調成員國各次會議並落實決定、管理各個國際知識產權註冊體系、發展並執行各項計畫並向成員國提供知識產權專業領域援助。總部位於瑞士日內瓦。至2021年中共有193個成員國，並有多個IGO與NGO為其觀察員。官方網站為http://www.wipo.int。

世界氣象組織
World Meteorological Organization, WMO

1853年，第1屆國際氣象會議在布魯塞爾召開；1873年，國際氣象組織（International Meteorological Organization, IMO）成立，為**世界氣象組織**前身。1947年，世界氣象組織公約於美國華盛頓獲得通過，並於1950年3月23日正式生效，IMO正式更名為WMO，故3月23日被訂為世界氣象日。1951年，成為**聯合國**專門機構之一。WMO願景是提供天氣、氣候、水資源、相關環境議題的國際合作與專業資訊，並致力於為人類的福利與安全，及各國經濟利益服務。據此，任務主要有：（一）促進建立全球合作網絡，以進行氣象、水文和其他地球物理之觀測，並建立提供氣象服務與觀測的各種中心；（二）促進建立和維持可迅速交換氣象情報與相關資訊的系統；（三）促進氣象觀察標準化，並確保觀測結果與統計資料的統一發布；（四）促進氣象學應用在航空、航運、水事、農業和其他活動；（五）促進實用水文活動，及強化氣象服務與水文服務間的密切合作；（六）鼓勵氣象學與其他有關領域的研究與培訓。

WMO最高權力機關為大會，每4年1會，職權為確定總體政策，批准長期計畫與重大財政支出，通過技術規

則，選舉正副主席、執行理事會成員，任命秘書長等。執行理事會為執行機關，對大會負責。另設有區域協會、技術委員會、秘書處等單位。總部位於瑞士日內瓦。至2021年中，有會員193個（187個會員國，6個地區會員）。官方網站為http://www.wmo.int。

世界關務組織
World Customs Organization, WCO

1947年，由13個歐洲國家政府代表組成的歐洲經濟合作委員會同意設立一研究團體，目標是研究依據GATT規則建立的歐洲間關務聯盟，隔年，該團體即設立2個委員會，其一為經濟委員會，為OECD之前身；另一為關務委員會，成為關務合作理事會（Customs Cooperation Council, CCC）。成立CCC之公約於1952年正式生效，1953年1月26日，第1屆會議在布魯塞爾舉行，共有17個歐洲國家代表參加。1994年，CCC採用世界關務組織為工作名稱（working name），以便更清楚表現該組織的全球性政府間機構性質，但其官方名稱仍未改變。

WCO是唯一一個以海關事務為主的政府間國際組織，致力於關務的全球標準化發展，簡化與協調關務程序，確保貿易供給鏈安全，便捷國際貿易，反偽與反剽竊，以及建立永續性全球海關能力計畫等。另外，建立與維持國際商品名稱協調體系，及管理WTO關稅估價與原產地規則的技術性事宜。WCO總部位於比利時首都布魯塞爾。至2021年中，共有183個會員，含括全球超過98%之貿易額。官方網站為http://www.wcoomd.org。

世界動物衛生組織
World Organization for Animal Health, OIE

1920年，來自印度的牛隻意外導致比利時產生牛瘟，使得國際間認為有必要為動物疾病問題設立組織共同管理。1924年1月25日，共28國簽署國際協定，決定在巴黎設立國際畜疫會（Office International des Epizooties, OIE），並在1927年召開首次會議。2003年，OIE變成世界動物衛生組織，但決定仍繼續使用OIE為其英文縮寫。OIE為改善國際間動物健康，解決動物疾病問題的政府間國際組織。其目標包括確保全球動物疾病狀況之透明化；蒐集、分析與宣傳關於動物的科學資訊，以幫助成員國消除或控制動物疾病；鼓勵各國在動物疾病方面團結一致；藉由公開國際貿易中，關於動物與動物製品的健康標

準以確保公共衛生與安全。

OIE主要機構包括：最高決策單位的國際委員會（international committee），由各會員國指派一名代表組成，每年5月在巴黎召開年會；9名成員組成的行政委員會（administrative commission），對於大會議題及議程具有高度主導權；位於OIE總部的總幹事（director general），負責日常事務等；此外，尚有多個區域委員會、專家委員會與區域辦公室。OIE總部位於巴黎，為**世界貿易組織**相關機構，和世界上75個國際與區域組織維持密切關係。至2018年，共有182個成員國（含領域）。官方網站為http://www.oie.int。我國於1954年加入。

世界貿易組織
World Trade Organization, WTO

1944年召開布列頓森林會議後，各界認為有成立機構處理貿易問題之必要，因此，規劃設立國際貿易組織（International Trade Organization, ITO），然卻不幸胎死腹中；但與此同時，各國也討論削減關稅與非關稅問題，並於1947年成功簽訂「暫行適用議定書」，1948年元旦生效，成為**關稅暨貿易總協定**（General Agreement on Tariff and Trade, GATT），共舉行8個回合談判。第8回合（**烏拉圭回合**）談判時，有倡議者提出成立新貿易組織之構想，以取代僅為暫時適用性質的GATT。本構想於1994年摩洛哥部長會議獲得通過，並於1995年元旦正式生效，成為**世界貿易組織**。

WTO目標為實現貿易自由化，消除貿易障礙，並建立一個完整、更具活力和永久性的多邊貿易體制。基本運作原則為**最惠國待遇、國民待遇**與不歧視原則。涵蓋了商品貿易、服務業貿易、與貿易有關的智慧財產權、複邊貿易，另設有爭端解決機制和貿易政策檢討機制。WTO主要機構，包括最高決策單位之部長會議，至少每兩年集會一次；總理事會，職權為WTO部長會議休會期間的負責單位，並向部長會議提出報告等，其下設有多個專業機構或委員會與秘書處。WTO成員不限主權國家，至2020年，正式成員共有164個，另有超過20個以上的觀察員。WTO總部位於日內瓦，官方網站為http://www. wto. org。

2002年1月1日，我國以「台澎金馬個別關稅領域」（TPKM）之正式名稱加入WTO，成為第144個成員。迄今，仍經常被以「中華台北」稱呼之。

世界銀行
World Bank

　　為重整第二次世界大戰後的國際經濟秩序，由美、英兩國主導，1944年於美國召開布列頓森林會議（Bretton Woods Conference），會後通過《國際復興開發銀行協定》。1945年12月27日，國際復興開發銀行（International Bank for Reconstruction and Development, IBRD）正式成立，即為世界銀行。世界銀行乃「世界銀行集團」（World Bank Group）之簡稱，為聯合國的專門機構之一，包括5個主要機構：國際復興開發銀行、國際開發協會（International Development Association, IDA）、國際金融公司（International Finance Corporation, IFC）、多邊投資擔保機構（Multilateral Investment Guarantee Agency, MIGA）、國際投資爭端處理中心（International Centre for Settlement of Investment Disputes, ICSID）。世界銀行的功能，於二戰後的成立初期，主要致力於提供長期貸款，協助歐洲國家的重建與發展。迄今，則演變成致力於全球減貧，特別對發展中或落後國家提供低息或無息貸款與捐贈（主要由IBRD與IDA負責）。

　　世界銀行最高權力機關為理事會，理事一般為會員國的財政部長或發展部長，每年在世界銀行集團與國際貨幣基金理事會年會期間召開會議。因理事會僅1年1會，故授權25名執行董事從事具體工作。世界銀行最大的5個股東為法國、德國、日本、英國和美國，其各任命1名執行董事，其餘20名由各國選出。並設有行長與副行長。世界銀行總部設於美國華盛頓。集團內五大機構的會員數量不盡相同，其中，於2021年中，IBRD共有189個會員國。官方網站為http://www.worldbank.org。

世界衛生組織
World Health Organization, WHO

　　1945年，當各國代表集會討論設立聯合國時，其中包含成立一個全球性的衛生組織，此為世界衛生組織的主要由來。據此，1948年4月7日，《世界衛生組織憲章》正式生效。每年這一天就成為「世界衛生日」。WHO為聯合國附屬的專門機構之一，為聯合國系統內，關於衛生問題的指導和協調機構。負責領導全球衛生事務，擬定衛生研究事宜，制定規範與標準，闡述以證據為基礎的政策方案，對各國提供技術援助，以及監督和評估衛生趨勢。目的在使全世界人民獲得可能的最高健康水準。

　　WHO組織架構主要有四：世界衛生大會（WHA）、執行委員會、秘書處、區域委員會與區域辦公室，現有

7,000多名工作人員。其中,世界衛生大會為WHO的最高機構,由會員國代表組成,每年5月在日內瓦舉行會議,主要任務為審議秘書長的工作報告、工作規劃、批准兩年一度的活動預算、接納新會員國和討論其他重要問題,並制定主要政策等。WHO的會員分3種:正式會員、準會員、觀察員(observer)。WHO總部位於瑞士日內瓦。至2021年中,共有194個正式會員。官方網站為http://www.who.int。

北大西洋公約組織
North Atlantic Treaty Organization, NATO

1949年4月4日,美、加與10個歐洲國家在美國華盛頓簽署《北大西洋公約》(North Atlantic Treaty);同年8月24日,北大西洋公約組織正式成立。冷戰期間,希臘、土耳其(1952)、西德(1955)、西班牙(1982)加入。隨著蘇聯解體,進入後冷戰時期,前華沙公約組織成員也紛紛加入,包括捷克、波蘭、匈牙利於1999年加入,愛沙尼亞、拉脫維亞、立陶宛、斯洛伐克、斯洛維尼亞、羅馬尼亞、保加利亞於2004年加入。2009年則有阿爾巴尼亞、克羅埃西亞加入。2017年蒙特內哥羅加入。2020年北馬其頓加入。因此,至2021年中,共30個成員國,並有數十個夥伴國家。

NATO功能,隨著時空變化不斷調整。雖根據《北大西洋公約》,NATO是藉由政治、軍事的集體防衛方式來保護成員的安全與自由,維護民主、個人自由、法治、和平解決爭端之共同價值,並在區域內加以推廣之。但在冷戰期間,主要為以美國為首,對抗蘇聯為首之華沙公約組織與共產勢力擴張的軍事組織。進入後冷戰時期,除繼續原職能和成員東擴,NATO轉型增加若干新功能,包括安全合作,重視與新成員的合作、對話,例如1991年成立北大西洋合作委員會;維持和平,成立快速反應部隊,並實際參與聯合國授權的任務;危機處理;預防衝突;反恐等功能,故成為一多功能的政治軍事防衛體系。NATO總部位於比利時布魯塞爾。官方網站為http://www.nato.int。

北美自由貿易區
North American Free Trade Area, NAFTA

1988年6月,美國與加拿大簽署《美加自由貿易協定》(US-Canada Free Trade Agreement, UCFTA),1989年1月1日正式生效。墨西哥總統沙里納斯(Carlos Salinas de Gortair)為振興墨國經濟,在1990年主張與美國建立自由貿易協定,加拿大後來加入。因此,1991年2月,美、加、墨3國總統同時宣

布，3國將從6月起就三邊自由貿易協定正式談判。1992年8月12日，《北美自由貿易協定》（North American Free Trade Agreement, NAFTA）簽署，1994年1月1日正式生效。該協定所涵蓋範圍成為北美自由貿易區。

《北美自由貿易協定》共分八大部分，其中，第一章第102條為「目的」，規定本協定目的在於透過國民待遇、最惠國待遇、透明化等原則與規定，以求達成：（一）減少貿易障礙，並促進商品與勞務在3個締約國間流通；（二）促進貿易區內公平競爭的環境；（三）增加各締約國領域內的投資機會；（四）給予適當、有效保護和履行智慧財產權；（五）創造有效程序，以施行此協定並解決爭議；（六）建立一項架構，以進一步朝三邊的、區域的、多邊的合作，來擴展並促進本協定之利益。

美國川普總統上任後，和加、墨兩國重啟談判，於2018年10月1日達成新版美墨加協定（United States-Mexico-Canada Agreement, USMCA）。3國均已完成USMCA批准及通知程序，自2020年7月1日起生效。USMCA內容較NAFTA所包含範圍廣泛，包含汽車及零配件之原產地及勞動價值要求、爭端解決機制、智慧財產權、數位貿易、勞工、貨幣、日落條款及防止締約方與非市場經濟體洽簽FTA之機制等。美國貿易代表認為USMCA堪稱21世紀高標準協定，為貿易協定新典範。

石油輸出國家組織
Organization of the Petroleum Exporting Countries, OPEC

石油輸出國家組織為一政府間國際組織，於1960年9月10至14日間，在伊拉克首都巴格達成立，當時有伊朗、伊拉克、科威特、沙烏地阿拉伯與委內瑞拉共5個創始會員國。後來又有11個國家加入：卡達（1961）、印尼（1962）、利比亞（1962）、阿拉伯聯合大公國（1967）、阿爾及利亞（1969）、奈及利亞（1971）、厄瓜多爾（1973）、加蓬（1975）、安哥拉（2007）、赤道幾內亞（2017）、剛果（2018）。但印尼、厄瓜多爾、卡達均先後宣布退出。因此，目前共有13個會員國。

OPEC會員國共同特色為產油國，因此，為了讓消費者取得有效率、經濟和正常的石油供給，讓生產者有持續的收入，以及讓石油投資業者有公平的投資報酬率，OPEC目標是協調與一致化成員國間的石油政策，並確保石油市場與石油價格的穩定，消除有害或不必要的變動。OPEC主要機構，包括由會員國代表組成的大會，為最高權力機關，通常一年兩會；理事會，負責指揮管

理、執行大會決策、規劃預算等；秘書處，負責本組織的行政事務；經濟理事會（Economic Commission Board），協助本組織促進國際油品市場穩定；部長監督次委員會（Ministerial Monitoring Sub-Committee），負責監督成員國的石油生產與輸出。OPEC總部位於奧地利維也納。官方網站為http://www.opec.org。

各國議會聯盟
Inter-Parliamentary Union, IPU

在英國的William Randal Cremer與法國的Frédéric Passy兩位議員倡議下，1889年成立各國議會聯盟，成為第一個從事政治性多邊談判之場域，且作為推廣民主與國際仲裁的概念。IPU也是當今的制度性多邊協商機制，在各國政府間成立聯繫制度（例如，後來產生的聯合國）。

IPU目前已從其過去為議員個人間的聯繫性質，轉變為聯繫主權國家議會間的國際組織，所以，是由各國議會組團參加，因此，成為世界上各種不同政治制度國家議會的對話場域，也可同時觀察各國政治意見與態度。另外，也致力於追求和平與合作，並確保代議民主制。對此，IPU強化各國議會與議員間的接觸、協調與經驗交換；思考國際利益和共同關心的問題並表達看法，以讓各國議會與議員採取行動；致力於保護與強化人權，此為代議民主與發展的重要成分；致力於尋求、強化與推廣代議制的優點。IPU支持聯合國的行動，並保持密切聯繫；也和具有相同理念的區域性各國議會組織、政府間國際組織與非政府間國際組織合作。IPU主要機構有大會、理事會、執行委員會與秘書處等。至2021年中，有179個成員，13個區域性議會為準會員。總部位於瑞士日內瓦。官方網站為http://www.ipu.org。

艾格蒙聯盟
Egmont Group of Financial Intelligence Units

艾格蒙聯盟，成立於1995年，是由各地的金融情報單位（Financial Intelligence Units, FIU）組成的國際網絡。目標乃提供一場域，讓世界各國的FIU可以打擊發生在其境內的洗錢活動、恐怖分子財務和其他金融犯罪，方法包括擴展與系統化金融情報資訊的交換，改善各國FIU人員的專業知識與能力，以及應用技術讓FIU可獲更佳與更安全的通訊。成為艾格蒙聯盟FIU資格是必須為一國（地區）的中央單位，以便依法來打擊金融犯罪活動。在艾格蒙聯盟成立時，只有14國的FIU加入，但至2021年中，已增加至164國（地區）。我國是

以法務部調查局的洗錢防治處為FIU代表並於1998年加入。

艾格蒙聯盟組織機構，主要有由14國代表組成（7個永久成員和7個地區代表）的艾格蒙委員會，以作為各FIU與5個艾格蒙工作組（working groups）間的協調團體，該委員會主要負責行政和運作事務。5個工作組則是法制、運作、訓練、資訊科技與拓展工作組。另設有位於加拿大多倫多的秘書處。官方網站為http://www.egmontgroup.org/。

亞洲太平洋經濟合作會議
Asia-Pacific Economic Cooperation, APEC

1980年代，亞太地區的經濟活力逐漸受到重視，加上世界經貿有區塊化發展態勢，因此，發展亞太區域經濟組織需求逐漸升高。1989年1月，澳洲總理霍克（Robert Hawke）即倡議成立亞太地區的經濟論壇，藉由會員間對話，以促進貿易投資自由化及區域合作與區域發展。據此，該年11月，12國代表在澳洲坎培拉舉行非正式部長級會議，也宣告亞洲太平洋經濟合作會議成立。1993年，首屆經濟領袖會議在美國西雅圖舉行，訂定APEC願景為「為亞太人民尋求穩定、安全與繁榮」。1994年在印尼茂物舉行的領袖會議，提出「茂物宣言」，訂定已開發和開發中國家成員分別在2010和2020年前，達到自由與開放的貿易與投資。APEC雖然是個促進亞太地區的多邊貿易體系，達到投資貿易自由化與便捷化的論壇與平台，但由於其強調以相互尊重、非拘束性承諾與開放性政策對話來達成目標，運作則是以全體共識決和自願性執行為基礎，因此，政策效率也因此受到考驗。

APEC組織之最高層級為經濟領袖會議，1年1會，輪流在會員體間舉行；第二級為專業部長會議、部長會議和企業諮詢委員會；第三級為資深官員會議；最後為功能性的委員會與工作小組。另外，設有秘書處，負責日常事務運作。至2021年，會員為位於太平洋周圍的21個國家或經濟體。官方網站為http://www.apec.org。我國於1991年以「中華台北」名義加入。

亞洲開發銀行
Asian Development Bank, ADB

成立亞洲開發銀行構想始於1960年代初期，乃為幫助第二次世界大戰後亞洲的復興與重建。1966年12月9日，ADB正式在菲律賓首都馬尼拉開始運作，當時有31個創始成員國。ADB為一國際間的財政機構，宗旨是幫助其

發展中成員國的人民減少貧窮和改善生活水準。而基於2008年通過的長期戰略架構──「2020戰略」（Strategy 2020），ADB有3項互補戰略議題：總括成長（inclusive growth）、環境永續成長、區域整合。為實現這些目標，ADB主要策略包括貸款、補助、投資、擔保、技術援助、提供建議和知識等。

ADB主要機構包括：理事會，為最高決策機關，通常為每年1會，由各會員國指定正式與候補代表各1名組成；董事會，由理事會選出12名成員組成，常駐於馬尼拉，負責監督財政、批准行政預算、審查與批准政策文件、貸款、技術援助之運作，並由行長負責主持；ADB行長，由理事會選出，任期5年。ADB總部位於菲律賓馬尼拉。至2021年中，共有68個成員國，其中49個位於亞太地區。官方網站為http://www.adb.org。我國為創始會員國之一，亦為「亞洲開發基金」（Asian Development Fund, ADF）捐助國。

亞歐會議
Asia-Europe Meeting, ASEM

1994年7月，歐盟公布「新亞洲戰略」（Towards a New Strategy for Asia）文件，強調更新與亞洲關係，以反應其適當的政經重要性。同年11月，新加坡總理吳作棟也倡議舉行亞洲與歐洲間的高峰會，並考慮如何建立兩地間新的夥伴關係。據此，第1屆亞歐會議於1996年3月2日在泰國曼谷召開，使10個亞洲國家、15個歐盟成員國國家元首或政府首長及歐盟執委會齊聚一堂。

ASEM針對政治、經濟和文化議題進行對話，目標是在相互尊重與夥伴關係的精神下加強亞、歐地區間的關係。其特徵為：（一）非正式性談話：與會各國領導者可自由討論，並無義務進行協商與談判，目的為加強彼此相互瞭解；（二）互補性：從跨區域觀點討論關於亞歐各國之間的重要議題；（三）多面向性：就雙邊區域間關係進行全面探討；（四）強調平等夥伴關係，揚棄援助者─被援助者關係；（五）對話平台：不僅在政府高層，也漸強調人民間的對話。ASEM活動有三大支柱領域：政治、經濟與社會文化知識。因ASEM的非正式性質，未設有秘書處，故運作是透過各種會議來進行。最高層級為每兩年舉行一次的領袖間高峰會議；扮演核心角色的部長會議，通常每年舉行一次，包括外長會議、經濟部長會議、財政部長會議、科技部長會議、環境與移民部長會議等；資深官員會議；工作及專家會議等。另設有小型特定機構及計畫，如亞歐基金會、亞歐環境科技中心、亞歐會議信託基金等。

至2021年中，ASEM成員共有53

個，包含30個歐洲國家，21個亞洲國家，歐盟以及東協秘書處。第13屆亞歐會議高峰會（ASEM13）預計於2021年11月，在柬埔寨首都金邊舉行。ASEM官方網站為http://www.aseminfoboard.org。

東協區域論壇
ASEAN Regional Forum, ARF

隨著多邊主義興起，亞太地區處理經濟合作的區域組織日漸蓬勃發展，而為推動區域安全，預防區域衝突的需求也漸興盛。據此，1993年7月23至25日，於新加坡舉行的第26屆東協部長會議與後部長會議同意成立東協區域論壇，以就區域安全問題進行對話。首屆ARF會議即於隔年7月25日，在曼谷舉行。據1994年首屆主席宣言，ARF目標為就涉及共同利益與共同關心的政治與安全議題進行建設性對話與商議，和致力於亞太地區的信心建立措施與預防外交。因此，ARF論壇包括政治、軍事、經濟、社會等領域與安全有關之廣義議題。而發展進程分三階段：促進信心建立，推展預防外交和探討衝突解決，目前正朝第三階段方向前進。

ARF成員以ASEAN為核心，遍及亞、美、歐三大洲，至2021年中，包括亞洲的新加坡、泰國、印尼、柬埔寨、汶萊、馬來西亞、菲律賓、越南、寮國、緬甸、澳洲、紐西蘭、巴基斯坦、孟加拉、中國、印度、日本、韓國、北韓、蒙古、巴布亞紐幾內亞、東帝汶、斯里蘭卡、俄羅斯，美洲的美國、加拿大，與歐洲的歐洲聯盟，共計27國。官方網站為http://www.aseanregionalforum.org。

東南亞國協
Association of Southeast Asian Nations, ASEAN

第二次世界大戰後，形成美蘇對立局面，美國為防止共產勢力在亞洲擴張，於1954年向東南亞國家推銷東南亞公約組織，但僅有泰國與菲律賓參與東南亞集體防衛公約。1961年，馬、泰、菲組成東南亞協會（Association of Southeast Asia, ASA），但因領土爭議而宣告失敗。但為預防區域內國家再對立，故有成立新組織來取代ASA之聲音。1967年8月，印尼、馬、新、菲、泰於曼谷舉行會議，發表《東協宣言》，宣告東南亞國協正式成立。1984年汶萊加入，1995年越南加入，1997年緬甸、寮國加入，1999年再增加柬埔寨，故迄今有10個會員國。

ASEAN緣起雖與反共有關，但已

逐漸轉型，目標包括促進區域內經濟成長，社會進步與文化發展；透過成員間尊重司法與法治，以及信守《聯合國憲章》原則來促進本區域和平與穩定。1997年，通過「東協2020願景」（The ASEAN Vision 2020），以一體方式一致向外尋求和平、安全、繁榮與發展，目標在組成一共同體。2003年，再決定東協共同體包含3個支柱：安全共同體、經濟共同體與社會文化共同體。2007年11月，通過「東協憲章」，除象徵朝更完整的國際組織方向邁進，也發表「東協經濟共同體藍圖聲明」，將建立共同體時間由2020年提早5年，目標於2015年建立類似歐盟的共同市場。在運作上，也從過去較鬆散的組織，朝更具法人資格的政府間國際組織方向轉變。2008年12月15日，「東協憲章」正式生效。依據「東協憲章」規定之組織架構，最高決策機構為「東協高峰會議」，另有「東協協調理事會」、「東協政治與安全理事會」、「東協經濟共同體理事會」、「東協社會與文化共同體理事會」、「東協秘書處」與「東協人權機構」等。官方網站為http://www.aseansec.org。

　　隨著區域性自由貿易的興盛，東協也和亞洲許多國家積極洽談各種自由貿易協定，包含從10+1（中國），10+3（中、日本、韓國），再到10+6（中、日、韓、印度、澳洲、紐西蘭）。

阿拉伯國家聯盟
League of Arab States, LAS

　　1944年，在埃及的倡議下，阿拉伯各國決定要成立一個屬於阿拉伯國家的組織。1945年3月22日，埃及、敘利亞、黎巴嫩、伊拉克、約旦、沙烏地阿拉伯、葉門共7國代表，在埃及首都開羅通過《阿拉伯國家聯盟憲章》，宣告正式成立阿拉伯國家聯盟。LAS為由阿拉伯國家組成的區域性國際組織，宗旨為促進成員國間的合作關係；協調彼此的政治活動；捍衛阿拉伯國家的獨立和主權；全面考慮阿拉伯國家的事務和利益；各成員國在經濟、財政、交通、文化、衛生、社會福利、國籍、簽證、司法之執行和引渡等方面進行密切合作；成員國間相互尊重他國政治制度，彼此間之爭端不得訴諸武力解決；成員國與另一國締結的條約和協定對第三國無約束力。

　　LAS主要機構包括：國家領袖會議，為最高層級和最高權力機構，主要決定組織內重大問題；理事會，由全體成員國代表組成，為LAS主要領導機構，每年兩次例行會議，由成員國輪流主持，決議對所有成員國有約束力；秘

書處，負責執行理事會決議，設秘書長1人，由副秘書長和秘書長顧問組成的委員會協助其工作；聯合防禦理事會；經濟暨社會理事會等。至2021年中，LAS成員國共計22個，全部位於非洲與亞洲地區。總部設於埃及首都開羅。官方網站為http://www.leagueofarabstates.net。

非洲、加勒比海和太平洋地區國家集團
African, Caribbean and Pacific Group of States, ACP

非洲、加勒比海和太平洋地區國家集團的成立乃依據1975年6月，於蓋亞那首都喬治城簽署的《喬治城協定》（Georgetown Agreement）。其成員包括簽署《喬治城協定》或《ACP—歐體夥伴協定》（或稱《科多努協定》）（ACP-EC Partnership Agreement or Cotonou Agreement）的非、加、太國家。ACP主要目標包括：（一）促進成員國的持續發展並整合進入全球經濟體系；（二）在執行ACP—歐體夥伴協定架構下，協調ACP成員間的活動；（三）促進ACP成員國間的統一、團結與相互瞭解；（四）在自由與民主的社會中，建立及促進和平與穩定。ACP創立之初是為了和歐盟（歐體）的合作事宜，但已逐漸擴展活動範圍，成員國間的合作已超越前者，合作領域含括貿易、經濟、政治、文化等各種領域。

ACP主要機構包括最高層級的領袖高峰會；主要決策機構，也是執行機構的部長理事會；第二決策機構的大使委員會；ACP議會會議；位於布魯塞爾的秘書處等。至2021年中，ACP共有79個成員國，分別是48個位於非洲，16個位於加勒比海，15個位於太平洋地區。官方網站為http://www.acp.int。

非洲聯盟
African Union, AU

非洲聯盟前身為1963年通過憲章而組成之非洲團結組織（Organization of African Unity, OAU）。1999年9月，OAU之「蘇爾特（SIRTE）宣言」決定成立非洲聯盟。2000年7月通過非洲聯盟憲章草案。2001年3月2日，成立非洲聯盟。2002年7月9日至10日，AU召開第1屆高峰會。AU是將政治、經濟、軍事合而為一的全非洲性組織。據其憲章第3條，AU目標包括使非洲國家與人民更為團結；保護會員國主權、領土完整與獨立；提高非洲政治與社會經濟整合；提升和保護非洲人民利益的均等；依據《聯合國憲章》和《世界人權宣言》來鼓勵國際合作；促進非洲的和平、安全與穩定；推廣民主原則、普遍

參與與良善治理；促進和保護人權；建立必要條件使非洲可在全球經濟和談判中扮演適當的角色；在經濟、社會、文化等領域促進永續發展；推廣各領域合作以提高非洲人民生活水準；協調當今與未來的區域經濟共同體政策以逐步達到本聯盟目標；提升研究能力以促進非洲發展，特別是科學與技術方面；和相關的國際夥伴一同努力以消除非洲疾病和促進健康等。

AU主要機構包括國家和政府領袖大會，為最高權力機關，1年至少1會；部長執行委員會，由外長組成，至少1年2會；泛非議會；非洲法院；委員會，即AU秘書處；常設代表委員會；各種專門技術委員會；經濟、社會與文化理事會；和平與安全理事會；非洲中央銀行；非洲貨幣基金；非洲投資銀行等。至2021年中，成員國共55個。總部設於衣索比亞首都阿的斯阿貝巴。官方網站為http://www.au.int。

南亞區域合作聯盟
South Asian Association for Regional Cooperation, SAARC

1985年12月8日，當南亞區域合作聯盟（South Asian Association for Regional Cooperation, SAARC）憲章獲得孟加拉、不丹、印度、馬爾地夫、尼泊爾、巴基斯坦、斯里蘭卡共7國領袖通過，宣告SAARC正式成立。SAARC是個基於友誼、信任與瞭解，讓南亞人民一同運作的平台。目標是促進會員國間的經濟和社會發展。另外，設有高級工作小組來促進資訊、通訊技術、生物、智產權、反恐和能源的合作。依據SAARC憲章，該聯盟目標為促進南亞人民的福祉並提高其生活本質；加速該地區經濟增長、社會進步和文化發展，並為所有人民提供有尊嚴地生活和充分發揮潛力的機會；促進和加強南亞國家間的集體自力更生；促進相互信任、理解和知悉相互間的問題；促進經濟、社會、文化、技術和科學領域的積極合作和互助；加強與其他發展中國家的合作；在國際論壇上就共同關心的問題加強合作。聯盟之各種決策採一致決模式，雙邊和有爭議的問題將被排除於外。

SAARC主要機構包括，領袖高峰會；會員國外長組成的部長理事會；會員國外交秘書組成的常務委員會；常設辦事機構，也是負責協調、監督SAARC活動執行情況的秘書處，設於印度加德滿都。SAARC成員國除前述7個創始會員國外，阿富汗於2005年加入，另外，至2021年中，有中、日、韓、美、歐盟、澳、伊朗、模里西斯、緬甸共九個觀察員。官方網站為http://www.saarc-sec.org。

南美洲國家聯盟
Union of South American Nations, UNASUR

2004年12月，在秘魯舉行的第3屆南美國家元首高峰會，12國領袖（另含2個觀察員國家：巴拿馬、墨西哥）發表庫斯科宣言（Cuzco Declaration），宣告成立南美國家共同體（South Ameri-can Community of Nations, CSN），目標將南美洲兩個區域合作組織——「安第斯國家共同體」和「南方共同市場」合併，並預計在2019年形成類似歐盟的組織。2007年4月，第1屆南美國家共同體高峰會舉行，同意將該組織更名為「南美洲國家聯盟」。2008年5月23日，12國領袖在巴西首都簽署《南美洲國家聯盟憲章》，憲章指出，南美洲國家將加強成員國間的政治對話，重點在經濟、金融、社會發展和文化交流等領域展開區域一體化建設，期望未來南美洲國家以一個整體身分在國際上出現。同時規定，主要機構包括由國家元首和政府領袖組成的委員會、外長委員會、代表委員會，及設在厄瓜多爾首都基多的秘書處。統一後的國會，設在玻利維亞的科恰班巴市（Cocha-bamba），南美銀行預定以哥倫比亞首都波哥大為總部。但是，將「安第斯國家共同體」和「南方共同市場」整合並替代之計畫目標迄今尚未實現。

2018年4月，阿根廷、巴西、智利、哥倫比亞、巴拉圭和秘魯宣布暫停南美洲國家聯盟成員身分。2018年8月起至2020年底，哥倫比亞、厄瓜多爾、巴拉圭、阿根廷、智利、巴西、秘魯、烏拉圭則相繼宣布正式退出該聯盟。因此，至2021年中，該聯盟僅剩4個成員國及2個觀察員。目前該聯盟官方網站為http://www.unasursg.org。

美洲國家組織
Organization of American States, OAS

1890年，第一屆美洲國家國際會議在美國華盛頓舉行，通過成立美洲共和國國際聯盟（International Union of American Republics）及其秘書處——美洲共和國商務局，為美洲國家組織前身。1910年本組織成為泛美聯盟（Pan American Union）。1948年4月30日，21國簽署美洲國家組織憲章，使泛美聯盟更名為OAS。

OAS宗旨是促進本區域的和平、安全、正義、團結；促進民主化，推廣人權；強化區域合作；維護主權、領土完整與國家獨立；對於侵略行為，其他成員國採取聯合行動；對於成員國間的政治、司法、經濟問題尋求解決之道；

以合作行動來促進經濟、社會與文化發展；消除貧窮、毒品、腐敗與反恐；裁減軍備等。OAS主要機構包括：最高權力機關的大會，常會為1年1會，由各會員國代表組成；外長諮詢會議；常設理事會；各種專門委員會；秘書處等。總部位於美國華盛頓。至2021年中，共有35個正式成員，全部為美洲國家。另，OAS有70個常任觀察員（69個國家及歐洲聯盟）。官方網站為http://www.oas.org。

國際民用航空組織
International Civil Aviation Organization, ICAO

1944年，國際民航會議在美國芝加哥舉行，共有52國簽署《國際民航公約》，決議要設立一個永久性的國際民航組織，作為確保民用航空器的管理、標準、程序與組織可一致化的國際合作方式。但因預估批准公約需一段時間，因此，也簽署一暫時性協定，成立一臨時性的國際民航組織（PICAO），並應付過渡期間的運作。1947年4月4日，國際民用航空組織於加拿大蒙特婁正式成立，取代PICAO。同年10月，成為聯合國專門機構之一。

根據國際民航公約第44條，ICAO宗旨與目標是發展國際飛航的原則與技術，並促進國際航空運輸的規劃與發展，以達成：（一）確保全世界國際民航的安全與有秩序發展；（二）鼓勵為和平用途的航空器的設計與運作；（三）鼓勵用於國際民航的航線、機場和飛航設施之發展；（四）滿足人們對於安全、規律、有效率及經濟的航空運輸需求；（五）防止因不合理競爭而造成經濟上的浪費；（六）確保締約國的權利受到充分尊重，每一締約國都有經營國際航線的公平機會；（七）避免締約國間的差別待遇；（八）促進國際航空的飛航安全；（九）普遍促進國際民航在各方面的發展。ICAO目前之綜合戰略目標有五：（一）安全：加強全球民用航空安全；（二）能力與效率：強化全球民用航空體系的能力與提升效率；（三）保安與簡化程序：強化全球民用航空保安與簡化程序；（四）航空運輸之經濟發展：促進發展健全、有經濟活力的民用航空體系；（五）環保：將民航活動的不利影響減至最小。ICAO主要機構為大會、理事會與秘書處。ICAO大會至少每3年開會一次，目前共有193個成員。官方網站為http://www.icao.org。

我國為ICAO創始會員國之一，1971年退出聯合國後即被排除於ICAO體系之外，但我國仍積極配合國際民航公約相關規定，並透過與友好國家雙邊合作等間接管道取得資訊等，設法與國際飛航體系接軌，在所管轄的「臺北

飛航情報區」（Taipei Flight Information Region, Taipei FIR）內致力維護飛航安全。

國際刑警組織
International Criminal Police Organization, INTERPOL

1914年，第1屆國際刑警會議在摩納哥舉行，但直到1923年，才創立國際刑警委員會（International Criminal Police Commission, ICPC），總部設於奧地利維也納。1938年起，納粹開始控制該組織，1942年則完全控制，並將總部移至柏林。第二次世界大戰後，方重新建立，並於1946年，設立新總部於巴黎。1956年，ICPC更名為**國際刑警組織**（縮寫為ICPO-INTERPOL或僅為INTERPOL）。1989年，秘書處遷至法國里昂。

INTERPOL宗旨是打擊犯罪，促進警務的跨國合作，並支持與協助以預防或打擊國際刑事犯罪為宗旨的各種組織、機關，即便與該國**外交**關係不存在，並不成為影響因素。INTERPOL採取的行動會受限於不同國家間的法律，並遵守《世界人權宣言》，其憲章也規定禁止任何干預，或採取具有政治、軍事、宗教或種族考量的行動。另外，也作為提供各國全球警務與犯罪訊息資料庫之平台，提供訓練與研發也是其功能。INTERPOL主要機構包括：大會，為最高機關，由各會員國代表組成，1年1會，對所有重要事務進行決策；執行委員會，由大會選出13人組成，其中包含1名主席與3名副主席；秘書處，位於法國里昂；國家中央局（National Central Bureaus, NCB），為在各成員國的常設機關；顧問。大會與執行委員會為INTERPOL主要治理機構。INTERPOL至2021年中，共有194個成員國，官方網站為http://www.interpol.int。

國際金融公司
International Finance Corporation, IFC

第二次世界大戰前後的國際商業環境和現今大相逕庭，當時新興市場與全球化等現象尚未興盛，因此，二戰後雖成立**世界銀行**、**國際貨幣基金**等機構，可借款資助需要國家，但是，有志之士仍主張需設立機構來刺激發展中或落後國家的私營企業發展。據此，**國際金融公司**乃於1956年由31個成員國發起而成立，並於1957年向巴西的西門子公司提供首筆貸款。IFC為**世界銀行**集團之一員，在法律和財務上保持獨立。IFC首任總裁葛登能（Robert L. Garner）在就職演說表示，IFC是第一個以促進私營

企業發展的**政府間國際組織**。故IFC是向發展中國家私營部門提供最大多邊貸款與股權融資者。目前，IFC願景是促進發展中國家私營部門發展，讓人們可脫貧與改善生活。其目的有四：（一）促進發展中國家的開放、競爭力市場；（二）支持企業及其他私營部門；（三）促進工作機會和基本服務；（四）創造機會使人們脫貧與改善生活。方法是：（一）資助私營部門項目；（二）幫助新興市場的私營公司籌集國際金融市場資金；（三）向企業與政府提供諮詢和技術援助。

由各成員國代表組成的理事會為最高權力機關，權限包括決定政策和審查各項投資等。理事會將多數權力下放給由25位執行董事組成的董事會，各董事擁有的表決權取決於其提供股本多寡。另外，有多個專業功能的委員會。IFC總部位於美國華盛頓。至2021年中，有185個成員國。官方網站為http://www.ifc.org。

國際原子能總署
International Atomic Energy Agency, IAEA

國際原子能總署為**聯合國**附屬專門機構之一。1956年，共有81個國家簽署通過《國際原子能總署規約》；1957年7月29日，該機構正式創立。

IAEA為一獨立的政府間、以科學與技術為基礎的國際組織，是在核能領域進行合作的世界中心，宣言是「和平使用原子能」（Atoms for Peace）。依據《國際原子能總署規約》第2條，該機構目標是加速及擴大原子能對全世界和平、健康及繁榮的貢獻；是盡其所能，確保由其本身、或經其請求、或在其監督或管制下所提供的援助不致被利用於軍事目的。據此，該機構任務主要有三：查核與驗證核能不被使用於軍事目的，並提供保護；幫助一國提升核能的平安與安全，和準備與足以應付緊急狀況；幫助一國和平使用核能的科學與技術。IAEA的主要機構主要包括大會、理事會及秘書處。其總部設置於奧地利維也納，在日內瓦、紐約、多倫多、東京都設有運作聯絡處與區域辦公室，並在奧地利、摩洛哥及義大利設有研究中心及科學實驗室。至2021年中，成員國共有173個。IAEA官方網站為http://www.iaea.org。

國際海事組織
International Marine Organization, IMO

國際海事組織為**聯合國**專門機構之一。在**聯合國**的主辦下，1948年3月17日，成立IMO的公約於日內瓦通過。IMO即於該年成立。1959年1月，IMO

召開首次會議，並開始處理國際間的海事事宜。IMO主要任務是發展和進行對海事的綜合管理，包含改善國際航運的安全性，避免船隻對海洋造成污染，也涉入包括國際海運交通的便利、責任與賠償的法治事宜，以及航海的技術合作與效率等。因此，IMO由其目標而設定標語為：在潔淨的海洋上，安穩、安全與有效率航行。

IMO設有大會，為最高權力機關和管理機構，由各會員國代表組成，通常每兩年集會一次，會中通過未來兩年預算。大會休會期間，由理事會負責運作，理事會並負責規劃呈送大會的預算和工作計畫。另外，設有由秘書長領導的秘書處。IMO的技術性工作則由海事安全、海洋環境保護、法治、技術合作等委員會和副委員會負責運作。IMO總部位於英國倫敦。至2021年中，有174個會員國及3個準會員。官方網站為http://www.imo.org。

國際貨幣基金
International Monetary Fund, IMF

1944年召開的布列頓森林會議，針對貨幣問題，通過成立**國際貨幣基金**之協定。1945年12月27日，IMF正式成立。1947年11月15日，成為**聯合國**的專門機構之一。IMF成立時，主要目的是幫助維持匯率穩定，恢復貨幣可兌換性和多邊貿易，從而防止各國陷入閉關自守和保守主義，以促進戰後的經濟增長。而依據IMF協定第1條，主要責任有五：促進國際貨幣合作；促進國際貿易穩定成長；促使匯率穩定；幫助建立多邊支付體系；使用其資源來幫助面臨收支不平衡國家解決問題。

IMF最高權力機關為理事會，由各國代表組成，理事會每年召開一次會議並對重要事務進行決策，而各成員國的投票權乃由其繳納基金多寡決定。理事會選出24人組成的執行董事會，乃制定政策並負責執行大多數決策。執行董事會再選出1人擔任IMF總裁與執行董事會主席。總裁任期5年，另有4位副總裁協助。IMF資金來源，主要是各國繳納的「份額」（quotas）。一國的份額主要由其相對於其他成員國的經濟地位決定，並考慮到成員國的國內生產總值、經常帳交易和官方儲備之規模。而份額將決定一國的會費、可借款金額與投票權。IMF總部設於美國華盛頓。至2021年中，有190個會員國。官方網站為http://www.imf.org。

國際勞工組織
International Labour Organization, ILO

國際勞工組織成立於1919年，為第

一次世界大戰後的《凡爾賽條約》一部分，藉以呈現只有在社會正義基礎上，普世與永久和平方可實現之精神。1946年，成為**聯合國**專門機構之一。ILO是有關於工作的國際會議場域，致力於為各國人們帶來良好工作、與工作有關的安全和更佳生活水準。其核心任務包括幫助各國建立制度來捍衛民主和落實民主，並展現4個戰略目標：（一）推廣工作準則、基本原則與權利之瞭解；（二）創造更多機會來確保更佳就業與收入；（三）提升全方位社會保障範圍與效能；（四）強化政府、勞方、資方之三方關係與社會對話。並主要藉由推廣工時權利、鼓勵良好就業機會，提高社會保障，及強化與工作相關議題的對話來達成上述目標。ILO以公約和建議的形式為國際勞工準則設下最低標準：集會自由，組織權利，與資方談判，廢除強迫勞動，與工作有關的機會、待遇、各種條件的平等對待。

ILO主要機構包括：大會，每年在日內瓦集會，各成員國由2名政府代表，各1名勞方、資方代表組成；執行理事會，為ILO管理機構，1年3次集會，負責執行大會決策，提出計畫與預算等，由28名政府代表，各14名勞方與資方代表組成；國際勞工辦公室，即ILO秘書處。ILO運作特色乃是由政府、勞方、資方三方代表共同組成。總部位於瑞士日內瓦。至2021年中，共有187個成員國。官方網站為http://www.ilo.org。

國際電信聯盟
International Telecommunication Union, ITU

1844年首份公共電報發送，自此人類進入電信時代，但為解決各國不同電信系統，1865年5月17日，20個創始成員簽署《國際電報公約》，成立「國際電報聯盟」（International Telegraph Union），以制定適用所有國家的電信設備通用規則。隨著電話、無線電報問世，1906年首屆國際無線電報大會召開，簽署《國際無線電報公約》。之後隨著各種電信業務增長，為能有效管理，於1932年在馬德里，國際電報聯盟將《國際電報公約》和《國際無線電報公約》合併成為《國際電信公約》，並將**聯盟**更名為「**國際電信聯盟**」，於1934年1月1日生效。1947年10月15日，成為**聯合國**專門機構之一。

ITU任務是使電信和資訊網路得以增長和持續發展，並普及化，使所有人都能參與資訊社會和全球經濟，具自由溝通能力。為此，ITU主要工作之一是透過建設資訊和通信基礎設施，提高人們使用網路空間的信心，彌合數位鴻溝，實現網路安全與和平，並針對防災和減災強化緊急通信。ITU包含3個世

界通信的重要部門：無線電通信（Radiocommunication, ITU-R）、電信標準化（Standardization, ITU-T），以及電信發展（Development, ITU-D）。全權代表大會（Plenipotentiary Conference）是ITU最高決策機關，每4年1會，決定總體政策，通過預算，選舉重要人士等。休會期間，則由理事會負責運作，目前理事會由48個理事國組成，席次則依世界五大洲平均分配，總部設於瑞士日內瓦。至2021年中，ITU有193個成員國，和900多家公司、大學，以及國際性和區域性組織的成員。官方網站為 http://www.itu.int。

國際聯盟
League of Nations

第一次世界大戰為人類帶來極大災難，戰後，止戰與追求和平成為有志之士之目標，國際聯盟的產生與此有高度關連。1918年1月8日，美國總統威爾遜（Woodrow Wilson）提出了結束戰爭、維護和平的「十四點原則」。其中第十四點是設立國際聯盟，他也因此成為設立國際聯盟的靈魂人物。1919年1月，巴黎和會展開，威爾遜與會時，力主先討論建立國際聯盟一案，但遭英、法反對。經過爭執，巴黎和會決定設立一個國際聯盟盟約起草委員會，由威爾遜擔任主席。1919年4月28日，《國際聯盟盟約》在巴黎和會通過，並列入《凡爾賽條約》第一部分。1920年1月10日，巴黎和會宣布《凡爾賽條約》正式生效，國際聯盟也宣告成立，共有42個創始會員國。依據《國際聯盟憲章》，其宗旨是推廣世界合作，並追求世界和平與安全。

1920至1946年間，共有63國為其成員。但是因為發動戰爭，德、日、義於1933年後陸續退出，接著也共有17國先後退出。第二次世界大戰爆發後，國際聯盟已名存實亡，1946年4月18日，國際聯盟第21次大會正式通過解散，將財產與責任移交給聯合國。國際聯盟失敗原因與以下因素有關：一些強國並未加入，特別是美國；本身沒有武裝部隊；一致決的規定；缺乏常駐組織；重要成員國保護自我國家利益等。

華沙公約組織
Warsaw Treaty Organization

隨著第二次世界大戰末期，西歐盟軍將重心置於英倫海峽與北非地區，蘇軍乃以直接占領或援助當地共產勢力等方式，使東歐國家多成為蘇聯附庸。待北約（NATO）成立和西德加入NATO後，1955年5月14日，蘇聯、波蘭、捷克、匈牙利、羅馬尼亞、保加利亞、阿爾巴尼亞（1968年宣布退出）、東德，於波蘭首都華沙一同簽署《友好互助合

作條約》（又稱《華沙公約》），正式組成華沙公約組織。

　　《華沙公約》雖記載同意禁止以武力方式來解決國際紛爭，並保證互相合作，達成裁軍及和平目的，但是，華沙公約組織實際上成為在冷戰期間，由蘇聯領導，和美國為首的北約對抗之軍事同盟組織，使得冷戰期間國際局勢形成「兩極化」。隨著1980年代末期，東歐民主化運動興起，1990年10月3日，東德於兩德統一後，先宣布退出。1991年2月25日，在布達佩斯舉行的政治協商委員會特別會議上，其餘6個成員國外長和國防部長分別代表本國簽字，宣布華沙公約組織所有軍事機構從1991年4月1日起全部解散，並停止所有軍事行動。1991年7月1日，政治協商委員會在布拉格的會議上，由與會各國領導人簽署關於《華沙公約》停止生效的議定書和會議公報。至此，華沙公約組織正式解體。

萬國郵政聯盟
Universal Postal Union, UPU

　　萬國郵政聯盟成立前，一國必須分別與願意相互通郵的國家訂定郵務協議。為求一致化，22國代表在1874年9月於瑞士伯恩召開第1屆國際郵政代表大會，10月9日簽署《伯恩公約》，成立郵政總聯盟（General Postal Union），該日並成為「世界郵政日」。1878年，該聯盟決議修改公約並更名為萬國郵政聯盟。1948年7月1日，UPU成為聯合國專門機構之一。UPU是各國郵政部門合作的主要場域，幫助普及最新產物與服務。據此，UPU扮演諮詢、協調與聯繫的角色，並提供技術援助，也制定國際間郵政交換規則，提供建議來促進郵務數量成長及改善對消費者服務的品質。但UPU並非政治性組織，故不介入各國國內郵政狀況。因其使命是透過有效率的郵政服務，來發展社會文化和商務交流，故UPU也具有促使郵政服務持續興盛的領導角色。

　　UPU主要由4個機構組成。萬國郵政大會（Universal Postal Congress）為最高權力機關，由各會員國代表組成，每4年1會，主要任務是立法和訂定政策，選舉兩個理事會成員等。兩個理事會分別為扮演大會休會期間常設機關的行政理事會（Council of Administration），和研究郵政技術和運作等事宜的郵政運作理事會（Postal Operations Council）。另外，國際局（International Bureau）則是扮演秘書處的功能，為UPU提供後勤和技術支援。UPU總部設於瑞士首都伯恩。至2021年中，共有192個成員國。官方網站為http://www.upu.int。

經濟合作暨發展組織
Organization for Economic Cooperation and Development, OECD

　　經濟合作暨發展組織前身為創立於1947年的歐洲經濟合作組織（Organization for European Economic Cooperation, OEEC），其與第二次世界大戰後為振興歐洲的馬歇爾計畫有密切關連，1949年設立總部於巴黎。1961年OECD取代OEEC。自創立以來，OECD宗旨為幫助其成員國實現持續性的經濟增長和就業，提升生活水準，並維持金融穩定，從而為世界經濟發展作出貢獻。OECD之設立憲章也提出本組織應致力幫助其他國家在經濟發展過程中能穩固經濟擴展，並在多邊性和非歧視性的基礎上為世界貿易增長作出貢獻。

　　至2021年中，OECD成員國共計38個，多為發展程度較佳的已開發國家另有5個（中國、印度、印尼、巴西、南非）主要合作夥伴。但在當前相互依存的世界經濟體中，OECD也和其他超過100個國家合作，進行技術和意見交流。OECD主要機構有三：理事會，由各成員和歐洲委員會各派一代表組成，主要以共識決方式決策，確定OECD工作重點，以交由秘書處下的各部門完成；共計300多個委員會、專家與工作組，就特定政策提出具體建議與審議

進度；秘書處，設於巴黎，除正副秘書長，下有約3,300位專業人士組成的多個部門，為OECD從事研究與分析工作。總部位於法國巴黎，官方網站為http://www.oecd.org。

歐洲安全與合作組織
Organization for Security and Cooperation in Europe, OSCE

　　歐洲安全與合作組織前身為歐洲安全與合作會議（Conference on Security and Cooperation in Europe, CSCE），原始構想始於蘇聯，原希望藉由召開全歐安全會議來達到解決德國領土、影響北約和西方陣營、擴張影響力、獲得經濟利益、組成歐洲安全體系等目的，並於1965年在華沙公約會議上向西方提出此構想。經過雙方陣營協調，首次CSCE於1973年開議，除阿爾巴尼亞外，全歐各國、美國、加拿大、土耳其，共計35國與會，並於1975年正式簽訂「赫爾辛基最後議定書」（Helsinki Final Act），以追求歐洲的和平與安全。而在CSCE工作範圍與內部組織架構逐漸擴增等因素下，1995年1月1日，CSCE正式更名為OSCE。

　　OSCE主要致力於區域內的早期預警、衝突預防、危機管理與衝突後復原；處理三類安全議題：政治軍事、經

濟與環境、人權，因此，其強調廣義的安全，包括軍控、信心與安全建立機制、人權、少數民族、民主化、維安、反恐、經濟和環境活動等。OSCE強調成員國一律平等，故決策必須是一致共識決，且決策對他成員國只有政治效力而無法律約束力。至2021年中，OSCE共有57個成員國，遍及歐洲、中亞與北美，為目前世界最大的區域性安全組織，另外共有11個合作夥伴（6個位於地中海，5個在亞洲）。官方網站為http://www.osce.org。

歐洲聯盟
European Union, EU

　　歐洲經歷多次戰爭後，生靈塗炭，損失慘重。第二次世界大戰更使歐洲轉變為受美國援助的對象。因此，為永久止戰，促進歐洲和平與重新繁榮，整合思潮漸起。由法國外長舒曼（Robert Schuman）與莫內（Jean Monnet）草擬，1950年5月9日提出的「舒曼計畫」，並受到法國、德國、義大利、荷蘭、比利時、盧森堡6國接受，於1951年簽署《巴黎條約》，成立歐洲煤鋼共同體，為歐洲聯盟之源起。1957年，6國再簽署《羅馬條約》，成立歐洲原子能共同體與歐洲經濟共同體。1965年《合併條約》，將三大機構合併為歐洲共同體。1991年通過，1993年生效的《馬斯垂克條約》，使歐洲聯盟正式出現，共涵蓋3個支柱領域：第一支柱為歐洲共同體；第二支柱為共同外交與安全政策；第三支柱為司法與內政事務（後來變更為「刑事方面的警政和司法合作」）。因此，在整合程度上，歐盟已進入最高層級的政治整合階段。2004年歐盟各國領袖簽署《歐盟憲法》草案，希望再次推進整合程度，但不幸胎死腹中。2007年，歐盟高峰會通過《里斯本條約》，並於2009年12月生效，藉以取代《歐盟憲法》，使歐盟整合繼續發展。

　　歐盟主要機構包括：歐洲理事會、執行委員會、歐洲議會、歐洲法院、歐洲審計院、歐洲銀行等，並設置歐洲理事會主席、歐盟外交與安全政策高級代表等。至2021年中，共有27個成員國（英國於2020年1月正式退出），5個候選國，2個潛在候選國（potential candidate）。歐元（Euro）為主要貨幣，27個成員國中有19國使用歐元，另有多個非歐盟成員國也使之。受惠於申根（Schengen）協定，區內人民均可自由移動。歐盟官方網站為http://www.eu.int。

獨立國家國協
Commonwealth of Independent States, CIS

當1991年12月25日，戈巴契夫宣布辭去蘇聯總統職務時，正式象徵蘇維埃社會主義共和國聯邦（蘇聯）徹底解體。但於同月，**獨立國家國協**即宣布成立，斯時，俄羅斯、白俄羅斯、烏克蘭、亞塞拜然、亞美尼亞、哈薩克、吉爾吉斯、摩爾多瓦、塔吉克、土庫曼、烏茲別克為成員國。喬治亞於1993年加入。因此，前蘇聯加盟國中，除波羅的海三小國外，皆為CIS成員。但是，成員國間存在摩擦，故土庫曼與喬治亞分別於2005年和2008年8月宣布退出。烏克蘭則是因為克里米亞問題，在2018年正式退出CIS。因此，目前成員國共有9國。

依據CIS憲章，CIS並非國家，也未擁有超越國家的權力。目的是實現政治、經濟、環境、人權、文化等領域的合作；基於共同經濟空間和成員合作與整合促成成員國的經濟社會發展；維護人權與基本自由；合作以促進國際和平與安全、實現裁減軍備、消除核武和大規模毀滅性武器；讓CIS人民可自由交流、接觸與移動；和平解決成員國間的爭端與衝突等。因此，其目標是實現全方位的合作。例如，在經濟方面，於1993年9月，CIS國家領袖簽署創立經濟聯盟協定以形成共同經濟空間；2000年10月，白、哈、吉、俄、塔共5國領袖簽署創立歐亞經濟共同體（Eurasian Economic Community）協定；2003年9月，白、哈、俄、烏四國則簽署成立共同經濟空間（Common Economic Space, CES）協定。CIS主要機構有國家領袖理事會（最高機關）、政府領袖理事會、外長理事會、國防部長理事會、邊境軍隊指揮官理事會、跨國議會大會、經濟法院等。總部設於白俄羅斯首都明斯克。

聯合國
United Nations, UN

聯合國是由主權國家組成的國際組織，前身為國際聯盟。**聯合國**此一名稱由美國總統羅斯福（Franklin D. Roosevelt）提出，首次使用於1942年1月1日公布的《**聯合國**宣言》（Declaration by United Nations），以象徵共26個國家承諾將共同對抗軸心國。1944年8月至10月間，中、美、英、蘇代表在美國華盛頓敦巴頓橡樹園集會，提出成立一國際組織的建議案。1945年，共50個國家代表聚集於美國舊金山，針對該建議案仔細討論，而起草了《**聯合國**憲章》，該憲章並於1945年6月26日由50個國家代表正式簽署。波蘭當時雖並未派代表參加該會議，但事後派員簽署，並成為51

個創始會員國之一。1945年10月24日，聯合國正式宣布成立，每年的10月24日也就成為「聯合國日」。

據《聯合國憲章》規定，聯合國有4項宗旨：維持國際和平與安全；發展國家間友好關係；合作解決國際問題和增進尊重人權；成為協調各國行動的中心。聯合國有6個主要機構：（一）大會，由所有會員國派員組成，且為「一國一票，票票等值」；（二）安全理事會，共有15名成員，含中、美、英、法、俄5個常任理事國，及10個經大會選舉產生，任期2年的非常任理事國。近年來，是否對安全理事會組成或權限進行改革成為國際關注焦點；（三）經濟及社會理事會，共有54個成員，由大會選舉產生，任期3年，是在大會授權下，負責協調聯合國及聯合國組織系統的經濟和社會工作；（四）託管理事會，成立目的是對7個會員國管理的11個託管領土進行國際監督，並確保其採取適當步驟使這些領土自治或獨立。因至1994年時，這些託管領土都已實現自治或獨立，所以，託管理事會於1994年11月1日起停止運作，並取消每年舉行會議之規定，改為視實際需要再召開。目前該理事會由5個常任理事國組成；（五）秘書處，負責聯合國的行政工作，由秘書長負責領導；（六）國際法庭，為聯合國的主要司法機關，由大會及安理會選出15名法官組成，負責對國家間的爭端作出仲裁。其中，前5個機構設置於美國紐約的聯合國總部；國際法庭則設置於荷蘭海牙。在南蘇丹於2011年正式加入聯合國後，共有193個會員國。官方網站為http://www.un.org，網站入口共有6種語言模式。

聯合國教育、科學及文化組織 United Nations Educational, Scientific and Cultural Organization, UNESCO

第二次世界大戰之際，多國除思考如何止戰，恢復和平，也考慮如何重建教育體系。1945年11月，於倫敦舉行一旨在成立教育與文化組織的聯合國會議，共37國簽署《憲章》（Constitution of UNESCO），聯合國教育、科學及文化組織乃正式成立。《憲章》序言提到「戰爭起源於人的思想，故必須於人的思想中築起保護和平的屏障」，因此，UNESCO宗旨為藉由教育、科學及文化來促進各國合作，對和平與安全作出貢獻，以增進對正義、法治及《聯合國憲章》所確認之普世價值，即世界人民不分種族、性別、語言或宗教，均享有人權與基本自由。

UNESCO活動領域包含教育、自然科學、社會與人文科學、文化、傳播和資訊。《2002-2007年中期戰略》確定了UNESCO 5項主要職能：（一）思想

實驗室：預測和確定其主管領域所出現的最重要問題，和提出解決這些問題的戰略和具體政策；（二）資訊交流中心：本組織引導、協調，有時更直接管理一些具有研究、交流成果和培訓三重使命的地區性和國際性網路；（三）制定準則：對規範意見一致時，以協定、公約、建議書或宣言等國際法律文書形式予以確定，並監督其實施情況，有時並幫助各國予以落實；（四）能力培養：安排國際合作，幫助會員國培養個人與機構的能力；（五）推動國際合作。UNESCO總部位於法國巴黎。主要機構包括大會，執行理事會，及秘書處。至2021年中，UNESCO有193個會員及11個準會員，其中，美國與以色列於2017年宣布退出。官方網站為http://www.unesco.org。

聯合國糧食及農業組織 Food and Agriculture Organization of the United Nations, FAO

1943年，44國政府代表在美國維吉尼亞州舉行的會議上，決定創設一個有關糧食及農業的常設組織。1945年，聯合國糧食及農業組織正式成立，並在加拿大魁北克召開第1屆會議，確定為**聯合國**附屬專門機構。FAO致力於對抗飢餓，核心使命是實現人人糧食安全，確保人們獲得健康生活所需的足夠優質食物。因此，任務為提高營養水準，提高農業生產率，改善農村人民生活和促進世界經濟發展。而FAO活動包括四大領域：使人們獲得訊息；分享政策專業知識；為各國提供一會議場所；實際傳送知識。對於已開發與發展中國家，FAO扮演中立性論壇角色，使各成員可對等地進行談判與磋商，並且也是訊息與知識的來源；對於發展中與轉型中國家，FAO則提供其農、林、漁業現代化與發展所需的協助，並確保人們獲得良好營養。自成立以來，FAO特別重視世界上70%的貧困者與饑餓者居住的農村地區之發展。

FAO主要機構包括大會與理事會，並由大會選出總幹事來領導本機構。另設有8個部門：農業及消費者保護；經濟及社會發展；漁業及水產養殖；林業；人力、財政與物質資源；知識與交流；天然資源管理與環境及技術合作。FAO總部位於義大利羅馬。至2020年5月，FAO共有194個會員國，1個會員組織及2個準會員。官方網站為http://www.fao.org。

第十一篇　全球化
Globalization

文化全球化
Cultural Globalization

　　文化全球化是全球化諸多面向之一，在通訊科技的加持下，不同地區的文化得以交流或相互影響。如果觀察面是「異國文化」來到本國，作為接收方的國家及其人民，有時樂於接納，但又時又極度排斥。所以文化的全球化面向在本質上與經貿全球化雷同，都會有贏家與輸家，以及支持者和反對者。沒有哪一方絕對正確。

　　文獻指出，文化性資訊的全球傳播會改變人們對於物質與環境的認知，導致接收異國文化的人民在意念的形成上產生多元化。對於這種現象，保守者認為，異國文化會侵蝕本國的民族文化和民族認同，讓自己本國在文化變得不純粹或產生質變。然後，即便保守者的說法屬實，卻也反映出有些國家在接收外來文化時，因為本國文化相較於異國文化處於一種較不得人民青睞的情況，才會造成本國文化被滲入或出現質變。如果自身文化是有競爭力的，其實並不需要太擔心異國文化的入侵，甚至可以向外投射，去影響他國。

世界主義
Cosmopolitanism

　　世界主義一詞最早來自哲學層次，是一種社會理想，斯多噶派（the Stoic School）在其哲學中自稱為世界主義者，意思是說他們的城邦就是整個宇宙或整個世界，認為全人類都屬於同一精神共同體，是與愛國主義和民族主義相對立的思想。在全球化的角度下，赫爾德（David Held）等學者則提倡一種國家和民族間更具包容性的道德、經濟和政治關係。要求一種以全球為導向的公民身分，並致力維護權利，而且把權利擴大至國家界線之外，進而發展全球的治理制度，建立參與程度更高的全球治理機制。

世界體系理論
the World System Theory

　　請參考華勒斯坦（Immanuel Wallerstein）。

半邊陲地帶、邊陲地帶
the Semi-periphery, the Periphery

　　華勒斯坦在探討世界體系的形成，曾以16世紀的歐洲經濟現狀為例，區分為自耕農為主的高生產力形態的「核心地區」（the core）──西北歐、以佃農為主的「半邊陲地帶」──地中海區域，以及農奴和強迫性的現金作物勞工為主的「邊陲地帶」──東歐與西半

球，來象徵16世紀歐洲國家發展的3種路徑，其中目前所謂「第3世界」，就是被歸類為屬於「半邊陲地帶」或「邊陲地帶」的國家。這類國家在地理上多處於「工業化國家」（industrialized nations）的南邊，因此又常被以「南方國家」（The Southern Nations）加以泛稱。

生物多樣性
Biodiversity

世界人口在2020年已達77億9,000萬之多，消耗地球上四分之一左右的各式資源，以及五分之一可耕地和三分之一的森林。文獻指出，人類的發展模式悖離了與環境的和諧共處，其結果就是造成生物多樣性的消失。

生物多樣性係指生活在地球上的不同種類生命，其相互競爭或合作，使整體自然生態圈達到一個微妙平衡。這個概念於1986年在美國的「生物多樣性國家論壇」中被提出，根據《生物多樣性公約》，生物的組成成分可以分為遺傳多樣性（genetic diversity）、物種多樣性（species diversity）和生態系多樣性（ecosystem diversity）三大類別。生物多樣性的本身與貢獻非常重要，首先其具有商業價值；我們所食用的穀類雜糧、肉品、蔬果，甚至是加工後的點心無一不是源自於多樣的。其次，生物多樣性具有娛樂的價值，家中飼養的寵物、戶外休閒之一的釣魚，都能帶來很大的樂趣。第三，生物多樣性具有文化價值。不同人類部族在歷史上將狩獵所得的皮毛或骨骼加工成文物，記錄特定期間的文明，從而產生了文化的意義。最後，生物多樣性具有科學意義，生物學界透過多樣性的研究，從許多物種身上或其遺傳性資源中，慢慢地認識生命的特性，建立起系統性的遺傳學、基因科技，還有物種系譜學的重要知識。

全球化
Globalization

全球化的概念在19世紀到20世紀這段期間已被觀察和探討，但直到1960年代末及1970年代初，才開始在學界被系統性的研究。然而，全球化的確切概念與具體涵義至今還是相當紛雜，不同研究者間的共識並不高於分歧。以下列出若干常見與較具代表性的說法，最後則是化約為3個核心構成要件要素。

首先，就時間點而言，全球化可劃分成歷史上的全球化與當代的全球化，前者係指15世紀地理大發現之後到1960至1970年代這段期間；後者係指1970年代迄今的全球化。其次，就全球化本身的意涵來看又可細分出不同的理解：（一）紀登思（Anthony Giddens）：表達全球各地不同社會的互動性愈來愈強

的一種現象,是一種對遠方的影響力;
(二)塔布(William K. Tabb):全球
化是減少國家間的藩籬和促進更緊密經
濟、政治和社會互動之過程;(三)基
姆(Samuel Kim):全球化是指一連串
複雜、彼此獨立卻又互有關聯的動態過
程;它加深且加快了全世界各層面之
人類關係和相關性的改變;(四)赫
爾德:一個(或一組)轉變過程,當
中呈現出一種全球各種社會關係和社
會交換行為的空間組織方式之轉變。
而此轉變可以廣度(extensity)、密度
(intensity)、速度(velocity)和深度
(impact)等面向來予以衡量。

除上開多面向的全球化定義外,
對於全球化這個現象的認知也有許多
軸面。有人探討全球化與國家主權間
的關係,有人將軸心移置非國家行為
者權力的增加,有人對全球化抱持懷
疑的態度,也有人採取轉型主義的立
場(Transformationalist Position),認
為全球化促使國家重新看待自己的權
力與扮演之角色。儘管全球化的學理
共識還在形成中,但可以確定以下3
點:(一)它是一個由A到B的過程;
(二)吾人透過那些跨越時空且被大量
重製的行為來觀察全球化;(三)這個
現象必然與經貿因素相關。

在地全球化
Lobalization

全球化下的社會交流出現了一種既
是「在地全球化」(Local Globalization,
Lobalization),又是「全球在地化」
(Global Localization, Glocalization)的
有趣趨勢。這是一種強調全球化和本土
化互為表裡且相應而生的觀點。詳言
之,成功的全球化必須要在擴散點上與
在地的某些元素相結合,才能增加自己
被接受的程度(或是減少被排斥的風
險)。而任何本土或在地的事物或觀
念,若要普及於世界各地,非透過全球
化難以盡其功。

對於全球在地化的理解,必須要注
意到「地方」扮演很重的角色。因為全
球化是一個「面」,它的根基來自於無
數的擴散點及這些點之間的串連。外部
事物或觀念如何包裝自己,才能順利進
入「地方」,進而獲得地方人民的支持
與接納,是所有渴望將自身事物或觀念
投射於外的行為者(國家、跨國企業、
宗教團體)必須努力的方向。在地化的
能力愈強,全球化的程度就愈高,美式
普羅文化便是最佳的例證。

全球治理
Global Governance

「治理」是涉及公共部門與私部門

的一個過程，當中以協調而非命令的方式維持互動，有別於「統治」那種由上往下的決策執行。在治理過程中，參與者彼此間是水平的分工關係，而不是垂直的上下隸屬關係。根據聯合國全球治理委員會」（Commission on Global Governance）在1995年的報告，全球治理是各種公私性質的個人和機構，處理共同事務的諸多方式總和。是讓相互衝突或不同利益得以被調和並最終採取一致行動的過程。它包括有權使人遵守的正式機構和規章，也包括非正式的各種安排。在全球層次上，治理過去一直建立在政府間的互動，但當代必須同時納入非政府組織、各種公民運動、跨國企業，它們兼是全球治理的參與者，並對其結果發揮程度不一的影響。

學者羅森諾（James Rosenau）認為全球治理為多層次的人類活動，從家庭到國際組織，透過系統規則以控制行動來追求各種目標，進而對各層次達到跨國性的影響，以解決全球性的政治、經濟、環境、人權、犯罪、傳染病等問題。在治理的概念中，不僅有傳統的正式制度、建制、組織，還有非國家行為者（例如：跨國公司、非政府國際組織）的正式或非正式參與。

依照基歐漢（Robert Keohane）與奈伊（Joseph Nye, Jr.）的說法，全球治理不是否定傳統國家與政府在世界政治舞台上的地位，而是強調新的解決問題與因應危機的趨勢。治理融入了國際建制（international regimes）、多層次的能動者（agents）、網絡（networks）以及規範（norms）等要素在內。其中，外交政策的制定與解釋權日漸多元化，不再由主權國家或政府間的國際組織所壟斷。此種在綿密國際規則與各式制度網絡下的治理模式，象徵某種後主權時代（Post-Sovereignty Era）或後國家時代（Post-Nation Era）的來臨。

全球暖化
Global Warming

何謂全球暖化？係指在一段長時間中，地球的大氣和海洋溫度明顯上升之現象。然而，目前學界主要討論的暖化是指「人為因素」導致的異常地球年均溫增升，而原因肇因於人為排放的6種溫室氣體（GHGs）。科學界第一次關於溫室氣體的研究是瑞典化學家阿累尼烏斯（Svante Arrhenius）在1897年的發現，當時並沒有引起重視。90年後，聯合國環境規劃署（UNEP）與世界氣象組織（WMO）共同組成的政府間氣候變遷專家小組（IPCC），開始對地球表面平均溫度持續升高及極端氣候跡象愈來愈顯著的情況，投入關注。

特定溫室效應氣體的排量和全球暖化的關係，目前已無懸念，但如何有效抑制溫室氣體的排量，並在技術面達成

「碳中和」，或是讓主權國家能實踐自己在《巴黎協定》中的自主碳排貢獻，可謂相當困難。其原因在於，各種溫室氣體在排放過程中所觸及的經濟、政治、道德以及科學間的糾葛，無法以現存的任何制度加以處理。工業已開發國家與發展中國家在因應暖化立場上的對峙，並不是因為科學證據的欠缺，而是涉及削減溫室氣體排放之後所可能產生的經濟損失與政治風險。此外，對抗暖化的「綠色科技」以及隨之而來的能源轉型都是利益與權力的重新分配。既得利益者不會輕易妥協，而企求修正現狀者之間又未必立場一致。至於一般民眾對於調適與抑制暖化所帶來的生活方式改變充滿不確定，在國際整體經濟情勢不佳又難以短時間走出疫情衝擊之際，暖化治理要達到效果並不容易。

竹節式資本主義
Bamboo Captialism

　　中國近年的經濟表現，讓其成為全球第二大經濟體，而2020年COVID-19疫情的全球擴散，讓中國在疫後復甦的情況有可能較美國更具優勢，因此英國智庫「經濟和商業研究中心」（CEBR）評估，中國極可能在2028年超越美國，成為全球第一大經濟體。

　　對於中國亮眼的經濟表現，一般說法是將此歸因為中國官方的管制與所謂

「中國特色的資本主義」。但事實上，中國官方政策其實只在基礎建設與技術轉移這兩個部分發揮了影響，真正居功厥偉的是民間企業，特別是中小企業。這些企業非常低調，不但避免了政府的注意，也規避了政府的法規。換句話說，這些企業在經貿上的表現，沒有被官方統計完整地呈現。2011年，《經濟學人》一篇專論指出，中小企業占中國GDP的70%。而香港大學的研究表示，私人中小企業的股本報酬率平均高出國營企業近10%。

　　然而，上述以中小企業為核心動力發展起來的竹節式資本主義存有相當的風險，未來如何對之進行管理，不但影響中國經濟的成長，也左右全球市場一半以上的貨品供應穩定。首先，這些企業的投機心態很強，明顯與中國政府的領導權威構成對比，但地方省級單位常常為了求發展，而睜一眼閉一眼。其次，法律與制度上管理的瑕疵或漏洞讓中小企業的融資與黑市經濟及官員貪腐形成共生犯罪。這對長遠國家的經濟結構來說無異是一項風險。

國家資本主義
State Capitalism

　　知名的國際時評雜誌《經濟學人》曾有一篇文章：〈中國的經濟模式：習近平重新擘劃國家資本主義，不可低

估〉。該文內容指出，美國正加強與中國的競爭，並積極用各種方式來壓縮中國的全球影響力。認為這樣做便可以抑制中國的崛起，因為中國的經濟成長是在國家力量下被灌水的假象，是脆弱的國家資本主義。所謂的國家資本主義是指，一國的經濟雖然有成長，但靠的是舉債、補貼、企業與官員的裙帶關係和強奪別國企業的智慧產權。基於這樣的理解，西方國家若要抑制中國的經濟崛起，就要對中國施加壓力。

但實際上，美中貿易戰下，中國的損害較預期少了許多，而COVID-19疫情的衝擊對美國更是遠大於中國。依據IMF的報告，中國2020年經濟增長率是1%，但美國是-8%。這也就是說，中國的經濟雖然有很深的國家機械介入，但它的韌性極大。2012年習近平上台後，國家資本主義開始走向「習經濟」（Xinomics），其特色是：（一）嚴控經濟週期及借貸機器的操作，避免超巨大財政支援及借貸方案；（二）中國的銀行被強制處理表外資產與建立資本緩衝；（三）內國民商法已有清晰可預測之法規內容，市場運作更暢順，經濟效率也比任何時期更高；（四）國營企業和私營企業的界限模糊，這表示國企要開始提高自己的盈利，甚至要吸引私人投資。所以國企不是可以擺爛的企業，反而要愈來愈像私企那樣的有狼性。與此同時，習政權透過在私營企業內建立

黨組織，加強控制私人企業，使得私企的行政本質與國企沒有二致。

知識經濟
Knowledge-based Economy

「知識經濟」一詞最早係由「經濟合作暨發展組織」（Organization for Economy Cooperation and Development, OECD）於1996年提出，將「知識經濟」的概念定義為：知識經濟指以擁有、分配、創造、獲取、傳播及應用「知識」為重心的經濟形態。以知識為基礎的經濟具有全球化的特性，透過以人力資本、知識累積，運用新的技術、創新、毅力與冒險精神，作為經濟發展原動力。知識經濟成為全球化下一種新經濟形態。

非政府組織
Non-governmental Organizations, NGOs

非政府組織算是目前出現在國際政治中使用最頻繁的詞語，但是對於非政府組織的定義，目前並沒有一個被普遍認定的界定，一般都是以3份聯合國文件中對非政府組織的說明為標的，分別是1950年經社理事會（ECOSOC）第288(X)號決議與1968年的第1296(XLIV)號決議和1994年聯合國文件。1950年第

288(X)號決議指出：「任何國際組織，凡是未經政府間協議而建立，都被視為是為此種安排而成立的非政府組織。」而1968年的第1296(XLIV)號決議則是其所做的補充，並擴充為：「非政府組織包括那些接受政府指定成員的組織，只要這種指定是不干涉組織本身觀點的自由表達，就是非政府組織。」另外，1994年聯合國文件對NGOs定義為：「為一非營利實體，其成員是由一國或多國公民組成，以及其活動取決於成員之集體意志，以回應與NGOs合作的一個或數個社群需求。」以上三文件定義出非政府組織3項重點，非政府性、獨立性與非營利性，其中非營利性已排除了純粹追求私人利益的企業與市場力量，如跨國企業與多國企業等。

非國家行為者
Non-State Actors

冷戰結束後，非國家行為者引起學者在理論研究與實務操作上進一步關注，這主要在於非政府組織自1980年代以來飛速的發展，出現了學者薩拉蒙（Lester M. Salamon）所稱的「全球結社革命」（Global Associational Revolution），而經濟全球化與通訊技術的革命性發展，也給予非國家行為者適時的便車，使其在國際政治中的地位和作用愈來愈引人注目。所謂非國家行為者實

涵蓋「非政府組織」、「國際性非政府組織」、「跨國企業」、「多國企業」以及「政府間國際組織」。另按非國家行為者的屬性內容、特徵，可將非國家行為者分為：「非政府組織」、「企業團體」、「政治組織」、「宗教實體」、「犯罪組織」。

政府間國際組織
Intergovernmental Organization, IGOs

國際組織是指國家之間為了實現特定的目的和任務，根據共同合意的國際條約而成立的常設性組織。另外，國際組織亦是指若干國家或其政府、人民、民間團體為了共同的目的，依協定而建立的常設團體。所以一般來說，凡是兩個以上的國家，其政府、民間團體、個人，基於某種目的，以一定的協定形式而創設的各種機構，均可稱作國際組織。目前，在國際法上所稱之國際組織，基本上都被認為是指狹義上的國際組織，即「政府間國際組織」。1969年《維也納條約法公約》第2條第1項中關於條約用語規定「國際組織」者，謂政府間之組織。進入20世紀後，國際組織形成以在政治上維護和平及防止戰爭為中心目的的政治性組織，並出現了綜合性的各種國際合作任務的國際組織。1920年1月，第一次世界大戰後成立的

「國際聯盟」，便是第一個國際性的政治性組織。在第二次世界大戰後，於1945年10月24日成立更為廣泛的國際政治性組織「聯合國」。自1950年代以來，國際組織的發展更如雨後春筍般迅速發展，特別是聯合國在維持和平方面與區域性國際組織，在國際合作方面與專門性國際組織，都建立了密切與職能性關係。

政治全球化
Political Globalization

指涉國家主權式微，民族國家的角度已變得微小，一方面區域及跨國組織甚至非國家行為者、「超國家」（Super nation）皆有取代部分國家的角色與職能；另一方面，由於全球化的效應，進一步促進公民意識的興起與社群行動的發展，以及民主政治的地方參與。換言之，政治全球化具體展現於主權國家在權力上的弱化和轉化，針對區域化和全球化的興起，不僅帶給主權國家衝擊，同時也對主權觀念的轉變產生偌大影響。

國際性非政府組織
International Non-governmental Organizations, INGOs

一般在提及非政府組織時，幾乎會與國際性非政府組織完全連結混用，抑或以「國家的NGOs」（National NGOs）與「國際的NGOs」（International NGOs）來區別不同。學者指出NGOs屬於一種「國內行為者」（domestic actors），其活動受制於其國內政治系統，不過這些組織一旦跨越國家藩籬，與他國或更多國NGOs連結合作時，就成為一種INGOs的機制。在20世紀末期，許多國際組織伴隨著其他形式的非政府組織出現在國際組織發展的範疇裡，而其範疇裡的標準亦顯得廣泛，例如經濟合作暨發展組織，僅僅要求「非政府國際組織」是：（一）非營利；（二）將經費花用在第三世界國家的發展、或是在第一世界（自由市場經濟）「意識提升」（awareness-raising）的活動。另外，較具權威的《國際組織年鑑》（Year Book of International Organizations）則規定得較嚴謹，給予國際性非政府組織幾項必備的條件，分別是：（一）組織宗旨是具有國際性質，並意圖在至少3個國家展開活動；（二）有完全自主性投票權，成員應來自至少3個國家；（三）有固定

總部、機關、執行官員，並定期選舉；
（四）主要一部分預算應至少來自3個
國家，並不以營利為目的。

　　根據以上說明，大概可以替國際性
非政府組織得出較廣義的定義，即組織
中若強調「國際」聯繫部分、組織活動
傾向多邊國家間、組織結構國際性質
明顯，則可認定為國際性非政府組織。
不過，一般國際組織文件，甚至是聯合
國經社理事會，都甚少使用INGOs此名
詞，反倒是採NGOs一詞通用，這主要
在於是否要刻意強調其「國際性」意
義，其實不強調其「國際性」並不損及
其組織功效，以及使用NGOs一詞反而
可加強與國家內部結構的聯繫。在研究
上區分INGOs與NGOs之不同，往往只
是反映所分析涉及的層次不同。

國際農業發展基金
International Fund for Agricultural Development, IFAD

　　2011年年初在法國巴黎召開的G20
會議中與協調各國金融政策同樣急切之
另一項呼籲是，民生基礎物價激烈攀升
的問題。就在會議召開之前，國際貨幣
基金有兩份極重要的報告──《世界經
濟展望》（World Economic Outlook）
與《全球金融穩定》（Global Financial
Stability Report）；兩份文件顯示，國

際金融局勢尚不穩定，風險仍未消除，
需要各國立即與全面性的因應。而最主
要的風險源除了先進國家的市場復甦過
慢、普遍與偏高的失業率和新興市場的
投資過熱，就是食物價格飆漲的糧食
危機。事實上，聯合國糧食暨農業組
織（FAO）在2011年的1月便已發出警
告，指出全球糧價漲幅已超越2007年到
2008年糧食危機的水準。許多蔬果儼然
已成為奢侈的消費；馬鈴薯、香蕉、木
瓜，甚至柳橙的價格均上漲。這對經濟
弱勢還有社會底層的人民來說，無異於
戰爭期間通貨膨漲的遭遇。換句話說，
糧價高漲加速了國際間經濟發展的失衡
和一國內部的貧富落差。

　　IFAD為隸屬於聯合國的專門機
構，以解決上述糧食危機和舒緩赤貧現
象為宗旨。其原始構想可溯源至1974年
的世界糧食會議（World Food Confer-
ence）。由於當時國際社會受到能源價
格波動的影響，出現普遍性的糧食危
機，尤以非洲撒哈拉地區特別嚴重，故
會議中提議成立一個跨國性基金來幫助
糧食短缺的國家從事農業發展，增加農
作產量。會議中同時強調，糧食不安全
的問題不是單純的產量不足，尚與一國
貧窮的社會結構問題有關，因此設法削
減鄉村地區的貧窮人口被列入本基金的
主要工作項目。

基因改造有機體
Genetically Modified Organism, GMO

指透過人為的科技方法，將其他生物有機體的遺傳物質轉移到另一生物體上的技術。倘最後受轉殖的有機體能夠穩定地表現外來遺傳物質的特徵，就稱為基因改造有機體。源自科學研究上對DNA的突破性發現，遺傳基因工程得以快速發展，科學家應用遺傳工程可將各種生物間之基因互相轉殖。由此發展出基因技術與相關的基造有機體或是活性改造有機體（Living Modified Organisms, LMOs）。

全球化進入21世紀後，基因改造科技各種生物科技相當興盛，但其使用之後果是否全然對人類有利，而不會造成生態系的安全風險，成為一個辯論的議題。為此，生物多樣的問題漸進到有關「生物安全」（bio safety）的討論。基因改造有機體因為尚未得到充分的研究，故而在使用或應用上，須採取預防性原則（precautionary principle），以避免基改技術造成破壞環境平衡和人體健康的悲劇。2003年起，國際社會透過《生物安全議定書》的制定，對基因改造有機體的相關技術和使用進行監控與管理。

第三部門
Third Sector

國內最近開始流行的另一個有關NGOs術語，是謂「第三部門」，所謂「第三部門」，是有別於政府部門（第一部門）、企業部門（第二部門）之外的民間部門，第三部門所負責處理的工作，通常是政府與企業沒有能力做或沒有興趣做的事務。由於第三部門主要關切的是弱勢團體、社會福利議題，因此必須與社區或公民保持密切的聯繫；但為了爭取補助、稅捐減免與遊說，似亦須與政府部門保持關係，而且第三部門也必須同時與企業組織保持互動，俾便向其募集資金或爭取支持，以實現公益目標。它似乎是介於政府與企業間的橋樑，所追求的是公益活動，包括醫療、教育、貧困救助、文化休閒等；美國學者德魯克（Drucker）就將存在於美國社會中，具有這種屬性的民間組織稱為「第三部門」（third sector associations）。亦有學者主張第三部門實涵蓋「非政府組織」與「非營利組織」，差別在於「非政府組織」係常用於指國際性、非某一特定國家之公益組織；而「非營利組織」則常用以指某一國家內之公益組織。

凱因斯集團
Cairns Group

由19個以農業出口貿易為主的國家所組成，由於總和的農產出口量占全球25%左右，因此在目前WTO的多哈回合（Doha Round）談判中相當具有影響力。此集團的主要宗旨是促進國際農產品貿易的真正自由化，朝向有利於發展中或低度發展中國家的方向調整，平衡長期以來美國或歐洲國家在農業補貼上所造成的貿易失衡與地方小農生存權被擠壓的情況。目前的成員國有：阿根廷、澳大利亞、玻利維亞、巴西、加拿大、智利、哥倫比亞、哥斯大黎加、瓜地馬拉、印尼、馬來西亞、紐西蘭、巴基斯坦、巴拉圭、秘魯、菲律賓、南非、泰國、烏拉圭。

本集團的主要目標（載明於《願景聲明》（Vision Statement））集中在3項改革：農產品關稅的削減、消除所有扭曲貿易的國內市場農業補貼，以及全力避免以出口為目的之政府補貼。

普世價值
Universal Values

全球化下打破了國界的藩籬，也帶來了關於普世價值觀，此時西方推崇之「自由、民主、人權、環境維護」等理念，成為當前最重要的普世價值。所謂普世價值，是指在人類歷史的所有時間內，不論過去、今天還是將來均成立的一種價值，是對所有人類、不分種族、性別、民族、文化、信仰均成立的價值，這種普世價值亦為道德上良善的觀念或行為。全球化下，國內與國際的界線消失，公領域與私領域的板塊重疊，超越民族、宗教與文化的「普世價值觀」必須建立，如此才可形成一股規範，透過廣泛和持續的努力，以創造人類共同的承擔責任，使全球化充分做到相容並蓄與公平合理。

結構調整計畫
Structural Adjustment Programme, SAP

由國際貨幣基金所籌劃之一套配合世界銀行（World Bank）協助長期國際收支失衡或財政赤字國家的經濟與政治發展方案。這個方案的核心是所謂的「結構調整貸款」（Structural Adjustment Loans），透過依不同國家經濟狀況進行評估後的結果，提供改善該國收支失衡與經濟結構的策略。這些措施通常包括：縮減政府支出、移除對本土產業的補貼、國營事業私有化、減少公共福利開支、貨幣貶值、消減外資投資限制等。其立論在於，降低不必要的成本並同時提升效率與強化競爭力；是一項以自由主義經濟論述為思考基礎的援助

計畫。

事實上，結構調整計畫對工業化程度不高或是經濟發展落後的國家形成相當程度的干涉。受援國往往被要求將它的貨幣貶值以便增加出口，減少進口，讓外匯能夠累積，提升還債能力。但計畫過程中，真正受益的是在這些國家獲得去規範化利益的外國投資者。此外，受援國因為被要求降低政府開支，特別是社會福利開支，因此不得不削減對窮人或農民在食物、交通和水電上的補助，使得這些國家的貧窮人口無法因為這樣的計畫而得到生活條件的改善，甚至結果是貧窮人口的增加與治安的惡化。

華勒斯坦
Immanuel Wallerstein

早期從事非洲研究（象牙海岸），但後來精研「現代資本世界體系」（the modern capitalist world-system），並以分析世界史，尤其是18世紀以來的歷史為長。1974年，發表《現代世界體系》（*The Modern World System*）一書，精闢解說導致18世紀資本主義經濟勢力集中於西北歐（法國、英國與荷蘭）的原因。此外，他採用「核心」、「半邊陲」與「邊陲」等術語，來描述世界體系內部的關係。這包括了西北歐是所謂資本主義經濟成功的「核心」區。而東歐、美洲，以及其他遭受歐洲人殖民與剝削的殖民地係屬「邊緣」地帶。最後地中海區，構成了「半邊陲」地帶，缺乏制度將資本主義發展成像西歐或北歐那般成功。

經濟全球化
Economic Globalization

經濟全球化的特色包含了全球貿易規則的興起、全球貿易關係的建立與發展、全球金融體系的建立，跨國企業與全球生產網絡的發展等，經濟全球化代表全球市場在自由經濟的原則下，對於生產、金融和貿易3個層次上都出現跨國互動，國際經濟活動再不受地域疆界的影響，變成一個無疆界的自由經濟市場。經濟全球化已使世界經濟地圖看不見國界，也讓全球產業結構與生產活動空間產生結構性的轉變，跨國商品及國際資本流動規模的增加，以及技術的廣泛傳播，導致世界各國經濟的相互依賴增加。

假訊息
Disinformation

從2016年美國總統選舉受到新聞報導的一些影響之後，世人開始關注所謂「假訊息」或「假新聞」（fake news）對當代民主制度之衝擊。初期的討論

可以加拿大新聞記者Craig Silverman對Facebook「假新聞」和美國總統選舉的討論為濫觴，此後陸陸續續開始有不少類似的文獻，類如Andrew Higgins等人針對大學生編寫政治「假新聞」來賺取生活費現象的分析；Katie Rogers與Jonah Bromwich對「假新聞」或「錯誤訊息」（misinformation）的散播成為一種惡質選舉策略的評論；以及Craig Timberg對俄羅斯利用假新聞的傳遞來干擾美國選舉的反思。

基本上，「假訊息」、「假新聞」、「錯誤訊息」三者不是全然等同，可以自由交替使用的同義詞彙。首先，在事實真相為確實存在之前提下，任何與事實不一致的表述均是「假」；然而，假的表述不必然就是錯的表述。舉例來說，甲在星期三公開表示1+1=3，而乙在星期四透過Facebook告訴她的朋友們，甲說1+1=2。這裡可以清楚看到真假的判斷是參照一個客觀存在的事實而來，有事實才能決定真假，而真或假與正確或錯誤之間無法建立必然的因果關係。此外，「假」是人為刻意製造的一種結果，就像乙是明知甲說1+1=3，但卻有意把這個事實表述為甲說1+1=2。職是之故，無論「假」的訊息還是「假」的新聞必然是特定人或組織有意生成與散布，毫無過失導致的可能性。第二，「新聞」本質上也是一種「訊息」，但後者在種類上還包括「新聞」以外的其他類型，例如日記、照片、錄音、錄影、市井小民之間聊天的八卦內容等等。由於「訊息」顯然是一個比較大的概念，故「新聞」應被包含在其中，同時宜被限縮在由報社、電視台或廣播頻道（無論它們合法與否）以公開方式所發布之訊息；若非屬此類，則應認定為是一般性質的訊息，而非新聞性質的訊息。惟無論是否性質上可被定性為新聞，只要其屬於特定人或組織有意生成及傳播者，便都是「假訊息」。

網路社會
Network Society

網路建構了目前社會的新形態，不但改變了人類生活、經驗、權力與文化的本質及操作。儘管社會組織的形式存在已久，但新資訊技術卻為其滲透擴張遍及整個社會結構提供了新物質基礎。在網路中，每個網路相對於其他網路的動態關係，都是我們社會中支配與變遷的關鍵根源，社會學者卡斯特（Castells）就將這種社會形態稱作為「網路社會」。而當今的社會結構表現為一個多面向的動態網絡發展系統，對它的分析可以有助於解釋資訊時代的社會發展。卡斯特認為21世紀的社會學必須重視以「網路」為基礎的觀念來分析社會整體結構。此外，另有學者將「網路社會」係指於電腦網路所開闢的一個

新的生活空間，也即是科幻作家吉布森（William Gibson）在其1984年的小說《神經浪遊者》（*Neuromancer*）中寫到的「網路空間」（cyberspace），或稱為「虛擬空間」，對於這個所指意義下的「網路社會」（cybersociety），國內學術界比較能夠達成一致共識，即在互聯網架構的網路空間中形成一種社會形式。

糧食危機
Food Crisis

近半年來國際市場上的糧價攀升已引起各方關注，影響所及不亞於2006年到2008年的全球性糧食危機。依目前情勢來看，糧食危機大概是繼氣候變遷後，另一個國際安全必須思索的嚴峻課題。二次戰後國際市場上共出現過4次與價格波動密切相關的糧食風暴，分別是1971年到1974年；1994年到1996年；以及上述2006年到2008年和目前正在發生的這一次（2011年）。此4次危機彼此間有一些共同點，像是以小麥、玉米、大豆漲幅最顯著；美元貶值；發展中國家和經濟轉型國家需求快速增長；供給面短缺，以及主要糧食貿易國的進出口政策（例如美國的生質燃料法令）等。然而，比較讓人憂心的是，上個世紀的糧食危機最後都能透過市場調節機制而恢復穩定，但本世紀發生的兩次全球糧荒問題恐怕已無法單單再靠此種方式獲得解決。

原則上，糧價上漲的結果都是將原本的食品物價提升到較先前更高的水平，導致經濟弱者被迫必須動用更多支出來換取所需的糧食。但與前面兩次危機明顯不同的是，生質燃料這個新變數在目前糧食危機中所產生的負面影響。生質燃料（最佳代表是乙醇汽油）的問題是食品政治（politics in the food）的最佳印證，特別是在美國，該國農業工會的遊說力量大到連白宮都難以阻擋。事實上，生質燃料的主要來源玉米，恰好就是最具政商影響力的作物。這就使得伴隨食品政治而來的遊說壓力讓總統歐巴馬（Obama）都必須在玉米產業的勢力下臣服。此種美國農作產業施加給其政府的壓力，以及作物和衍生商品（乙醇汽油）生產過程背後被綁架的科學，不是只會對美國本身有害，也同時加劇眼前全球的物價攀升與糧食危機。根據聯合國糧食暨農業組織2011年1月6日公布的《作物預期與糧食情勢》（Crop Prospects and Food Situation）報告，糧價飆漲已造成全球61個國家出現民眾暴動（事實上2011年北非國家的民主改革也與此有部分關係）。報告同時指出，短時間內糧價可能還會持續上揚，並且因為極端氣候因素，若干穀物的供應將更為吃緊。

區塊鏈
Blockchain

　　區塊鏈的基本元素是分「散」帳，比較正式的用語是分散式帳本（Distributed Ledger Technology），指涉由不同時空位置的人員以分散形式共同維護之交易及交易紀錄，其特色是不需要「中央權限」，也就是在分散的架構下達到「分權」，避免任何一個人／組織能夠對交易進行操縱。這點也是有別於傳統銀行中心的金融交易制度。分散帳分散的是權力或權限，但每個分散點是互相連結，而且是一個「點對點」的網絡。因此，連結是在各個點之間。所以，每一個點都不是孤立的，也不可能是排他的，這樣就不存在「漏網之魚」。一旦交易發生，交易的過程就會複製到所有網絡中的分散點（人愈多愈不容易造假），每個在網絡中的人手中都會有資料相同的分散帳紀錄。假設我透過區塊鏈的技術，匯100元給Julie，兩天後我改變主意，想把錢拿回來。我只有一個方法，就是讓Julie自願匯回100元給我，而沒有辦法否定或是纂改已發生的交易。這就是交易的不可逆，也是區塊鏈技術應用上最吸引人的一點，已有論者開始主張要把區塊鏈的技術與全球治理進行結合。

人工智慧
AI

　　將特定議題領域中人類所理解的知識內容移轉到機械，再借助機器學習的科技讓機械經由龐大數據資料的反覆訓練後，利用歸納和推理的邏輯作出近似人類面對相同狀況時的反應。機器學習利用多層次的人工神經網路，再輔以大量數據來建構機械形成如人類般的意識。

　　人工神經網路的技術早在數十年前就被研發出來，但當時的科技在大數據（big data）的應用能力還很匱乏，而且運算速度及成本都還不能將人工智慧這項科技普遍化。隨著電腦運算速度大幅的提升，以及各種演算法技術的成熟，AI的應用已愈來愈普及，無論是經貿、軍事、外交決策等領域，均可見到AI的運用。舉例來說，應用AI於自動化生產，會改變傳統製造業對人力的需求，進而對多國籍企業的全球投資佈局產生影響，舊時代的南北經濟分工和生產結構會出現轉變，最終對國際政治經濟的運作現況造成衝擊。有關AI對國際關係的帶來的影響，可以參考國內學者吳重禮於臺灣人工智慧行動網的短文，或是《全球政治評論》於2019年第65期的專刊。

第十二篇　區域整合與發展

Regional Integration and Development

人口統計學
Demography

　　人口統計學是運用嚴格的統計知識研究人口的學問。研究的主題包括人口的空間分布、隨時間演進的增加或減少、人口結構中的性別、年齡、健康、教育、族群、宗教、文化差異等的分布。而影響人口分布的原因則有出生、死亡、遷徙等。人口統計學分析的對象可以是全球人口、特定國家人口、特定區域內的人口、特定族群、特定身分團體，甚至是特定分類的人口如女性、男性、老人等，且每個人口類別都可以和其他類別作交叉分析。當人口統計學提供對人口各種類型的精確分布數字後，便常引用其他社會科學理論如社會學、經濟學、政治學來分析原因，因此人口統計學便成為一門科技整合的學科。18世紀的英國人口學家馬爾薩斯（Thomas R. Malthus）便將人口、糧食資源結合，提出著名的馬爾薩斯論（Malthusianism）：糧食供應是算數成長，遲早無法支應以幾何增加的人口所需。然而此種悲觀論調隨著工業革命和科技的進步，資源利用效率提高，糧食穩定供應，故並未限制人口的增長。不過，第二次大戰之後，歐洲政學界人士以羅馬俱樂部（Club of Rome）為名，在1972年發布《成長的極限》報告（Limits to Growth），將人口增長和經濟成長結合，認為幾何成長的人口將成為限制進一步經濟成長的重要因素，因為地球環境資源仍然有限，此說因而被稱為新馬爾薩斯論。

人才外流
Brain Drain

　　美國與蘇聯於第二次大戰後，以優厚待遇極力爭取當時科學能力頂尖的德國科學家入籍，使德國科學界有如空城，人們便以「耗盡腦力」形容人才外流。此詞後來被發展中國家廣為引用，因為當地優秀的科學、數理、技術人才，往往因為本國的生活、工作條件不佳，甚至政府對待等因素而離開，轉向相對條件較佳的已發展國家尋找工作機會，進而入籍、定居。第二次世界大戰爭期間及戰後，美國由於經濟發展快速、本土未捲入戰火，吸引大批其他戰爭受難國家的科學家進入，科學技術水準因此快速提高，國力大增。美國憑空「獲得腦力」（brain gain），但人才流出國便人（腦力）才外流了。台灣在戰後因經濟、安全地位動搖，民間流傳「來來來、來台大，去去去、去美國」可為一例。而在當今全球化時代中，人才也如資本一樣，愈來愈容易流動，各國無所不用其極提出良好的移民條件，吸引優秀人才，如加拿大、澳洲都有所謂的投資、技術移民條款。然而相鄰兩

國若在生活水準上有差距，較差一方便常發生人才外流現象，如加拿大流向美國，紐西蘭流向澳洲。已發展國家間尚且如此，遑論發展中國家向已發展國家的人才流動。1990年代東歐共產政權倒台後，大量的東歐人口向西歐移民即為一例。

人類發展指數
Human Development Index, HDI

為衡量各國的政經社會發展程度，避免僅以所得來計算的經濟發展傾向偏差，聯合國發展計畫（United Nations Development Programme, UNDP）在1990年起發布《人類發展報告》（Human Development Report），公布各國HDI排名。HDI係經濟學家哈奎（Mahbub Ul Haq）依據1998年諾貝爾經濟學獎得主沈恩（Amartya Sen）提出的人類能力（human capabilities）的研究上，發展出的一組綜合評指指標，包括3組相互關連的次指標：（一）壽命期望指數（Life Expectancy）：以一國人均壽命年數為基礎；（二）知識與教育水準指數（Knowledge and Education）：一國的識字率加權三分之二，加上總入學率加權三分之一；（三）生活水準指數（Standard of Living）：以購買力平價計算（Purchasing Power Parity, PPP）的人均GDP。此3種指數再以一組公式計算得出介於0至1之間的HDI指數。指數低於0.5者為低發展國家群，多集中在中、西非洲等地，高於0.8者為高發展國家群，多集中於歐洲、北美、東亞，介於其間者為中發展國家群，則分布較廣泛。加拿大在1990年代常居榜首，2000年之後則多由挪威拔得頭籌。2010年的報告則將3個次指標內容略加修改，更加強調「品質」而非「數值」：（一）長壽且健康的生活，以出生時預期壽命來衡量；（二）教育指標：受教育年數與預期受教育年數的平均數；（三）有尊嚴的生活水準：以購買力平價估算的人均國民所得（General National Income, GNI）。聯合國希望以此作為相關國際援助機構援助發展中國家和低度發展國家的基準和成效評量標準。而隨著全球人類發展的變化，UNDP認為HDI可以數量人類發展的最大潛力，但不平等則減損了發展的最大值，因而在2020年的報告中提出《不平等校正人類發展指數》（Inequality-adjusted HDI, IHDI），以指出各國人類發展現實況。

已發展國家
Developed Countries

參見發展中國家（Developing Countries）。

不結盟
Nonalignment

　　國際關係上，國家間的合縱連橫從來都沒有中止過。早在古希臘城邦國家時代，便有分別以斯巴達和雅典為首的城邦國家聯盟對抗。而希臘城邦國家對外則屢受以波斯為首的亞洲國家威脅。約略同時候的中國春秋、戰國時代，也有春秋五霸，弭兵之會、六國同盟對抗強秦等類似的情況。國家間的結盟和不結盟，成為國際關係上的常態。如兩次世界大戰都可以看到同盟國對抗協約國，同盟國對抗軸心國的兩大國家間聯盟的對峙。第二次世界大戰後的冷戰期間，更可看到以美國為首的自由民主國家，對抗蘇聯為首的共產主義國家，具體地展現在「北大西洋公約組織」（NATO）和「華沙公約組織」（Warsaw Treaty Organization）間的軍事對抗。時至今日，雖然冷戰早已結束，但親美和反美仍是是國際關係上可以清楚感受的對抗。

　　冷戰期間的兩強集團對抗中，有一群國家標榜外交獨立自主，不願偏向任何一方，他們在1955年於印尼舉辦的萬隆會議（Bandung Conference）後發表宣言，倡議「不結盟運動」，重要的推手是當時的印度總理尼赫魯（Jawaharlal Nehru）、印尼總統蘇卡諾（Sukarno）、南斯拉夫聯邦總統狄托（Josip Tito）、埃及總統納瑟（Gamal Nasser）等人。「不結盟運動」後來成為一個鬆散的國際組織，由成員國每3年召開元首高峰會討論相關事項，於1961年首次在南斯拉夫首都貝爾格勒召開，會後宣言主張反對任何形式的帝國主義、（新）殖民主義，支持各地的民族解放運動。不過「不結盟運動」後來因為成員國眾多，利益不一致，也沒有任一國家具有領導地位，內部經常意見相左，除了每3年一次的峰會成為發聲論壇外，並沒太多的國際影響力。

不結盟運動
Non-Aligned Movement, NAM

　　參見不結盟。

仇外或懼外
Xenophobia

　　仇外或懼外是一種排斥外國人的心理狀態。排斥的可能理由眾多，最常見的理由是基於種族、族群，也可能是宗教、文化的歧視，因此仇外或懼外常常與種族主義（racism）交互使用。如20世紀的澳洲經常出現反對其他人種移民的「白澳政策」，而歷史上最著名，結果最慘烈的仇外或懼外對象是歐洲人對

猶太人的敵視，此長達千年之久，最後發生納粹德國對猶太人的大屠殺。迄今德國仍有光頭黨、新納粹黨，但針對對象較少是猶太人，而是土耳其裔移民或外籍勞工。此種心理排斥較少出於種族原因，而是經濟社會因素。因為統一後的德國經濟不佳，失業率攀升，外籍勞工便被視為搶飯碗的替罪羔羊。仇外和懼外也可能因本國受到外國壓迫而遭受不平等對待，故仇視外國人。如中國清末時義和團宣稱的「扶清滅洋」、1980年代後，韓國人因美國政府對「光州事件」的不聞不問，而產生的反美心結。20世紀末歐洲興起一股排斥中國人的風潮，將中國人稱為「黃禍」，則是因對中國國際政經力量崛起的恐懼。與此相似的是，印尼在1998年發生的排華事件。仇外或懼外可說是因為不瞭解或不願瞭解外國人而產生的莫名恐懼心態，進而產生歧視或迫害。

文明衝突論
Clash of Civilizations

　　哈佛大學教授杭廷頓（Samuel Huntington）在1993年於美國外交政學界看重的知名季刊《外交事務》（*Foreign Affairs*）發表〈文明衝突？〉（The Clash of Civilizations?）一文，在東西方意識形態對峙消解，世人多以為西方的自由民主、資本主義將成為人類共同的制度，世界將在此制度之下和平相處之際，杭廷頓卻獨排眾議，指出人類的民族、宗教的差異，將是未來世界發生紛爭的主要原因，引起廣泛討論。杭廷頓後來在1996年將此論擴充成書出版《文明衝突與世界秩序再造》（*The Clash of Civilizations and the Remaking of World Order*）。書中認為，人類的文明可區分為西方文明、東正教文明、穆斯林文明、印度文明、下撒哈拉沙漠地區文明、拉丁美洲文明、漢文明、日本文明等8種主要文明，後2種又常被他合併稱為東方世界。

　　杭廷頓忽略其他文明，僅以其在國際事務上是否具有影響力為標準舉出上述文明。他的主要論點是，漢文明將在中國政經力量抬頭後，成為一股企圖改變世界現況的力量，穆斯林文明也具有此種特徵，他預測雙方有可能合作以對抗西方文明。文明衝突論引起正反意見，贊同者認為，此論確實指出後冷戰時期，人類常因種族、宗教而發生戰爭，如南斯拉夫解體後各個前加盟共和國間的殘酷戰爭、911恐怖事件。然而反對論則認為，此論有為美國應當領導、維護後冷戰國際秩序而辯護的嫌疑，顯現杭廷頓一慣的保守主義傾向。也有反對者認為，文明衝突論僅強調宗教、民族差異，忽略了人類仍然因為多種身分而影響其認同，即使不同文明也可能合作，不見得會發生衝突。

出口導向策略
Export-led Strategy, ES

　　經濟後進國家的國際收支一般多為赤字，顯示資金的外流。出口導向策略即欲以出口賺取外匯，好平衡國際收支，避免國家瀕於破產。出口導向策略以外國市場為目標，與以國內市場為目標的**進口替代政策**（Import Substitution Strategy, ISS）不同。採取出口導向策略又被稱為出口導向工業化（Export-led Industrialization），造成的經濟成長被名為「出口導向成長」（Export-led growth）。一般而言，後進國家甫發展的工業或製造業產品，雖因勞動力便宜而價格低廉，但品質多半不佳，故此工業化政策的成功有待外國市場的接納，經由市場競爭而進一步提升生產力和商品品質。台灣的「加工出口區」（Export Procession Zones, EPZs）即是出口導向策略的一種創舉，不少發展中國家加以仿效，如中國大陸在沿海省分的「經濟特區」。在這個區域中，政府對原料進口、產品出口給予低關稅，甚至無關稅，同時也給廠商優惠的土地和管理成本，以利出口商品在外國市場的低價競爭力，為本國賺取外匯。然而，出口導向工業化依賴外國市場，不可避免地會受到外國經濟波動影響，進而可能造成本國經濟的不安。而當外國市場不再給予優惠，或受到其他後進國家商品競爭時，極可能導致出口導向產業的危機。若無法產業升級生產更高附加價值商品，即可能無法生存。

失敗國家
Failed State

　　國家有4個組成要素：人民、土地、主權和政府。而其組成的邏輯則如社會學家韋伯（Max Weber）對國家的定義是「可以合法地獨占疆域內武力」：政府是主權的對外代表，具有管轄國界之內人民事務、土地等的合法權力。但在許多情況下，雖然有國家之名，然而國境之內卻沒有一個得以合法、得以獨占的單一最高權力機構，使該國顯現分崩離析的狀況，因此被名為失敗國家。失敗國家通常因為內戰導致中央政權崩潰，而由地方軍閥、族群團體在自力救濟所導致的割據情況下，無法成為一個具有整合能力的國家。也有學者認為，中央政府的高度貪腐、官僚的無效率、沒有全國性流通的市場，也是失敗國家的象徵。近年來失敗國家引起國際組織的重視，係因為這些國家的人民遭受到極大的經濟失序壓迫，而淪為流離失所的難民、貧民。但國際援助組織卻面臨施援的難題：不知透過何種管道輸入救援物資和人力？因為沒有任何管道可以保證物資直接到達人民手中，地方軍閥都會從中扣留。

市民社會
Civil Society

　　市民社會概念在西方淵遠流長，可上溯至古希臘城邦國家，公民對公共事務的開放討論和自主性。而常被學者引為說明的是：中古世紀的行會組織——「基爾德」（Guild）。基爾德是由工匠組成的自治組織，宗旨多是維持該行會員的技術水準，如發給證照、向政府提出需求等。1980年代以降的全球民主化風潮，使市民社會概念再被提起及精緻化，同時也被作為一種分析方法。市民社會理論認為，非民主國家長期以來由於政府的高壓統治，人民因懼怕政府的有形、無形制裁，在文化、生活、經濟的各種層面都臣服於政府的管控，以致於失去對國家、政府的自主性。而民主要能開始或深化的重要因素是人民對自我權利和自治意識的覺醒。學者認為人民有此共享的利益和共識，便有了民主化的種子。因此市民社會有別於政治社會（political society），也有別於以經濟利益為考量的資本主義式經濟社會（economic society）。市民社會最明顯的代表是人民自主性的社團，尤其是非營利組織（non-profit organization, NPO）。21世紀後由於全球化的影響，使得許多原本侷限於國界的非營利組織開始進行全球性串連，如反球化運動、環保運動、人權運動等，讓許多學者高度期待，全球人類形成一個具有共享價值的全球市民社會。

地緣政治
Geopolitics

　　地緣政治最早由瑞典政治學者捷倫（Rudolf Kjellen）在19世紀末提出，意指研究地理和國家、政治現象之間的關係。後來引進德國後卻被希特勒當成擴張德國國土的「生存圈」理論基礎。因此在第二次世界大戰後，此名詞一度受累，而在學術討論中消聲匿跡。但冷戰期間的美蘇兩強對抗又使地緣政治再被提出，原因便是美蘇兩國正好是地緣政治論中陸權論和海權論兩大主張的典型地理位置。陸權論由英國學者麥欽德（Halford Mackinder）提出，他將歐亞非大陸合稱世界島，世界島的心臟地帶西起伏爾加河、東至長江流域，控制此地便控制世界島，控制世界島便能進一步控制世界。稍晚的美國學者史匹克曼（Nicholas J. Spykman）則以陸權論為基礎認為，控制心臟地帶外的邊緣地帶便控制世界島。海權論則由美國學者馬漢（Alfred T. Mahan）提出，認為控制海洋及主要航道的制海權（sea power）是成為大國不可或缺的條件，國家因此應該建立強大的海軍。直到今日，海權和陸權國家相爭似乎仍隱約顯現，強權國家對外政策的地緣政治考量也未消

退，如美國在20世紀初控制世界上連接兩洋的主要運河，維持強大的海軍並派駐在各重要友好國家；俄羅斯和中國則仍被視為欲由大陸向外擴展，控制面向海洋的出口。近年來地緣政治的研究更加多元化，已不僅只研究國家地理位置對外交戰略的純粹「現實政治」（real-politik），更延伸至地理位置對文化、經濟、社會發展的影響。

地緣經濟
Geo-economics

地緣政治探求國家之間的政治權力關係，地緣經濟則著重國家間在經濟關係上的競爭與對立。1970年代後，隨著冷戰緊張關係消減、石油危機和隨之而來的經濟蕭條，國家和國家之間的戰爭和政治權力關係已不再緊張，取而代之的是經濟關係和經濟權力的爭奪。美國著名地緣經濟學者魯特瓦克（Edward Luttwak）便認為，當代國家間的權力競爭，軍備競爭都是以經濟為基礎的，商業和貿易間的戰爭取代實際武力的對抗。因此，地緣經濟對國際關係的分析是由消費者、**多國籍公司**（Multinational Corporations, MNCs）、商業活動等角度出發。不過，其與**地緣政治**相似的是，皆以國家此一具有地理空間意義的單位為最根本的分析單位，因此

有時又被稱為經濟地緣政治（economic geopolitics）。

地緣經濟常與經濟地理學相連。經濟地理學關心經濟活動的地理因素及地理影響，如由規模經濟再因為經濟分工而推導出「區域叢聚」（regional cluster）、產業群聚效應（industrial agglomeration）等區域經濟效應，以致於進一步對「全球都市」（global city）如加州矽谷的電腦電子業、倫敦的金融業的研究等。而地緣經濟則更進一步探討跨越國界的區域經濟活動對國際關係的影響，如魯特瓦克認為全球經濟有集中化的效應，但大前研一（Kenichi Ohmae）則認為全球經濟是分散在數個區域，國家疆界將因國界鄰近區域經濟活動的群聚效應而不再有實質意義。

次級房貸危機
Subprime Mortgage Crisis

金融機構對申貸購屋者會進行徵信，並要求一定的市場水準利息，次級房貸則是金融機構對不符合一般信用標準者也給予貸款，雖然前2、3年利息較低，但之後回復到市場利率，甚至是較高的利率。由此可見次級房貸風險頗高，房貸機構便委由如美林（Merrill Lynch）、雷曼兄弟（Lehman Brothers）等投資銀行發行以次級房貸

為基礎、利息較高的衍生性金融商品「債務抵押債券」（Collateralized Debt Obligation, CDO），在金融市場募集資金以求分擔風險。CDO的高利息受到避險基金青睞，遂在全球各地借低利資金來購買，從中套取利差。投資銀行後來又設計出「信用違約交換」（Credit Default Swap, CDS）的金融商品，由保險公司來保證債券，然後又設計出所謂的保本基金、連動債券，募集市場資金再投入CDO。

當美國房市景氣時，一切都十分美好：信用不好的人有房可住、供給房貸的銀行、金融機構有錢可賺，投資銀行、避險基金、投資人更可從中套利大賺一筆，保險公司也收到鉅額保險費。然而2006年美國房市開始蕭條，原因之一便是次貸低利寬限期已過，債務人無法償還高額利息和本金。結果，房貸成為金融機構的呆帳，CDO暴跌使投資銀行破產，保險公司也受CDS波及，甚至破產。所有和CDO有關的投資者都因而受害，導致次級房貸危機，讓美林、雷曼兄弟、貝爾斯登（Bear Stearn）等投資銀行、房利美（Fannie Mae）、房地美（Freddie Mac）等房貸公司、華盛頓互助銀行（WaMu）、美國保險集團（AIG）等大金融機構破產。這個危機更因為金融全球化，波及握有CDO、CDS的各國金融機構、投資人，連冰島政府都幾乎破產，因而被稱為席捲全球的金融海嘯（financial tsunami），導致全球投資人信心潰散、金融市場信貸緊縮，各國股市下跌，經濟衰退。美國聯邦儲備（Federal Reserve, Fed）的量化寬鬆（quantitative easing, QE），即為當年應付次貸危機的政策工具，透過加印美元購買債券、美國國債等，釋出資金於市場。2009年至2014年間，共執行了3次，2019年則開始第4次。

自由貿易協定
Free Trade Agreements, FTAs

在WTO架構下，成員國以多邊談判達成關稅減讓、市場進入等經貿合作，但2001年開始的多哈回合談判（Doha round）在2006年暫時中止後，以雙邊貿易合作為精神的自由貿易協定，便成為美國和其他貿易夥伴進行經貿合作的主要途徑，期待以雙邊或區域多邊合作的方式，達成全球多邊談判所無法談妥的農業和工業產品關稅減讓、補助減少的陳年老問題。WTO雖以多邊談判為原則，但其GATT和GATS並不禁止會員國間相互簽訂自由貿易協定。在內容上，只能針對雙方貿易商品相互減讓關稅，或是規定對特定商品，兩國可採行共同的進口關稅，惟不得針對第三國採取較高的進口關稅，以免違反WTO的非歧視性原則。至於形式要

件則是，任何會員國間的自由貿易協定必須交由WTO設置的審查機構審查。據WTO統計，迄2021年6月，已累計有600件，其中在2021增加件數達史上單一年份最多的60件，主因為**英國脫歐**（Brexit）和歐盟及各會員會談判相關自由貿易協定。而各國間雙邊或多邊的協議眾多、內容複雜，有如碗中的義大利麵（spaghetti bowl）。例如東亞兩個重要的自由貿易協定——《跨太平洋夥伴全面進步協定》（Comprehensive and Progressive Agreement for Trans-Pacific Partnership, CPTPP）和《區域全面經濟夥伴協定》（Regional Comprehensive Economic Partnership, RCEP）——成員國便高度重疊。

低度發展國家
Under-developed Countries

參見發展中國家。

依賴理論
Dependency Theory

依賴理論肇始於拉丁美洲學者對美國經濟霸權所建立的「**自由國際經濟秩序**」（LIEO）之批評，認為富有國家如美國的政府及「**多國籍公司**」挾優勢政經力量，迫使貧窮國家接受政經剝削：窮國經濟發展程度落後，常以出口原物料至先進富國家換取外匯，然而富國加工原物料後製成附加價值高的工業產品，再出口至窮國，又賺取更多的外匯，使得窮國在「不平等的交換關係」中受到雙重剝削。最早提出的學者是1950年代的聯合國拉丁美洲經濟委員會（the United Nations Economic Commission for Latin America）主委培畢須（Raul Prebisch）。對拉丁美洲國家的這種困境，他建議要採取「**進口替代策略**」（Import-Substitution Strategy），使自己能利用原物料生產初級民生工業產品，取代進口的剝削。

不過，窮國缺乏設廠資本，只好同意由**多國籍公司**進入設廠執行**進口替代策略**。但多國籍公司來窮國設廠圖的是廉價勞力成本，而且多將其產品出口到母國或先進國家，如此窮國等於再被剝削一次。歐唐諾（Guillermo O'Donnell）更指出多國籍公司為了壓制勞工加薪、改善勞動環境的要求，常賄賂當地政府，而不受人民控制的「官僚威權」政府（bureaucratic authoritarian）為了經濟發展則與資本家勾結一同壓制勞工。因此，後來當選巴西總統的政治社會學家卡多索（Fernando Henrique Cardoso），便稱此種經濟發展只是依賴發展（dependent development）而已。由依賴理論發展出資本主義世界體系論的華勒斯坦（Immanuel M. Wallerstein）則稱此為「半邊陲」

（semi-periphery）。然而，無論依賴理論、依賴發展、世界體系論都無法妥善說明，何以日本、韓國、台灣能超越「半邊陲」，甚至成為核心（core）國家。

東亞金融危機
East Asian Financial Crisis

1997至1998年間，東南亞的泰國、印尼、馬來西亞和東北亞的韓國，由於快速開放資本帳，解除國內外資本進出的管制，但卻未建立相應的監管措施，致使國際投機客引導熱錢進入以賺取利差，造成這些國家在金融服務、股市、房地產業一片榮景。然而此種經濟榮景並非由實質生產力增長所支持，因此趨向泡沫化。國際投機客伺機因此放空這些國家的貨幣，致使泰銖、印尼盾、馬幣、韓圜急貶，外國投機資本為免獲利受損而快速撤離資金，又導致各該國家房地產、股市大跌。結果眾多本國投資人和企業先前投入的大量資金都被套牢，一夕之間面臨破產。此時外國資本再次進入，有如禿鷹一般挾豐厚資本以低極的價格收購需錢孔急的本地企業，讓這些國家受到雙重傷害。

學者認為東亞金融危機發生原因來自兩個層面：（一）受害國政經體制是種「親信資本主義」（crony capitalism），政商勾結的貪腐和政經結構上的僵化，使國際投機客有機可趁；（二）全球化導致國際資本到處流竄，特定國家一時的政經不安，便易造成傳染效應而資本外逃，嚴重影響該國金融。無論起因為何，協調並提供金援的「國際貨幣基金」（IMF）要求受援國進行結構化改革，泰國、印尼、韓國都被迫接受，唯有馬來西亞拒絕，並一度採取資本管制。這些國家歷經2、3年的陣痛後才開始回復。東亞金融危機使世人明白國際資本的兩面刃性質。

金融普惠
Financial Inclusion

金融普惠也被譯為普惠金融、包容性金融。一般而言，金融機構的服務對象多為富人（或有資產）者，窮人則常因無固定收入或所得過低，以致於被金融機構評估為還款能力有慮，而「信用不佳」，常被排除於金融服務之外，即金融排除（financial exclusion）。金融普惠即指要將這些被排除於外的（窮）人，也能享有被金融機構服務的機會。透過存款、貸款、交易、信貸、保險等的金融服務，他們不僅能解一時之急，也有機會脫離貧窮。金融普惠一詞在2000年代聲名鵲起，和2006年孟加拉籍經濟學家尤努斯（Muhammad Yunus）因創辦俗稱為窮人銀行或鄉村銀行的「格來明基金會」（Grammen Foundation）而獲得諾貝爾和平獎有相當關係。聯合國於2000年提出「千禧年發展目標」（Millennium Development Goals, MDGs），將消除貧窮列為首要目標。窮人銀行不要求抵押品，純粹信貸給貧窮鄉村婦女，使她們有機會營生，甚至創業致富後回收貸款的「雙贏」成果，獲得世界銀行等國際發展機構的矚目，大力推動金融普惠。世界銀行認為，金融普惠有助推動聯合國2016年以MDGs為基礎提出的17項「永續發展目標」（Sustainable Development Goals, SDGs）中的12項，也促成世界銀行鼓勵微型金融機構（microfinance）的發展。一般商業銀行甚至也成立相關部門，以協助金融普惠。

金融海嘯
Financial Tsunami

參見次級房貸危機。

南方國家
The Southern Nations

參見發展中國家。

官方發展援助
Official Development Assistance, ODA

對特定國家的經濟援助稱為「援外」（foreign aids），但因援助國不只包括特定國家的政府，也包括國際經織如世界銀行（World Bank）、非洲貨幣基金（African Monetary Fund）等，而受援國則以政府的官方身分接受。由於援助方（donor）和受援方（recipient）皆非私人部門，因此稱為官方發展援助。史上最著名的政府發展援助是第二次大戰後美國金援歐洲友好國家復興的「馬歇爾計畫」（Marshall Plan），結果相當成功。而東亞的日本、韓國和台灣在1940至1950年代也都接受過美國的援助，奠下爾後經濟發展的基礎。一般而言，政府發展援助的目的是促進受援國的經濟發展、基礎建設和社會福利；援助方式則有無償捐款、低利貸款、農工產品交換、技術支援等。1980年代以後，政府開發援助已成為世界潮流，是作為國際社會一分子的富有國家對發展落後國家的友善表現，每年都會編列固定比例的政府總預算如1%作為政府發展援助。不過此一善意常因援助國的政治目的和受援國的機巧算計而有不良影響，如台灣對友邦的援助常被批評為「金錢外交」、「凱子外交」。而援助國對受援國的金援用途因主權獨立的考

量，也難以干預，以致於受援國政府常有貪腐情事。因此近來許多援助國事先都會設下援助條件。

流氓國家
Rogue State

此詞具有負面意義，被用來指危害世界和平的國家。這些國家常是不民主的極權主義（Totalitarianism）、威權主義（Authoritarianism）國家，經常資助或發動恐怖主義攻擊，同時也違反國際上反對大規模毀滅武器（weapons of mass destruction）擴散規約，賣出這些武器給其他國家。美國曾用此詞稱呼北韓、利比亞、伊朗、巴基斯坦、阿富汗，小布希總統（George W. Bush）還在2002年時將前3國名為邪惡軸心（Axis of Evil）。美國其實以這個名詞來定位某一國家的立場是否反美，最明顯的例子是，巴基斯坦因為在911恐怖攻擊事件後，和美國同一陣線對抗伊拉克和阿富汗，因而除名。然而巴國卻因和印度的軍備競賽，發展核子武器，實與前述流氓國家定義相符。其他如阿富汗在美國入侵後被排除，利比亞後來也和美國重修舊好被排除。目前僅剩北韓是美國眼中的流氓國家，便因其持續反美的立場。然而不少學者如喬姆斯基（Noam Chomsky）則批判，美國雖然是民主國家，但其中央情報局（Central Intelligence Agency, CIA）經常暗中圖謀推翻反美國家政府，同時也大賣武器給其他友美國家，才是危害世界和平最烈的最大流氓國家和「帝國主義」（Imperialism）國家。

原住民
Indigenous Peoples

原住民族係一國中的少數族群，且多是比多數族群早遷徙至該地者。如美國有眾多不同族群的印地安人、中南美洲有馬雅族、紐西蘭有毛利人、台灣有泰雅族等十餘民族，日本北海道有愛奴族、中國大陸西南部的傣族、納西族、苗族等，歐洲如英國則有居爾特族（The Celt），非洲、大洋洲也都有為數眾多的原住民。這些原住民族因為近代的被殖民化或民族國家化，致使原本住居的土地、賴以為生的農牧漁獵活動被當地政府所剝奪，導致生存發生困難，加上通婚，及主流多數族群掌握國家教育機制，使其固有文化、語言、血緣有消失的危機。近來聯合國和各國政府紛紛關注原住民族問題，同時世界各國的原住民族也開始結合，共同推動原住民族權利回復運動，如還我土地、強化和扶持原住民權利等。1982年聯合國經濟暨社會理事會下設的「人權促進與保護小組委員會」設立「原住民族工作小組」（Working Group on Indigenous

Populations, WGIP），推動反對原住民歧視，回復原住民文化和權利的國際工作，經過25年的努力，2007年9月13日聯合國大會通過《原住民權利宣言》（Declaration on the Rights of Indigenous Peoples），期望以國際法的方式促成各會員國修改國內法，回復及促進、保護本國原住民的文化和權利。但宣言中的民族自決、重返土地語義不明，不少國家考量既有的法律秩序而有所批評。

區域主義
Regionalism

區域主義原指地理上相近的國家，基於安全、經濟、社會等的合作，且經常以團結對抗區域外力量為名。較早者如19世紀初美國總統門羅提出的「門羅主義」（Monroe Doctrine）：由美洲人自己管美洲，其他地區的國家不要干涉。門羅意在言外的是，要求在美洲有廣大殖民地的歐洲強權如西班牙、葡萄牙不要干涉美洲事務。後來其他區域也陸續出現類似的主張，如東亞的日本在第二次大戰期間提出「大東亞共榮圈」、第二次大戰後印度總理尼赫魯提出的「亞洲主義」等。不過，這些主義多屬於精神喊話式的口號。在1960年代之後才有較具體的國家間團結行動，最引人注意者即為歐洲的經濟整合。之後各式各樣以區域為名的經濟整合紛紛在全球各地區展開。

雖然區域主義在這階段以經濟合作為主，但也愈來愈強調其中成員國的社會及安全合作，如東南亞國家協會（Association of South East Asian Nations, ASEAN），便兼具兩種特性。而歐洲聯盟後來也以國家的民主、人權作為審查新成員國的標準。由於區域主義傾向對內合作，但對外封閉，和全球化的經濟整合發展趨勢有所衝突，1980年代之後，遂產生所謂的「開放的區域主義」，強調雖以區域為名，但精神上、實踐上並不成為封閉的國家團體，如1989年創立的「亞太經濟合作會議」（APEC），成員國分布於太平洋兩岸，便主張成員國間的經濟合作項目及貿易壁壘消除，一體適用於成員國和非成員國之間。

第一世界
First World

參見第三世界（Third World）。

第二世界
Second World

參見第三世界。

第三世界
Third World

冷戰期間，國際區分以美國為首的自由民主、資本主義陣營，和以蘇聯（1991年底瓦解）為首的極權統治、共產主義陣營。1952年法國人類學家肖菲（Alfred Sauvy）以法國歷史上法王召開教士、貴族、平民三級會議的典故，將資本主義陣營稱為第一世界，共產主義國家稱為第二世界，而其他保持中立的國家則被稱為第三世界。此詞後來被印度總理尼赫魯所引用而廣為人知。不過，這樣的區分仍然稍嫌籠統，如保持中立的瑞士就不認為自己是第三世界國家，芬蘭雖受蘇聯強力影響，也不自視為第二世界國家，至於共產主義的前南斯拉夫、中國大陸還發起標榜代表第三世界的「不結盟運動」（Non-Aligned Movement, NAM）。而隨著冷戰結束，第一和第二世界已少被使用，第三世界則仍經常被廣為用來指涉亞非拉地區的國家。近年來又有學者提出第四世界國家（The Fourth World）一詞，意指被國際邊緣化，和被一國主流族群排除，以致於在文化受到威脅、生計困難的民族，如位在中亞地區的庫德族、南歐和美國的吉普賽人，以及各地的「原住民族」等，並認為必須要保障這些族群的法律、政治、經濟權利。然而，也有許多流離失所的民族尋求解放（liberalization）、占有土地、建立國家，如已建國且被美國等國承認的巴勒斯坦。

第四世界
Fourth World

參見第三世界。

最低度發展國家
Least Developed Countries, LDCs

參見發展中國家。

普遍化優惠關稅制度
Generalized System of Preferences, GSP

消減關稅是GATT及其後繼者WTO的主要目標，期望會員國間藉最惠國待遇（MFN）原則，在雙邊和多邊的協議中，逐步達成關稅降低，以達物暢其流。但發展中國家顯然無法很快和已發展國家在MFN下合意同步減低關稅而受惠。因此不少發展中國家希望已開發國家能豁免，得片面給予它們關稅減免，從而有「發展」的機會。在聯合國貿易暨發展會議（UNCTAD）倡議下，GATT在1970年代接受普遍化優惠

關稅制，但期望已發展國家不能僅給予友好國家受惠待遇，而還需普及於所有受惠國。美國、日本、歐洲各國及其後的歐盟，於是紛紛提出自己的GSP。GSP有時又稱為Generalized Scheme of Preferences，歐盟則稱為「除武器之外」（Everything but Arms, EBA）。不過，已發展國家的GSP為國內法，故多附有條件，如勞動安全標準，當然也就涉及自由與人權。他們也就藉此評估是否給予發展中國家優惠待遇。對企業而言，這些受惠國常成為其投資目標，在當地設廠以出口商品至已發展國家的市場，賺取低關稅利益；對受惠發展中國家來說，外資設廠創造本地工作機會，進口半成品則增加關稅，有利於經貿發展。

殖民主義
Colonialism

　　殖民主義常與「帝國主義」交互使用，只不過前者係由殖民地角度來觀看。帝國為尋求原料、市場、輸出人口而對外擴張，以武力強行控制某地的作法，使殖民地人民被視為帝國中的次等國民，對當地傳統文化、人際關係等經濟、社會、文化造成衝擊。武力強占在兩次世界大戰後的殖民地獨立運動之後逐漸減少，今日已難說有殖民地存在。

然而前殖民地出身的學者、政治家卻常認為前帝國仍然以各種非武力的方式，影響新興獨立國家。如帝國透過強大的經濟力量、「多國籍公司」，仍然主宰著前殖民地的經濟活動，使民族資本家難以發展，新獨立國家因此喪失了經濟獨立性。此種情況被稱為「經濟帝國主義」（Economic Imperialism）。此外，他們也指出，在社會、文化方面，前帝國的影響力仍然存在，新國家的人民仍然以前帝國的社會文化價值為尊，摒棄自己的社會文化。由於這些已超出經濟範疇，便以「新殖民主義」概括之。此詞後來也被引申至弱國受到強國各種非武力控制和影響的情況，而不僅限於雙方是否曾有殖民關係。台灣和美國間的關係即被新殖民主義學者認為屬於此類，更有學者認為台灣對東南亞國家也有此種帝國─殖民地的態度。

發展中國家
Developing Countries

　　1960年代後，國際各國間的經貿不平等開始受到重視，首先被注意到的是國際財富不均問題，歐洲、北美、日本等經濟發達國家多位處北半球，而南半球的拉丁美洲、非洲等國家的經濟多不發達，所以被稱為「南方國家」，國際貧富不均問題因此被稱為「南北問

題」，雙方對國際政經環境的意見相左
則被稱為「南北對抗」。不過南北之分
太過籠統，國際經濟組織遂再依各國發
展程度來分類，如世界銀行以所得區
分，並定期調整，如2020年時人均所得
12,535美元以上是高所得國家、中上所
得國家是4,046至12,535美元之間，中低
所得國家是1,036至4,045美元，低所得
國家則是1,036美元以下。

　　一般而言，此4種類型對應著已發
展國家、發展中國家、低度發展國家、
最低度發展國家。然而不同機構也有不
同的定義而提出有所差異的不同類型國
家名單。不過一般都公認西歐、北歐、
北美、日本等國是已發展國家，其他如
馬爾它、南非也名列其中。近年一些國
家如韓國、台灣、香港、希臘、土耳
其、百慕達也被列入。發展中國家在識
字率、社會福利、人權保障、民主程度
次於已發展國家，低度發展國家、最低
度發展國家則又再次之。最然而所得指
數過於重視物質、經濟層面，其他附加
標準又過於模糊，因此聯合國近年來提
出「人類發展指數」（Human Develop-
ment Index, HDI）來衡量。而低度發展
國家近來常引起國際關注，因為他們除
了經濟低度發展外，也常有種族、族群
衝突、政治不穩定、政府腐化等問題。

結盟
Alignment

　　參見不結盟。

超國家主義
Supranationalism

　　參見跨政府主義（Intergovernmen-
talism）。

進口替代策略
Import-Substitution Strategy, ISS

　　低度發展國家由於工業不發達，無
法生產人民生活所需商品，而須仰賴進
口。但進口須付出外匯，使國家國際貿
易入超，造成國際收支不均。進口替
代略策係發展生產國民必須品如紡織、
成衣、食品加工等產業，一方面能自給
自足，減少外匯支出，另一方面也能藉
此發展輕工業，創造就業機會。進口替
代強調自給自足，降低對外國依賴的工
業化策略，曾為「依賴理論」者所倡
導。但進口替代工業化不可避免地須在
本地產業達到經濟規模前，仰賴政府在
財政、金融的支持和關稅上的保護，
而招來「保護主義」（Protectionism）
批評。而更重要的批評是，進口替代策
略必須不斷擴大其產業範疇，才能逐次

達成自給自足的目的。然而，由於國內某些經濟稟賦的缺乏，產業無法達成規模經濟。例如，進口替代策略容易扶植勞力密集的輕工業，但資本密集的重工業或精密工業，則不易發展。若強行發展，則缺乏經濟效率的生產，將導致品質低劣、成本高昂，以致於必須提高價格，才能收支均衡。如此，缺乏進口產品競爭的保護主義下，國民只能承受廠商轉嫁成本的高價格，因而減損整體福利。

開放的區域主義
Open Regionalism

參見區域主義。

債務危機
Debt Crisis

1982年墨西哥宣稱無法債還外債，包括向他國官方和私人國際銀行的借款，使拉丁美洲國家如阿根廷、巴西的債務危機引起國際關注。拉美國家債務危機源於1970年代全球金融市場自由化、大量尋求獲利的「油元」（oil dollar）。國際銀行認為「發展中國家」為興辦「基礎建設」（infrastructure）和促進經濟發展，急需外資投入，可趁機獲取較高的利率，有利可圖。借款國則認為，伴隨經濟發展的通貨膨脹可以減輕他們借款的實質利率，因而也樂於借款，甚至借新債抵舊債。不料，1970年代的石油危機和不景氣，打擊債務國經濟，以致於無法債還，引起國際銀行流動性不足的危機。國際銀行面對兩難之下，只好不斷展延還款，但始終無法解決問題。而巴西甚至一度在債務壓力下宣稱將砍伐熱帶雨林，出口木材獲利以償還債務。美國政府1980年代末期出面協調建議展延還款、減輕利息，甚至減免債務，以避免危機。拉美債務危機雖在1990年代因經濟復甦而消除，但加勒比海、非洲等地的許多落後國家如海地、莫三比克等因入不敷出，向先進國家、國際金融機構大量舉債，結果如飲鴆止渴，使債務餘額甚至超出「國民生產毛額」（GDP）數倍。這些國家常為還債而樽節國內公共衛生、社會福利開支，使人民生活環境、水準低落，引起許多「國際非營利組織」（International Non-Profit Organization, INGO）奔走、籲請先進國家重視。2005年「八大工業國」（G-8）財政部長會議決議免除坦尚尼亞等18個極端貧窮國家對「世界銀行」、「國際貨幣基金」、「非洲發展基金」（African Development Fund）共約400億美元的債務。

新馬爾薩斯主義
Neo-Malthusianism

參見人口統計學。

新殖民主義
Neo-colonialism

參見殖民主義。

跨政府主義
Intergovernmentalism

基於《西伐里亞條約》（Treaty of Westphalia）以來的主權獨立原則，國際組織的決策方式都以尊重會員國主權為原則，通常採取一致決，而不採取多數決的跨政府主義方式。如此，國際組織的決議方能為全體會員國一致遵行。而此種國際組織中的行政機構只有提供諮詢，或執行決策的功能，典型的例子便是「聯合國」（United Nations, UN）。然而聯合國的安全理事會因常任理事國具有否決權，使其決議又帶有超國家主義成分。超國家主義意指，雖然國際組織的機構成員由會員國代表選派、任命，但該機構的決策過程採取多數決，而非一致決。由於決議具有拘束力，因此有些會員國便會被迫接受。以「歐洲聯盟」（European Union, EU）為例，其混用兩種方式，如歐洲議會、歐洲執委會都採取有條件的多數決，希望能達成一致性，但歐洲法院、歐洲審計院、歐洲中央銀行的決議，在事前都不會受到任一會員國左右，均獨立行使其職務，且決議對會員國具有拘束力。近來由於歐洲獨立機構和會員國間的意見衝突頻生，歐洲政學界遂提出「審議式超國家主義」（deliberative supranationalism），希望能藉設立審議式民主機構，增進歐盟決議的民主品質。

第十三篇　國際環保政治與永續發展

International Environmental Protection and Sustainable Development

二十一世紀議程
Agenda 21

　　《二十一世紀議程》是1992年6月聯合國於巴西召開的里約地球高峰會所通過的重要文件之一，展現人類對於永續發展的新思維及努力方向。《二十一世紀議程》提出2,500多項各式各樣的行動建議，包括如何減少浪費和消費形態、扶貧、保護大氣層、制止砍伐森林、養護生物多樣性、有毒化學品的無害環境管理、促進可持續農業的詳細提議，以及轉讓無害環境技術合作和能力的建議等，內容共計800頁，但無法律拘束力，性質上屬於鼓勵發展、保護全球環境可持續發展計畫的行動藍圖。《二十一世紀議程》呼籲各國制定與實施永續發展策略，加強國際合作以共謀全球人類福祉，並提供所有人類行動的架構和範本，全文共分為社會和經濟、保存和管理資源以促進發展、加強各主要群組的作用、實施手段方面等四大部分，其中包括40項獨立的環境關懷領域和120項行動計畫，將環境、經濟及社會關係等議題，納入一個單一政策的框架。

人類環境會議
United Nations Conference on the Human Environment

　　1972年6月5日聯合國邀集世界上133個國家的1,300多名代表，在瑞典首都斯德哥爾摩舉行人類環境會議，共同討論人類面臨的環境問題，大會並通過《人類環境宣言》（The Declaration on the Human Environment），又稱《斯德哥爾摩宣言》（The Stockholm Declaration），這是人類歷史上首次關於環境保護的全球性宣言，宣言指出：「如果人類繼續增殖人口、掠奪式地開發自然資源、肆意污染和破壞環境，人類賴以生存的地球，必將出現資源匱乏、污染氾濫、生態破壞的災難；儘管各國位於不同地區、有著不同的社會制度，並有發展中國家與已開發國家之別，但分別代表這些國家的政府，在只有一個地球的警聲中，共同面向人類的未來，因為人類的命運與地球的命運息息相關；環境污染沒有國界，維護全球環境，必須進行長期的、廣泛的國際合作；宣言總結和發表的7個共同觀點、26項共同原則，既是會議的鄭重宣言，也是各國共同遵循的準則，使各國承擔起應有的責任並開展廣泛的合作、使採取共同的行動成為可能。」與會各國並建議聯合國將人類環境會議開幕日定為世界環境保護日，同年10月聯合國大會接受此一建議，規定每年的6月5日為世界環境日。

公共悲劇
Tragedy of the Commons

公共悲劇又稱公地悲劇，原本是經濟學上的概念，該名詞源起於洛伊（William Forster Lloyd）在1833年討論人口的著作中所使用之比喻，意味著有限的資源注定因自由進用和不受限的要求，而被過度剝削。這樣的情況之所以發生，係因每一個人都企圖求取並擴大自身可使用的資源，然而資源耗損的代價，卻轉嫁到全部的資源使用者，一旦對資源利用超過限度，公地悲劇就會發生。1968年哈丁（Garret Hardin）在《科學》期刊中，將這個概念加以發表。舉例而言，在一塊對所有人開放的牧場上，每個理性的放牧人都從自己的牲畜中得到直接利益，而其他人在牧場上過度放牧時，放牧人又因公共牧場退化而承受延期成本，在這種情況之下，放牧人都有增加愈來愈多牲畜的動力，因為他從自己牲畜上得到的直接利益，承擔的只是因過度放牧所造成損失中的一部分，最後結果是牧場的退化和毀滅，全部的放牧人都不能利用原來的牧地獲益。

巴塞爾公約
Basel Convention

《巴塞爾公約》是一個控制有害廢物越境轉移的國際公約，正式名稱為《控制有害廢料越境轉移及其處置巴塞爾公約》（Basel Convention on the Control of Transboundary Movements of Hazardous Wastes and their Disposal），於1989年3月22日聯合國環境規劃署在瑞士巴塞爾召開的世界環境保護會議通過，116個參與國一致同意締結該約，1992年5月5日正式生效。由於有害廢料具有爆炸性、易燃性、腐蝕性、化學反應性、急性毒性、慢性毒性、生態毒性和傳染性等特性，無論是生產性垃圾廢料、廢渣、廢水和廢氣等，或是生活性垃圾，例如廢食、廢紙、廢瓶罐、廢塑料和廢舊日用品等，皆會給環境和人類健康帶來危害。因此公約的主要目標為：（一）最大程度的減少有害廢物的產生及其毒性；（二）鼓勵區內棄置有害廢物；（三）減少有害廢物的轉移。在巴塞爾公約的管制下，所有有害廢物的越境轉移，都必須得到進口國及出口國的同意才能進行。此外，為了進一步的控制有害廢物的轉移問題，1995年又通過了《巴塞爾公約》修訂案（巴塞爾禁令），禁止已發展國家不可以向發展中國家輸出有害廢物。

巴黎協定
Paris Agreement

聯合國於2015年12月12日邀集全體

會員國及觀察員在法國巴黎舉行氣候峰會，會中通過以遏止全球暖化趨勢為宗旨的《巴黎協定》，該協定共29條，包括目標、減緩、適應、損失損害、資金、技術、能力建設、透明度及全球盤點等內容，致力於將全球平均氣溫升幅控制在工業化前（1880年）氣溫的2°C之內，以及努力將氣溫升幅限制在工業化前水準以上1.5°C之內。與《京都議定書》不同的是，《巴黎協定》將減排義務擴及至中國與印度，另要求已開發國家需提供氣候變遷資金，幫助開發中國家減少溫室氣體排放，有能力面對全球氣候變遷所帶來的後果，各國亦必須以每5年為一週期，訂定自己的減排目標，2016年11月4日該協定正式生效，美國於締約4年後退出，2021年2月再度加入。

世界地球日
Earth Day

1970年代初期，美國民主黨參議員尼爾森（Gaylord Nelson）等人受到學生反戰運動的啟發，積極透過在各大學的巡迴演說，將環境保護的概念投入反戰抗議能量中，並於1970年4月22日以「世界地球日」為主題，在全美各地發起超過2,000萬人參與的大規模遊行，呼籲社會大眾重視永續發展相關議題。此一活動結束之後，得到許多民眾的支持，隨後每年都固定會在4月22日舉行「世界地球日」活動，成為一項美國在地的環保運動，並催化了各國環保運動的發展。許多國家的環保團體，每年皆會針對不同主題設定，各自分別規劃相關的響應活動，迄今已成為全球各地環保團體同日舉行的國際環保運動。

永續發展
Sustainable Development

永續發展又稱可持續發展其範圍相當廣泛，包括土地資源、水資源、能源、農業、海洋資源、環境保護、教育、社會福祉、城鄉發展、經濟發展及科技研發等。1972年**聯合國人類環境會議**第一次提出永續發展的概念，1980年國際自然和自然資源保護聯盟、**聯合國環境規劃署**及世界野生動物基金會等三大國際保育組織出版的《世界自然保育方案報告》中，也提出此一概念，同年3月**聯合國**提出呼籲：必須研究自然、社會、生態、經濟及利用自然資源體系中的基本關係，確保全球的永續發展。1987年**聯合國**環境與發展世界委員會在《我們共同的未來》報告中定義永續發展是：「一個滿足目前的需要，而不危害未來世代滿足其需要之能力的發展」（The needs of the present without compromising the ability of future generations to meet their own needs）。1993年2月聯

合國成立永續發展委員會（UNCSD）並召開組織會議，確立永續發展委員會為各國《二十一世紀議程》履行的監督機構，規定各國應在以後的永續發展委員會會議中，提出對《二十一世紀議程》的執行狀況，俾供監督及據以檢討改進。

生物多樣性公約
Convention on Biological Diversity

由於工業革命的影響，地球上許多生物瀕臨消失的危機，進而造成地球生態平衡的破壞。1992年里約地球高峰會通過《生物多樣性公約》，將保育範圍擴大到生態系與基因，成為繼《瀕臨絕種野生動植物種國際貿易公約》之後全球最大的保育公約，並於1993年12月29日正式生效。根據該公約之定義，「生物多樣性」係指所有來源的形形色色生物體，包括陸地、海洋和其他水生生態系統及其所構成的生態綜合體。主要內容為：（一）確保生物多樣性的保育與其成分的永續利用，透過適當的基金，公平合理分配基因資源使用所獲得的利益，包括基因資源取得的管道及相關科技的移轉；（二）各締約國應配合其特殊國情與能力，整合相關部門的策略、計畫及方案以達生物多樣性保育及永續利用；（三）恢復與重建瀕臨絕滅的物

種，採行措施以保護區域內的多樣性生物資源。《生物多樣性公約》全面地嘗試解決全球生物多樣性和永續利用生物資源的問題，確信保育並永續使用生物多樣性，可以滿足現今和後世人口對糧食、健康和其他需求。目的在於透過締約國的努力，推動並落實保育生物多樣性、永續利用其組成，及公平合理的分享由於利用生物多樣性遺傳資源所產生的利益等目標。

生態政治
Ecopolitics

生態政治就是把自然生態系統和人類社會，看作是一個相互作用和影響的統一整體。20世紀中葉以來，全球環境受到空前的破壞和污染，許多生態學者不斷呼籲國際社會，自然威脅是比戰爭更可怕的挑戰。在生態學者的影響及推動之下，人類愈來愈關注生態環境的危機，國際社會重新審視自身與自然環境關係，從而悟出尊重自然的重要觀念，生態政治理論也應運而生。生態政治理論認為，人類不僅是社會的人，同時也是受自然環境限制及約束的人，如果政治行為僅僅去把握人與人、人與社會屬性關係，而忽略自然生態規律對人的影響，甚至違背自然生態運行規律，以人類自身生態環境及資源的犧牲為代價，去達到少數集團、階級或國家的利益，

那麼整個人類終將走向自我毀滅。1980至1990年代間，在生態政治運動的推動之下，許多國家紛紛建立關於環境保護的生態組織；在學術界，生態學與政治學亦結合形成生態政治學、政治生態學等新興學科。

貝爾格勒憲章
Belgrade Charter

1975年聯合國教科文組織（UNES-CO）為鼓勵各國政府大力推行環境教育，在南斯拉夫首都貝爾格勒召開國際環境教育研討會，會中發表《貝爾格勒憲章》作為發展環境教育的方針。《貝爾格勒憲章》指出，環境教育的目的，在於培養世界上每一個人都能注意到環境及有關環境的問題，能夠關心環境，具有面對環境問題的解決能力，並能未雨綢繆，及早防範可能發生的環境問題。因此，對世界上每一個個人和團體，都需要給予必要的環境教育知識、技能、態度、意願和實踐能力，以期待對環境問題的處理和防範，能獲得適當的解決策略；在環境教育計畫指導原則方面，必須考慮環境的整體性，含自然和人造的、生態的、政治的、經濟的、技術的、社會的、法律的、文化和美學的；環境教育是終生的過程，從學校到校外，應採取科際整合的方式；環境教育應強調主動參與阻止及解決環境問題，從世界觀點檢視主要環境問題，並關切地區的差異性；應重視現在及將來的環境情勢，從環境觀點檢視所有的發展與成長，促使地方、國內和國際間的合作。

里約地球高峰會
Rio Earth Summit

里約地球高峰會是1992年6月3至14日聯合國在巴西里約召開的重要國際環保會議，又稱聯合國環境與發展會議（The United Nations Conference on Environment and Development）。這次會議是繼1972年聯合國人類環境會議之後，專為討論世界環境與發展問題，且為籌備時間最長、規模最大、級別最高的一次盛會，共有183個國家和70個國際組織的代表出席，目的在於共同商討挽救地球環境危機的對策，揭示二氧化碳大量排放嚴重破壞地球環境，所造成全球溫暖化、南北極冰層融化、海平面升高、土地沙漠化及氣候異常等問題，並簽署了保護地球環境的5個重要文件，包括：《里約環境與發展宣言》、《氣候變化框架公約》、《生物多樣性公約》、《關於森林問題的原則聲明》和《二十一世紀議程》。里約地球高峰會不僅確認聯合國《人類環境宣言》的意義，更冀望以其為基礎，真正推動與落實永續發展的理念，同時強調國與國

間的合作對話與協商機制，希望經由國家、社會及人民的合作，建立新且平衡的全球夥伴關係，以國際協定保障全球環境及發展系統的利益與尊嚴，並尋求能達到永續發展目標的方法。

京都議定書
Kyoto Protocol

《京都議定書》是由聯合國《氣候變化框架公約》之參加國於1997年12月在日本京都舉行會議後制定的，全名為《聯合國氣候變化框架公約的京都議定書》，也稱為《京都協議書》或《京都條約》。《京都議定書》規定從2008年至2012年期間工業國家的溫室氣體減量責任，目標是把大氣中的溫室氣體含量穩定在一個適當的水平，進而防止劇烈的氣候改變對人類造成傷害，並將人為排放的6種溫室氣體換算為二氧化碳含量，在1990年的基礎上，平均削減值5.2%，同時採差異性削減目標的方式，歐洲聯盟及東歐各國8%；美國7%；日本、加拿大、匈牙利及波蘭各6%；冰島、澳洲、挪威則各增加10%、8%、1%。至於《京都議定書》生效的條件，首先須有55個國家經由各國國內程序批准議定書，其次批准議定書的國家在1990年二氧化碳排放量至少占全體國家1990年排放總量的55%，達到這兩項條件後的第90天，議定書開始

生效。在世界上多數國家的努力下，議定書獲得141國支持，2005年2月16日正式生效。然而，全球最大的溫室氣體排放國——美國，卻在2001年3月以「減少溫室氣體排放影響美國經濟」為由，宣布退出該議定書。

保護臭氧層維也納公約
Vienna Convention for the
Protection of the Ozone Layer

《保護臭氧層維也納公約》是關於採取措施保護臭氧層，使臭氧層免受人類活動破壞的第一個全球性國際公約，聯合國環境規劃署於1985年3月22日在奧地利首都維也納召開保護臭氧層外交大會並通過此一公約，1988年9月22日正式生效。該約由21個條文和《研究和有系統的觀察》、《資料交換》等2個附件組成。公約規定各締約國應依照本公約以及它們所加入的，並且已經生效的議定書之各項規定採取適當措施，以保護人類健康和環境，使免受足以改變或可能改變臭氧層的人類活動，所造成的或可能造成的不利影響；各締約國應採取適當措施，避免人類對臭氧層的破壞，各締約國在其能力所及的範圍內，透過有系統的觀察、研究和資料交換以進行合作。此外，公約亦鼓勵各國，就保護臭氧層問題進行合作研究和情況交流，要求締約國採取適當的方法和行政

措施，控制或禁止一切破壞大氣臭氧層的活動，保護人類健康和環境，減少臭氧層變化的影響。

南極條約
Antarctic Treaty

南極是世界上唯一沒有領土主權歸屬的大陸，蘊藏著相當豐富的礦產資源和能源。從20世紀中期開始，人類的南極活動從純科學研究轉向資源探測。為避免過度開發南極資源，1955年7月阿根廷、澳洲、比利時、智利、法國、日本、紐西蘭、挪威、南非、美國、英國及蘇聯等12國代表，在法國巴黎舉行第一次南極國際會議，同意協調南極洲的考察計畫，暫時擱置各方提出的領土要求。1958年2月5日美國總統艾森豪（Dwight David Eisenhower）致函其他11國政府，邀請各國派遣代表到美國首都華府共同商討南極問題，1959年12月1日各國簽署《南極條約》，並於1961年6月23日生效，1991年各締約國一致同意將該約無限期延長。《南極條約》共14條，主要內容包括：南極應永遠專用於和平目的，不應成為國際紛爭的場所與目標；禁止從事任何帶有軍事性質的活動；禁止在南極進行任何核試驗和在該區域處置放射性塵埃；凍結對南極任何形式的領土要求；科學調查研究的自由，和有關這種調查計畫的資料交換、從事這種調查之人員以及結果所得資料等方面的合作；鼓勵南極科學考察中的國際合作；各締約國可以任命觀察員觀察調查站、裝置和設備；締約國應舉行協商會議，並制定和提出促進本條約目標的措施建議等。

約翰尼斯堡永續發展宣言
Johannesburg Declaration on Sustainable Development

2002年9月2至4日聯合國在南非約翰尼斯堡召開永續發展世界高峰會，針對水資源、能源、健康、消滅貧窮、農業資源、生物多樣性、如何於全球化趨勢下推動永續發展等議題交換意見，會議共有191個國家代表、非政府組織及團體等2萬餘人參加。雖然各國對於許多議題的推展方式仍有爭議，但會議結束前一致通過《永續發展高峰會執行計畫》及《約翰尼斯堡永續發展宣言》兩個主要文件，作為各國政府推動永續發展政策之參考架構。其中《約翰尼斯堡永續發展宣言》分為：從原點到未來、從斯德哥爾摩到里約熱內盧再到約翰尼斯堡、我們所面臨的挑戰、我們對永續發展的承諾、多邊是未來的趨勢、讓永續發展成真等六大主題。內容除重申1972年人類環境會議及1992年里約地球高峰會的重要性外，並對永續發展作多方面的承諾，包括：環保多樣性；全球

性合作；對抗饑荒、天然災害、恐怖事件、疾病；確保婦女平權及解放；鼓勵區域整合；確認原住民在**永續發展**中之重要性等。另為達成**永續發展**目標，應促進更有效率、民主及負責任之國際多邊組織；依《**聯合國憲章**》及國際法與目標承諾強化多邊關係，並應致力於約翰尼斯堡行動計畫，加速完成具有時效的社會、經濟及環境等目標。

哥本哈根協議
Copenhagen Accord

2009年12月7至18日，來自全球192個國家的《聯合國氣候變化框架公約》（United Nations Framework Convention on Climate Change, UNFCCC）締約國在丹麥首都哥本哈根舉行聯合國氣候變化大會，會議目標係決定2012至2017年全球減排碳協議，由於各主要排碳大國間對於「責任共擔」問題仍存有爭議，因此會議並無實質成果出現，僅通過不具法律約束力的《哥本哈根協議》。該協議作出保持全球平均溫度較前工業化時代的升幅不超過2℃的政治承諾，並考慮將長期目標設立為1.5℃以內。同時，規定發達國家在2010年和2012年間共提供300億美元，用於支持發展中國家應對氣候變化，並為此計畫建立「哥本哈根綠色氣候基金」；在長期資金方面，則規定發達國家在2020年之前每年提供1,000億美元。另美、歐、俄、中、日等主要排碳大國，亦各自列出中期減緩目標，表達對於地球暖化的重視與承諾。

臭氧層
Ozone Layer

臭氧（O_3）是一種具有刺激性氣味，略帶有淡藍色的氣體，在大氣層中，氧分子因高能量的輻射而分解為氧原子（O），而氧原子與另一氧分子結合，即生成臭氧。臭氧又會與氧原子、氯或其他游離性物質反應而分解消失，由於這種反覆不斷的生成和消失，使臭氧含量維持在一定的均衡狀態。大氣中約有90%的臭氧存在於離地面15到50公里之間的區域，也就是平流層（stratosphere），在平流層的較低層，離地面約20至30公里臭氧濃度最高之區域，即為臭氧層。臭氧層具有吸收太陽光中大部分紫外線之功能，可以阻擋紫外線直接照射到地面，減少罹患皮膚癌的比例。但人們日常生活和工業製程中使用的許多化學產品，卻在釋放後飄到高空侵蝕臭氧層，造成臭氧層的損耗，例如人類大量使用氟氯碳化物，使得臭氧持續減少。科學家研究發現，每逢春夏之交，南極上空臭氧層幾乎消失，形成一個大空洞，儘管空洞面積會隨著季節變化而改變，但近年仍不斷擴大中。臭氧

層遭破壞的結果，使得到達地面的有害紫外線增加，人類免疫系統降低、增高白內障與皮膚癌罹患率，並抑制植物的生長、加速建築物材料老化及破壞水中生態系統平衡等。

氣候難民
Climate Refugees

自19世紀中葉起，由於人類工業化和現代化不斷發展，大氣中溫室氣體濃度持續增加，溫室效應增強，全球暖化、海平面上升、生態系統失衡及生物多樣性驟減，全球氣候變得極端，世界部分地區的災害發生更頻繁，如熱浪、乾旱、豪雨、水災、颶風、沙漠化等，致使當地人民的生命備受威脅，因而被迫移居他處，成為氣候難民（又稱為climate change refugees或environmental refugees）。根據聯合國氣候變化政府間專家委員會評估報告指出，人類活動所排放的溫室氣體，若不採取任何防制措施，全球平均地面氣溫於2100年時將比1990年時增加2℃（介於1至3.5℃），海平面將上升50公分（介於15至95公分）。另部分科學家預測，全球氣溫每上升2℃，便會導致1億人成為氣候難民，在21世紀結束前，全球的海平面將上升1公尺，造成3,000萬個氣候難民。

國際環境法
International Environment Law

國際環境法是國際社會對於環境保護有關法律的總稱，也是國際法一個新的分支，目的在於規範國家間環境保護領域的關係。隨著地球環境的不斷惡化，人類的基本生存已受到嚴重威脅，環境保護問題成為全球性的重要問題，解決國際自然環境的污染與破壞的問題，必須依賴各國共同努力對抗，國際環境法在此背景下應運而生。為了確保社會經濟的持續發展，近數十年來，保護環境的國際機構紛紛成立，各國人民要求加強自然環境保護的呼聲日益高漲，形成推動國際環境法迅速發展的一股強大力量。國際社會迄今已制定許多國際環境法規，依性質區分，國際環境法既可列入國際法的內容，也可列入國際經濟法的內容，它把國際經濟、海洋、宇宙及衛生等法規有關保護自然環境的內容抽出，結合成為新的整體；另依保護的對象區分，國際環境法可分為保護國際河流、國際海域、大氣和宇宙空間、海洋生物資源和陸上野生動植物等規範。

溫室效應
Greenhouse Effect

　　溫室效應是指自然界反射和吸收太陽輻射的作用，此一概念最早由瑞典化學家阿累尼烏斯（Svante August Arrhenius）於1862年時提出，阿累尼烏斯在某次實驗中發現，地球的能量主要來自太陽，而太陽的能量是用短波輻射的方式穿越大氣層，地球以長波輻射形式向外散發的能量卻無法透過**溫室氣體**層，如果扣掉反射回太空的輻射能，在輻射平衡的情況下，地球的溫度應該很低。但是，這些輻射線有一部分會被大氣中對流層的氣體吸收，使得能量再進入地球表面，所以造成地表的平均溫度比輻射平衡時高，這種自然界反射和吸收太陽輻射的現象，阿累尼烏斯稱為大氣的溫室效應，而受到**溫室氣體**的影響，地球才能保持較高的溫度，創造出生命存活的環境。然而，由於人類活動釋放出大量的**溫室氣體**，結果讓更多紅外線輻射被折返到地面上，地球溫度因溫室效應不斷升高，造成全球氣象變遷，北半球冬季縮短，並且更冷更濕，而夏季變長，亞熱帶地區更乾，熱帶地區更濕，甚至改變地區資源分布，導致糧食、水源及漁獲量等的供應不平衡，引發國際經濟及社會等問題。

溫室氣體
Greenhouse Gas

　　溫室氣體是能將陽光帶來部分熱量和地表釋放的部分熱量，截留在地球大氣的氣體，大氣中能產生溫室效應的氣體已被發現者有近30種，二氧化碳和其他微量氣體如甲烷、一氧化氮、臭氧、氯氟碳及水蒸氣等皆屬於溫室氣體。部分溫室氣體自然存在於大氣中，另外一些是人為造成，燃燒石化燃料、農業和畜牧業及垃圾處理等，都會向大氣排放溫室氣體。溫室氣體造成地球溫度升高，從1萬8,000年前最近一次冰河期到現在，地球溫度升高了5℃，大約平均1,000年，地球溫度升高5℃，近百年來已經升高了約0.5℃。也就是說，最近一個世紀地球實際升溫速度，比以往加快了10倍，各種溫室氣體的變化導致大氣輻射驅動效應增強，而二氧化碳、甲烷和一氧化二氮這3種主要溫室氣體所起的作用，更在所有溫室氣體中所占比例高達88%。研究並發現，全球變暖的原因主要是由於人為作用所造成，溫室氣體的增加，加強了**溫室效應**，人類大量的排放溫室氣體，改變了大氣的組成，也破壞了原來的平衡，間接使地球溫度升高。因此《京都議定書》規定6種主要的溫室氣體，並限制各國溫室氣體的排放量，其中包括：二氧化碳、甲烷、氧化亞氮、氫氟碳化物、全氟碳化

物及六氟化硫等。

碳足跡
Carbon Footprint

　　碳足跡是指每個人或團體的**溫室氣體**排放量或碳耗用量，以二氧化碳為標準計算。碳足跡可以分為第一碳足跡和第二碳足跡，第一碳足跡是因使用石化能源而直接排放的二氧化碳，例如飛機飛行消耗的大量燃油；第二碳足跡是因使用各種產品而間接排放的二氧化碳，例如消費一般食物，會因它的生產和運輸過程中產生的排放而帶來第二碳足跡。碳足跡愈大，碳耗就用得多，導致地球暖化的元兇二氧化碳也製造的愈多，對地球環境愈不利。碳足跡的提出是為了讓人們意識到因應氣候變化的緊迫性，因此，縮減碳足跡已逐漸成為一些具環保意識國家的流行語，許多環保網站提供了專門的碳足跡計算，只要輸入相關情況，就可以計算某種活動的碳足跡，或全年的碳足跡總量。此一數據意味著個人對全球暖化所負的責任比例。

綠色和平組織
Greenpeace International

　　綠色和平組織是一個全球性的環保組織，致力於以實際行動保護地球環境、世界和平，以及追求一個無核的世界。該組織成立於1971年9月15日，由加拿大人麥格塔格（David McTaggart）所發起，使命是保護地球、環境及各種生物的安全及持續性發展，並以行動作出積極的改變；不論在科學研究或科技發明，都提倡有利於環境保護的解決辦法，對於有違以上原則的行為，都會盡力阻止，目的是為了促進實現一個更為綠色、和平及可持續發展的未來。在實際行動上，綠色和平組織成員冒著生命危險的抗爭行為，屢屢成為報紙頭條，譬如曾派出彩虹勇士號船駛往南太平洋，反對法國進行核子試驗，以致被炸毀；也曾派出天狼星號船封鎖直布羅陀海峽，阻止蘇聯捕鯨船隊通過，同時公開揭露一些國家把有害廢棄物越境轉移的真相。儘管激烈抗爭行動褒貶不一，但該組織從來沒有停止過活動，經常獲得國際輿論和公眾的聲援，迄今已成為全球最具影響力的環保團體之一。

綠色能源
Green Energy

　　能源是人類生存的原動力，也是自然界中能為人類提供某種形式能量的物質資源。根據能源消耗後是否造成環境污染，可分為污染型能源和清潔型能源。污染型能源包括煤炭、石油等；清潔型能源又稱綠色能源，可分為狹義和

廣義兩種概念，狹義的綠色能源是指可再生能源，如水能、生物能、太陽能、風能、地熱能和海洋能，這些能源消耗之後可以恢復補充，很少產生污染。廣義的綠色能源包括在能源的生產及其消費過程中，選用對生態環境低污染或無污染的能源，如天然氣、清潔煤（將煤通過化學反應轉變成煤氣、煤油或電力）和核能等。隨著日益嚴重的世界性能源短缺和環境污染，人類對綠色能源的需求愈來愈大，發展綠色能源、善用綠色能源科技以開創新能源供給及利用，已成為人類永續經營地球的共識。

綠黨
Green Party

綠黨是20世紀才開始在歐洲擴散的政黨，除了歐洲之外，在世界各地都有綠黨組織。1960年代末期，歐洲從狂熱的**共產主義**，極端的民主意識，性解放等的自由理念中，逐漸形成一支綠色政治運動隊伍，以環境保護、反核、可持續能源等作為其政治訴求，同時在體制內、外抗爭與進行改革的活動。綠色運動最先在歐洲的挪威、瑞典、芬蘭及德國開始發展，初期以激進的街頭抗爭與國際性的干預行動為主，至1980年代，歐洲各國先後創建了相關的政治組織，德國則是歐洲第一個綠黨的誕生地。隨後，世界上許多國家亦成立綠黨，儘管

各國綠黨的宗旨或多或少有些不同，但都有一個共同特性，即提倡生態的永續生存及社會正義。在意識形態上，希望超越階級界線，超越左派和右派，把與人民和自然界共存亡，看作是自己的最高目的。綠黨認為，其主張既不是**資本主義**的，也非社會民主主義的，更不是社會主義的，它的出發點是全人類的，不分階級和階層，它所關心的不是哪一個階級、階層或哪一部分人的生存，而是整個人類和地球的生存。

聯合國環境規劃署
United Nations Environment Programme, UNEP

聯合國環境規劃署成立於1973年1月，是**聯合國**體系內負責全球環境事務的專門機構，在歐洲、北美、亞太、非洲等地皆設有區域辦事處或聯絡處。該署設立宗旨是促進環境領域內的國際合作，並提出政策建議；在**聯合國**體系內提供指導和協調環境規劃總政策，並審查規劃的定期報告；審查世界環境狀況，以確保正在出現的、具有國際廣泛影響的環境問題得到各國政府的適當考慮；經常審查國家與國際環境政策和措施對發展中國家帶來的影響和費用增加的問題；促進環境知識的取得和情報的交流。期能達到「為全球環境保護提供領導，促進夥伴關係的建立，激勵各國

政府及其人民，向他們提供資訊，提高其能力，以改善他們的生活質量，而不危及後代人的利益」之重要使命。

聯合國氣候變遷綱要公約
United Nations Framework Convention on Climate Change

《聯合國氣候變遷綱要公約》（或譯《聯合國氣候變化框架公約》）包括序言及本文26條，制定於1992年6月里約地球高峰會，1994年3月生效，是世界上第一個為全面控制二氧化碳等溫室氣體排放，以應對全球氣候變暖給人類經濟和社會帶來不利影響的國際公約，也是國際社會在應對全球氣候變化問題上進行合作的重要法律基礎。公約旨在控制大氣中二氧化碳、甲烷和其他造成溫室效應氣體的排放，將溫室氣體的濃度穩定在使氣候系統免遭破壞的水平上，對發達國家和發展中國家規定的義務及履行義務的程序有所區別，要求發達國家作為溫室氣體的排放大戶，採取具體措施限制溫室氣體的排放，並向發展中國家提供資金以支付他們履行公約義務所需的費用，同時建立一個向發展中國家提供資金和技術，使其能夠履行公約義務的資金機制。公約並指出，最終目標是將大氣中溫室氣體的濃度，穩定在防止氣候系統受到危險的人為干擾之水平上，這一水平應當在足以使生態系統能夠自然地適應氣候變化、確保糧食生產免受威脅，並使經濟發展能夠可持續地進行的時間範圍內實現。

瀕臨絕種野生動植物種國際貿易公約
Convention on International Trade in Endangered Species of Wild Fauna and Flora

《瀕臨絕種野生動植物種國際貿易公約》是一個由聯合國制定的國際性野生動植物保育公約，1973年6月21日在美國首都華府簽署，因此又稱《華盛頓公約》，1975年7月1日正式生效，目的是藉國際合作，防止因國際貿易致稀有或瀕臨絕種野生動植物遭受濫用。公約內容共25條，組織設秘書處、管理機構暨科學機構、會員國大會等三大部門，另設常設委員會由歐、亞、非、北美洲、中美洲及大洋洲等6個主要地區的委員組成，將瀕臨絕種野生動植物在國際間之交易規定，列入公約並做成3種附錄。《附錄1》物種已經瀕臨絕種，必須受到完全的保護，禁止商業性國際貿易的物種；《附錄2》物種尚未瀕臨絕種，但在繼續貿易下，可能會面臨瀕臨絕種，在CITES許可證系統的管理下，可以進行商業性國際貿易的物種；

《附錄3》某一個國家為保護其國內的物種，該國特別尋求其他國家的協助以管制其貿易。在特定情況下且有合格的許可證時，《附錄2》的野外採集物種及《附錄1》的人工繁殖物種，皆可進行商業性貿易。

關於消耗臭氧氣層物質蒙特婁議定書
The Montreal Protocol on Substances that Deplete the Ozone Layer

聯合國於1985年3月在奧地利維也納召開保護臭氧層外交大會通過《保護臭氧層維也納公約》之後，為了具體執行該公約的政策目標，締約國於1987年9月在加拿大蒙特婁集會，並制定《關於消耗臭氧層物質蒙特婁議定書》，簡稱《蒙特婁議定書》，1989年1月生效。議定書共20個條文，內容要點包括：破壞臭氧層化學物質的管制措施、管制量數值的計算、管制措施的評估審查，以及資料的申報等，並於每年締約國會議中協議增加管制物質與管制時程；要求締約國控制氟氯碳化物（CFC）排放量，明定氟氯碳化物和海龍（halon）的削減時程；1994年1月全面禁止生產海龍；1996年1月1日起，除了部分發展中國家外，全面禁用氟氯碳化物；成立多邊信託基金，援助發展中國家進行技術轉移。議定書並載明，除非議定書另有規定，否則《保護臭氧層維也納公約》中和本議定書有關的條款，應適用於本議定書。

關於森林問題的原則聲明
Forest Principles

《關於森林問題的原則聲明》是《關於所有類型森林的管理、保存和可持續開發的無法律約束力的全球協商一致意見權威性原則聲明》之簡稱，該聲明由聯合國於1992年6月14日在巴西里約熱內盧舉行的地球高峰會通過，主要是針對所有類型森林的管理、養護和可永續利用作成全球性協議，但該協議的相關條文並無法律約束力，只是權威性的原則聲明。聲明中提到，林業這一主題涉及環境與發展的整個範圍內的問題和機會，包括社會經濟可持續地發展的權利在內；這些原則的指導目標是要促進森林的管理、保存和可持續開發，並使它們具有多種多樣和互相配合的功能和用途；關於林業問題及其機會的審議，應在環境與發展的整個範圍內總體且均衡地加以進行，要考慮到包括傳統用途在內森林的多種功能和用途，和當這些用途受到約束或限制時可能對經濟社會產生的壓力，以及可持續的森林管理可提供的發展潛力等。聲明並指出，

依照《聯合國憲章》和國際法原則，各
國具有按照其環境政策開發資源的主權
權利，同時亦負有責任，確保在它管轄
或控制範圍內的活動，不致對其他國家
或其本國管轄範圍以外地區的環境引起
損害等15項原則。

第十四篇　大陸研究與兩岸關係
China Studies and Cross-Strait Relations

「一個中國」原則
One China Principle

1949年國民黨政府播遷來台，中國共產黨則於北京宣布建立中華人民共和國政府，至此台海兩岸正式進入分裂狀態。1993年8月31日中國**國務院台灣事務辦公室**發表第一份對台政策白皮書《台灣問題與中國統一》。白皮書中特別釐清中國對「一個中國」原則的定義與基本立場，反對台灣推動務實外交與參與國際組織的任何活動。北京強調：「世界上只有一個中國，台灣是中國不可分割的一部分，中央政府在北京。」1995年1月30日，中國國家主席江澤民發表對台政策重要講話，俗稱「江八點」，其第一點即點明兩岸必須堅持一個中國原則，並且駁斥台灣的「分裂分治」與「階段性兩個中國」等主張都是違背一個中國的原則。

「一個中國」原則的基本內容是：世界上只有一個中國，台灣是中國神聖領土不可分割的一部分；只有一個中央政府，即中華人民共和國政府，它是代表全中國人民的唯一合法政府，首都在北京；中國的主權和領土不能分割，台灣問題純屬中國的內部事務。中國政府始終堅持世界上只有一個中國、台灣是中國的一部分、中華人民共和國為中國唯一合法政府，表示中華人民共和國政府是中央政府，台灣政府是一個地方政權。目前，世界各國與中華人民共和國建立外交關係時，大多承認一個中國原則，並且承諾在一個中國的框架內處理與台灣的關係。

一帶一路
One Belt, One Road Initiative

中國領導人習近平於2013年9月和10月出訪中亞和東南亞時，提出建設「絲綢之路經濟帶」和「21世紀海上絲綢之路」的倡議，合稱為「一帶一路」戰略。2015年3月中國國務院發布《推動共建絲綢之路經濟帶與21世紀海上絲綢之路的願景與行動》，將「一帶一路」列入第十三五規劃綱要內文，成為國家戰略的一環。而自2017年起，中國開始將「一帶一路」擴大推展，「一帶一路」涵蓋的範圍已延伸至拉丁美洲和北極。

「一帶一路」的發展提供中國建構世界經濟地位的重要平台，以亞投行（Asian Infrastructure Invest Bank, AIIB）、「一帶一路」國際合作論壇（the Belt and Road Forum for International Cooperation, BRF）當作國際制度的平台，藉由亞投行、絲路基金、金磚國家開發銀行和「一帶一路」建設結合，與亞洲開發銀行（Asian Development Bank, ADB）、國際貨幣基金（International Monetary Fund, IMF）、世界

銀行（World Bank, WB）相抗衡，提高中國的國際政經地位，由國際規則的接受者轉而成為國際規則的制定者；另由「一帶一路」國際合作論壇的運作，主導國際經濟秩序之國際會議，並抗衡於20國集團峰會（G20）、世界經濟論壇（World Economic Forum, WEF）、世貿組織（World Trade Organization, WTO）。

然而雖然此計畫為中國打開走向區域性經濟強權的大門，並為其他參與計畫的國家帶來經濟發展的機會，但仍有許多的不確定性與風險潛藏其中，尤其中國「一帶一路」戰略思維充滿著政治、經濟與安全的考量；況且面對世界霸權美國的政治戰略構想，以及沿線國家和地區的政治制度、法律制度及社會風俗各不相同，這些瞬息萬變的國內外局勢，增添「一帶一路」的考驗與困境。

一國兩制、和平統一
One Country Two Systems, Peaceful Unification

1993年9月，中國國務院台灣事務辦公室和國務院新聞辦公室聯合發表《台灣問題與中國的統一》白皮書。按照白皮書的闡述，「一國兩制，和平統一」是建設有中國特色的社會主義理論和實踐的重要組成部分，是中國政府一項長期不變的基本國策。它主要包括如下要點：（一）一個中國：世界上只有一個中國，台灣是中國不可分割的一部分，中央政府在北京。堅決反對任何旨在分裂中國主權和領土完整的言行，反對「兩個中國」、「一中一台」或「一國兩府」，反對一切可能導致「台灣獨立」的企圖和行徑；（二）兩制並存：在一個中國的前提下，大陸的社會主義制度和台灣的資本主義制度，實行長期共存，共同發展，誰也不吃掉誰。兩岸實現統一後，台灣的現行社會經濟制度不變，生活方式不變，與外國的經濟文化關係不變；（三）高度自治：統一後，台灣將成為特別行政區，享有高度的自治權。它擁有在台灣的行政管理權、立法權、獨立的司法權和終審權；黨、政、軍、經、財等事宜都自行管理；可以與外國簽訂商務、文化等協定，享有一定的外事權；有自己的軍隊，大陸不派軍隊也不派行政人員駐台。特別行政區政府和台灣各界的代表人士還可以出任國家政權機構的領導職務，參與全國事務的管理；（四）和平談判：為結束敵對狀態，實現和平統一，兩岸應盡早接觸談判。在一個中國的前提下，什麼問題都可以談，包括談判的方式，參加的黨派、團體和各界代表人士，以及台灣方面關心的其他一切問題。在統一之前，雙方按照相互尊重、互補互利的原則，積極推動兩岸經

濟合作和各項交往，進行直接通郵、通商、通航和雙向交流，為國家和平統一創造條件。

一條線政策
One Line Policy

1969年3月中蘇邊境發生大規模的珍寶島武裝衝突事件，同年6月，布里茲涅夫（Leonid Brezhnev）提出「亞洲集體安全體系」，意圖對中國進行全面性的圍堵。至此，中蘇關係頓時降到冰點。中國面對來自北方強大的威脅，為突破蘇聯對其所進行的全球包圍，調整其「兩條線」的外交政策，轉為與美國改善關係，外交政策改採「聯美反蘇」的「一條線」政策。

1970年代末，蘇聯在非洲、中東及中南半島等地區擴張勢力，威脅到美國的利益。為了制衡蘇聯的擴張行為，美國調整對中國的外交政策，並與中國加速正常化關係。1971年7月，美國國務卿季辛吉（Henry Kissinger）密訪北京，同年10月在美國支持下，北京取代台北成為中國在聯合國的合法代表及安理會的常任理事國，翌年尼克森（Richard M. Nixon）訪問北京並簽署《上海公報》，雙方聲明：「任何一方都不應該在亞太地區謀求霸權。」美方並且表示：「它認識到台灣海峽兩邊的所有中國人都認為只有一個中國，台灣

是中國的一部分，美國對這一立場不能提出異議。它重申它對中國人民自己和平解決台灣問題的關心」。中美關係的正常化造成中國外交政策倒向美國，並與蘇聯漸形漸遠。

一綱四目
One Principle and Four Divisions

1963年中國總理周恩來根據兩岸關係的情勢發展，總結中國對台政策歸納為「一綱四目」。「一綱」是指台灣必須回到祖國的懷抱，這是原則問題，不容商量。「四目」則是具體的操作方案：（一）台灣回歸祖國後，除外交必須統一於中央外，當地軍政大權、人事安排等悉委於蔣介石，由蔣介石安排；（二）台灣所有軍政費用和經濟建設一切費用的不足部分，全部由中央政府撥付；（三）台灣的社會改革可以從緩，等到時機成熟後，尊重蔣介石的意見協商後再進行；（四）雙方互約不派特務，不做破壞對方團結的事情。

周恩來並指出，台灣問題之首要關鍵在於促成國共第三次合作，使海峽兩岸實現統一。只要海峽兩岸實現統一，其他一切問題悉尊重台灣領導人意見妥善處理。事實上，「一綱四目」對台方針的提出和實施，是中國共產黨對台政策由「解放台灣」走向「和平統一」方

向轉變的標誌，其中已經隱含後來「一國兩制」的意涵，並成為中共解決台灣問題及推動統一的重要藍圖。

一邊一國論
One Country on Each Side

陳水扁總統在2002年8月舉行的世台會年會致詞時表示，「台灣是我們的國家，我們的國家不能被欺負、被矮化、被邊緣化及地方化，台灣不是別人的一部分；不是別人的地方政府、別人的一省，台灣也不能成為第二個香港、澳門，因為台灣是一個主權的國家，簡言之，台灣跟對岸中國一邊一國，要分清楚。」陳水扁的言論表明，台灣是一個主權獨立的國家，台灣跟對岸中國是處於「一邊一國」的狀態。

「一邊一國」的言論造成台灣內部與國際間的重大爭論，台灣泛綠陣營認為該言論明確的表示出目前兩岸現況，泛藍陣營認為此舉將會帶來兩岸之間的緊張關係，而中國大陸方面將此言論視為是對一個中國政策的挑釁，美國政府也發表聲明認為該言論失當。

一邊倒政策
Lean to One Side Policy

毛澤東主政之初，由於韓戰爆發，使得毛澤東在「意識形態、經濟制度與安全機制」的兩極對抗體系中，一面倒向蘇聯，惟蘇聯馬首是瞻。1949年6月30日，毛澤東發表〈論人民民主專政〉一文，提出「一邊倒」的外交政策，他指出：「十月革命幫助了全世界，也幫助了中國的先進分子，用無產階級的宇宙觀作為觀察國家命運的工具，重新考慮自己的問題，走俄國人的路。……我們在國際是屬於以蘇聯為首的反**帝國主義**戰線的一方。」中國於1950年5月14日與蘇聯簽訂《中蘇友好同盟互助條約》，同年10月25日派遣「自願軍」展開「抗美援朝」戰爭。

至1960年代初，中國藉由《中蘇友好同盟互助條約》得到蘇聯為首的社會主義國家集團認同，此時期毛澤東將蘇聯作為對外政策之重點，目的是在蘇聯的支持與援助下，無後顧之憂的進行經濟恢復與建設工作。整個1950年代，中國的**外交政策**是結合蘇聯及其他共產國家，對抗以美國為首的西方陣營，外交路線以「一邊倒」政策為主。

九二共識
1992 Consensus

九二共識是指1992年11月中國大陸**海協會**與台灣**海基會**就解決兩會事務性商談中，對於「**一個中**國」原則問題及其內涵進行討論，所形成之見解及體認的名詞。其核心內容與精神是「一個中

國，各自表述」與「交流、對話、擱置爭議」。簡單的說，海峽兩岸對於一個中國認知為：中國大陸方面，一個中華人民共和國；台灣方面，一個中華民國；但雙方都互相承認對方為政治實體，並願意擱置主權爭議，以進行交流。

1992年10月28至30日，兩岸兩會在香港就「兩岸公證書使用」問題，繼續進行處長級工作性商談。商談中，海協會代表提出關於表述海峽兩岸均堅持一個中國原則的5種文字方案，海基會代表也先後提出5種文字表述方案和3種口頭表述方案，其中第八案的表述是：「在海峽兩岸共同努力謀求國家統一的過程中，雙方雖均堅持一個中國的原則，但對於一個中國的涵義，認知各有不同。」海基會代表稱此案為台灣的底案，並建議「以口頭聲明方式各自表述」。香港商談結束後，1992年11月1日，海基會代表發表書面聲明表示，有關事務性商談中一個中國原則的表述，「建議在彼此可以接受的範圍內，各自以口頭方式說明立場」。海協會研究海基會的第八案，認為這個方案表明海基會謀求統一、堅持一個中國原則的態度，雖然提出對一個中國涵義的認知各有不同，而海協會歷來主張「在事務性商談中只要表明堅持一個中國原則的態度，不討論一個中國的政治涵義」，因此，可以考慮與海基會以上述各自口頭

表述的內容表達堅持一個中國原則的態度。之後，因海協會希望海基會能夠確認這是台灣方面的正式意見，故同月3日，海基會致函海協會，表示已徵得台灣有關方面的同意，「以口頭聲明方式各自表達」。

八一七公報
Communique of August 17, 1982

台灣問題是中國和美國關係中最重要和最敏感的問題。1981年雷根（Ronald Reagan）就任美國總統後，雖多次表示尊重中美建交公報原則，但中美雙方在美售台武器問題上仍存在嚴重分歧。為解決這一問題，中美兩國政府自1981年起在北京經過10個月談判，雙方就美方向台出售武器問題達成協議，並於1982年8月17日分別在北京和華盛頓同時發表《聯合公報》，做為解決美售台武器問題規定所應依據的原則和步驟。

在《八一七公報》中，除了美方首次強調將逐步減少對台武器銷售之外，中國則重申「爭取和平解決台灣問題」，而美國也對此表示「讚賞」。美國在該公報中針對對台軍售問題對中國作出明確承諾，美國政府聲明其並不謀求執行對台銷售武器之長期政策，對台灣武器銷售在質或量上均不會超過美中

兩國建立外交關係後近年來（美對台灣）所提供之水準，美國意圖逐漸減少對台灣之武器銷售，經由一段時間而趨於最終解決。

三不政策
Three Nos Policy

1978年蔣經國當選總統後，為了使國民黨政權立足台灣，先將本土台籍菁英網羅至國民黨政權之內，再將國民黨政權融入台灣社會；另一方面，蔣經國推動民主化的政治革新運動，充實中央及地方各級民意機關，以擴大政治參與及政權統治基礎。此時，中國在解決台灣問題上也有了重大政策轉變。1979年元旦，中國全國人大常委發表《告台灣同胞書》，在該文件中，中國體現對台工作的新思路：第一，堅持一個中國原則，反對台獨；第二，中央政府與台灣政府舉行商談，結束兩岸軍事對峙狀態；第三，兩岸實現直接通商、通郵及通航；第四，在解決統一問題前，尊重台灣現狀及各界人士的意見，採取合理的政策及方法，不使台灣人民蒙受損失。

面對中國大陸方面的積極統戰作為，國民黨的大陸政策承受極大的挑戰，鑑於兩次國共合作的失敗經驗，蔣經國於1979年4月4日國民黨中常會中提出不接觸、不談判、不妥協的「三不政策」作為因應，拒絕與中國接觸或和談，政府並發布各種禁止兩岸交流之命令，包括禁止外籍商船直接往返於大陸及台灣各港口、台商不得與大陸直接貿易、禁止台商直接或間接將產品銷往大陸或進口大陸產品，以及禁止旅客私自攜帶大陸藥品返台等。

上海公報
Shanghai Communique

美國總統尼克森（Richard M. Nixon）於1972年2月訪問中國，中美雙方簽署《上海公報》（Shanghai Communique）。在此公報中，中國堅決反對「一中一台」（one China, one Taiwan）、「一個中國，兩個政府」（one China, two governments）或是「兩個中國」（two Chinas），美國明確認知「在一中之下，海峽兩岸共存，台灣是中國的一部分」（all Chinese on either side of the Taiwan Strait maintain there is but one China and that Taiwan is a part of China），而且「不會挑戰這個立場」（not challenge that position）。美國同時也非常清楚表示，繼續與台灣維持自1954年來共同安全協定（軍事同盟）的承諾，但無礙與中國正常化關係。

《上海公報》的主要內容包括：（一）兩國對越南問題以及亞洲其他地

區政治局勢的不同看法；（二）中美關係正常化符合兩國利益；（三）國際爭端應在尊重主權、不干涉別國內政等基礎上解決，反對任何國家在亞洲建立霸權或在世界範圍內劃分利益範圍；（四）中方反對美方在台灣問題上所持立場，反對一中一台、兩個中國、一國兩府、台灣獨立和台灣地位未定論；（五）美方認知（acknowledge）海峽兩岸都堅持一個中國，並對此不表異議（not to challenge），支持和平解決兩岸問題，將逐步減少在台美軍設施和武裝力量；（六）擴大兩國民間交流與往來，為雙邊貿易提供便利；（七）保持接觸管道。

《上海公報》關於台灣問題的論述如下：

中國方面重申自己的立場；台灣問題是阻礙中美兩國關係正常化的關鍵問題；「中華人民共和國」政府是中國的唯一合法政府；台灣是中國的一個省，早已歸還祖國；解決台灣是中國內政，別國無權干涉；全部美國武裝力量和軍事設施必須從台灣撤走。中國政府堅決反對任何旨在製造「一中一台」、「一個中國、兩個政府」、「兩個中國」、「台灣獨立」和鼓吹「台灣地位未定」的活動。

美國方面聲明：美國認識到，在台灣海峽兩邊的所有中國人都認為只有一個中國，台灣是中國的一部分。美國政府對這一立場不提出異議。它重申其對由中國人自己和平解決台灣問題的關心。考慮到這一前景，它確認從台灣撤出全部美國武裝力量和軍事設施的最終目標。在此期間，它將隨著這個地區緊張局勢的緩和逐步減少它在台灣的武裝力量和軍事設施。

大國外交
Big-power Diplomacy

大國外交一詞是用以形容1990年代開始出現的中國外交政策變化趨勢。1997年（中國十五大）江澤民鞏固政權及中國完成香港、澳門回歸後，中國開始密集展開「夥伴外交」及「大國外交」的策略，其具體的外交戰略原則轉變為不斷發展經濟，強化自身的綜合實力；不斷發展以雙邊外交關係為主的夥伴關係，建立與重要國家和國家組織的夥伴關係，並參與多邊國際組織與對話機制。在中國十五大政治報告中，不僅提到與周邊鄰國繼續保持睦鄰友好關係，特別論及在和平共處五原則的基礎上，繼續改善和發展同發達國家的關係，其中最引人注目的是，從1996年起中國先後與美國、俄羅斯及歐盟等進行雙邊領袖會談，並建立起各種形式的「夥伴關係」。

大國外交的特點為：（一）將中國明確定位為世界上有影響力的大國，是

一種心態調整的過程；（二）隨著經濟發展與相互依存的趨勢，重視與其他大國，主要是美、俄、英、法、德、印等國的夥伴關係建立；（三）中國積極參與以往忽略的、抵制的國際金融、軍控、經貿等組織，並負擔維持現狀秩序的責任。

中國新安全觀
China's New Security Concept

1997年12月16日，中國國務院副總理錢其琛在東協區域論壇（ASEAN Regional Forum, ARF）私營部門慶祝東南亞國協（Association of Southeast Asian Nations, ASEAN）成立30週年大會上，發表題為〈發展合作才能獲得和平與繁榮〉的講話，闡述中國新的安全觀念和維護和平的新途徑。其演講內容與1998年7月中國公布的《國防白皮書》有相同之處，二者皆說明了新安全觀包含3個方面：（一）政治方面：在相互尊重主權和領土完整、互不侵犯、互不干涉內政、平等互利、和平共處五原則基礎上，建立國與國之間的關係，這是全球和地區安全的政治基礎和前提；（二）經濟方面：各國應在經濟領域加強互利合作，相互開放市場，減少經濟及貿易上不平等及差別待遇政策，逐步縮小國家之間的發展差距，尋求共同的繁榮，這是全球和地區安全的經濟基礎；

（三）軍事方面：各國應透過對話及合作的方式，增進與各國之間的相互瞭解，承諾以和平方式尋求解決國家間的紛爭與歧見。

基本上，新安全觀的提出主要是希望藉由安全對話及合作交流，以增進中國與各國間的相互信任，進而塑造安全及和平的國際穩定環境。新安全觀主張在重視軍事安全的同時，更應強調國內政治、社會穩定和經濟發展，以及國與國之間政治、經濟和外交關係的改善作為，實現國家安全利益、促進地區和全球安全與穩定的主要途徑，且各國應在「和平共處五原則」的基礎上，透過對話與合作增進相互瞭解與信任，承諾以和平方式解決國家間的分歧和爭端，確保國家及國際間的和平與安全。

中國夢
Chinese Dream

中國領導人習近平在2012年11月29日首次提出「中國夢」，並於2013年3月第12屆全國人民代表大會第1次會議中闡述「中國夢」的內涵，「實現中華民族偉大復興的中國夢，就是要實現國家富強、民族振興、人民幸福，既深深體現了今天中國人的理想，也深深反映了我們先人們不懈奮鬥追求進步的光榮傳統」。可見，國家富強、民族振興和人民幸福是「中國夢」的主要內容，實

現偉大復興成為中國近代以來最偉大夢想。

　　「中國夢」內涵大約可以分為兩方面，一為對外方面，中國強調追求國家富強、軍隊強大，成為大國，另也宣稱與世界和平共處；二為對內方面，中國希望維持國內社會安定和諧，經濟持續發展，使人民過著幸福小康的日子，提升文化影響力，打造無汙染綠色環境和依法治國。為了實現「中國夢」，習近平提出「兩個百年」奮鬥目標作為參照。第一個百年目標是，到中國共產黨成立100年時，全面建成小康社會；第二個百年目標是，到新中國成立100年時，把中國建成富強民主文明和諧的社會主義現代化國家。於此同時，習近平也為「中國夢」的實現指引明確路徑，實現中國夢有三條件：一為走中國特色社會主義道路；二為弘揚以愛國主義為核心的民族精神；三為凝聚中國各族人民大團結的力量。

反分裂國家法
Anti-Secession Law

　　2004年中國大陸開始討論「統一法」，但由於不管在內容及法案名稱上事涉敏感，因此中國相當小心謹慎處理。2005年中國大陸改以《反分裂國家法》來推動，終於在3月14日第10屆全國人大第3次會議上，以2,896票贊成，

2票棄權，3人未表示意見的高支持率通過。該法全文共10條，僅一千餘字，堪稱中國批示最多、條文最少的法律之一。

　　該法律的主要內容是鼓勵兩岸繼續交流合作，但同時也首次明確提出在3種情況下大陸可以武力犯台。該法規定：台獨分裂勢力以任何名義、任何方式造成台灣從中國分裂出去的事實，或者發生將會導致台灣從中國分裂出去的重大事變，或者和平統一的條件完全喪失，授權國務院及中央軍委決定採取非和平方式及其他必要措施，捍衛國家主權和領土完整。《反分裂國家法》在相當程度是針對台灣內部漸趨高漲的台獨勢力，面對台灣可能訴求以「法理台獨」來支撐「事實台獨」，中國大陸方面明確表態強烈反對，甚至，不排斥將可能採取非和平方式來予以抑制。如此，屆時中國大陸若有出兵意圖，則該法就成為重要的法源依據。

反攻大陸
Reconquer the Mainland

　　1949年蔣介石在國共內戰中失利，國民黨政府撤退至台灣，為了安撫人心，蔣介石把「反攻大陸」奉為基本國策，反攻大陸的目的是為了重返中國大陸執政，大陸政策成了維護國民黨合法統治的工具。

1952年10月國民黨召開第7次全國代表大會，會議確立反共復國、光復大陸的具體目標，並制定中國國民黨反共抗俄時期工作綱領，開展心理作戰、政治作戰及敵後作戰，加強反共理論的研究及宣傳，擴大海內外影響力，奠定反攻大陸的政治基礎。1957年10月國民黨第8次全國代表大會提出國民黨今後的一切工作，都是為了達成反攻復國的任務，要將反攻大陸作為工作重心。1963年11月國民黨第九次全國代表大會制定《反共復國共同行動綱領》，1969年3月國民黨第10次全國代表大會更進一步以「積極策進光復大陸、實現三民主義、鞏固復興基地」為會議主軸。

反逃犯條例修訂運動
Anti-Extradition Law Amendment Bill Movement

此運動又稱反送中運動，是指香港自2019年3月15日開始，並於6月9日大規模爆發的社會運動。此次運動無統一的領導者，主要是以社交媒體號召的方式組織，支持者以遊行示威、集會、靜坐、唱歌、吶喊、自殺、「三罷」行動、設置連儂牆、不合作運動、堵塞道路幹道、「起底」、破壞商鋪、建築物及公共設施等一系列行為，向香港特別行政區政府抗議其提出《逃犯條例》修訂草案。該草案容許將香港的犯罪嫌疑人引渡至中國、澳門及台灣受審，反對者不信任中國的司法制度，擔憂將嫌疑人引渡至中國會出現不公平審訊的情況，並損害香港在「**一國兩制**」及《**基本法**》下所明列的獨立司法管轄權地位。

2020年初，由於新冠肺炎疫情的關係，反逃犯修訂運動曾經緩和一段時間，同年5月開始，隨著疫情穩定，加上港府頒布《**國安法**》，反逃犯修訂運動的氣氛又逐漸加強，到2020年8月8日，香港政府首度將反逃犯修訂運動定位為「反政府動亂」。

反滲透法
Anti-infiltration Act

《反滲透法》是中華民國於2020年1月15日公告實施的法案。《反滲透法》共有12條，法律首先表明維護中華民國主權及自由民主憲政。第2條則定義境外敵對勢力是指與中華民國交戰、武力對峙或主張採取非和平手段之國家、政治實體或團體。隨後第3條到第12條則闡述接受敵對勢力資助影響中華民國民主活動之罰則及實行方法。明定任何人不得接受滲透來源指示、委託或資助，捐贈政治獻金、違法從事競選活動，也不得就涉國安、機密的國防、外交、兩岸事務進行遊說。

《反滲透法》針對受境外敵對勢力

指示、委託或資助，而為違法捐贈政治獻金、助選、遊說、破壞集會遊行及社會秩序、傳播假訊息干擾選舉的不法行為予以處罰，補充政治獻金法、公民投票法、遊說法及選罷法等法律中有關「在地協力者」及相關罰則的規範不足。然而此法也受到許多的定義模糊爭議，所謂「任何人不得受滲透來源之指示、委託或資助」等等，滲透來源定義廣泛，有模糊空間，造成法律定義不夠清楚。

台灣關係法
Taiwan Relations Act, TRA

《台灣關係法》是美國在1979年與中華人民共和國建交，而與中華民國政府斷交後所制定的美國國內法，其目的在於取代遭廢除的《台灣防衛法》。《台灣關係法》的宗旨是：本法乃為協助維持西太平洋之和平、安全與穩定，並授權繼續維持美國人民與在台灣人民間之商業、文化及其他關係，以促進美國外交政策，同時也為其他目的。（To help maintain peace, security, and stability in the Western Pacific and to promote the foreign policy of the United States by authorizing the continuation of commercial, cultural, and other relations between the people of the United States and the people on Taiwan, and for other purposes.）

根據此法，美國設立「在台協會」（American Institute in Taiwan, AIT），「在台協會」雖無官方之名，卻有提供護照簽證核發及傳達美國政府訊息給台灣官方之實，而根據此法，1980年以後美國繼續銷售武器給台灣，台灣的安全得到相當程度的保障。《台灣關係法》具有3個主要功能：（一）記載美國對台灣政策的目標，包括維持台海和平穩定，維持台海現狀，維持美台商業及文化關係、保障人權與台灣安全。此法中明確指出任何企圖以非和平方式（包括杯葛或禁運）解決台灣未來的作為，均會威脅太平洋和平與安全，美國將嚴重關切；美國將繼續提供防衛性武器給台灣；美國也將抵抗任何訴諸武力，或使用其他高壓手段，危及台灣人民安全與社會經濟制度的行動。但並未表示，一旦台海發生戰亂，美軍有義務出兵護台，亦未明確表示，如果台海危機是由台灣方面挑起，美方應如何具體回應；（二）在無外交關係的情況下，維持台美間經貿關係；（三）授權成立美國在台協會，此機構代表新關係中的美方。

四不一沒有
Four Nos and One Without

2000年5月20日，陳水扁總統在520就職演說中，言及「本人深切瞭解，身為民選的中華民國第10任總統，自當恪

遵憲法，維護國家的主權、尊嚴與安全，確保全體國民的福祉。因此，只要中共無意對台動武，本人保證在任期之內，不會宣布獨立，不會更改國號，不會推動兩國論入憲，不會推動改變現狀的統獨公投，也沒有廢除國統綱領與國統會的問題」。演說中所謂「不宣布獨立、不更改國號、不推動兩國論入憲、不推動改變現狀的統獨公投，以及沒有廢除國統綱領及國統會的問題」，即是所謂的「四不一沒有」。

然而，陳水扁於2006年2月27日主持國安高層會議時裁示，**國家統一委員會**終止運作（cease to function），不再編列預算，原負責業務人員歸建；《**國家統一綱領**》終止適用（cease to apply），並依程序送交行政院查照。2007年3月4日，陳水扁進一步宣示「四要一沒有」（台灣要獨立、台灣要正名、台灣要新憲及台灣要發展，台灣沒有左右路線、只有統獨問題）。此舉被認為違背「四不一沒有」的承諾，引發了美國、中國及台灣各方不同的評論。

乒乓外交
Ping Pong Diplomacy

1960年代後期起，長期處於敵對狀態的中美兩國開始為改善及緩和雙方關係而進行試探和祕密接觸。經毛澤東批准，1971年4月6日，正在日本名古屋參加第31屆世界乒乓球錦標賽的中國代表隊，向美國代表隊發出訪問中國的邀請。1971年4月10日，美國乒乓球代表隊和新聞記者組成訪問團抵達北京，成為自1949年以來第一批獲准進入中國大陸的美國人。周恩來在人民大會堂接見美國訪問團時指出：「你們在中美兩國人民的關係上打開了一個新篇章。我相信，我們友誼的這一新開端必將受到我們兩國多數人民的支持。」1972年4月11日，中國乒乓球隊訪問團回訪美國。

中美兩國乒乓球隊互訪轟動國際輿論，成為舉世矚目的重大事件，被媒體稱為「乒乓外交」。此互訪行為結束中美兩國二十多年來人員交往隔絕的局面，使中美關係走向正常化的道路。

江八點
Jiang's Eight Points

1995年1月30日，江澤民在迎新茶話會上，發表《為促進祖國統一大業的完成而繼續奮鬥》的重要講話，就發展兩岸關係、推進中國和平統一進程的若干重要問題提出以下8點看法和主張：（一）堅持一個中國的原則是實現和平統一的基礎和前提。中國的主權和領土絕不容許分割；（二）對於台灣與外國發展民間性經濟文化關係，我們不持異議。但是，我們反對台灣以搞「兩個中國」、「一中一台」為目的所謂「擴大

國際生存空間」的活動；（三）進行海峽兩岸和平統一談判。在和平統一談判的過程中，可以吸收兩岸各黨派、團體有代表性的人士參加。在一個中國的前提下，什麼問題都可以談，作為第一步，雙方可以先就「在一個中國原則下，正式結束兩岸敵對狀態」進行談判；（四）努力實現和平統一，中國人不打中國人。我們不承諾放棄使用武力，但不是針對台灣同胞，而是針對外國勢力干涉中國和平統一和搞「台灣獨立」的圖謀；（五）大力發展兩岸經濟交流與合作。不主張以政治分歧去影響、干擾兩岸經濟合作。繼續長期執行鼓勵台商投資的政策。繼續加強兩岸同胞的相互往來和交流，增進瞭解和互信。採取實際步驟加速實現直接「三通」；（六）中華各族兒女共同創造的5,000年燦爛文化是維繫全體中國人的精神紐帶，也是實現和平統一的一個重要基礎。兩岸同胞要共同繼承和發揚中華文化的優秀傳統；（七）充分尊重台灣同胞的生活方式和當家作主的願望，保護台灣一切正當權益。歡迎台灣各黨派、各界人士，與我們交換有關兩岸關係與和平統一的意見，也歡迎他們前來參觀、訪問；（八）歡迎台灣當局的領導人以適當身分前來訪問；也願意接受台灣方面的邀請，前往台灣。可以共商國是，也可以先就某些問題交換意見。中國人的事我們自己辦，不需要借助任何國際場合。

江陳會談
Chen-Chiang Summit

自2008年5月馬英九總統就職後，為了解決及處理兩岸交流議題，兩岸兩會（海基會及海協會）共舉行8次江陳會談，並簽署18項協議。

2008年6月11日兩岸舉行第一次江陳會談，會中決議有6點：第一、兩岸兩會正式恢復制度化對話協商機制。第二、簽署「海峽兩岸包機會談紀要」及「海峽兩岸關於大陸居民赴台灣旅遊協議」。第三、為未來兩會協商議題作了後續安排。第四、為未來兩岸交流與合作提出方向。第五、強化兩會對話及交流。第六、陳雲林同意適時回訪。此次會議主要是提出兩會會談之原則性及方向性規定，對於實質性議題較無涉及；2008年11月3日至7日舉行第二次江陳會談，共簽署4項協議：（一）簽署「海峽兩岸空運協議」、「海峽兩岸海運協議」、「海峽兩岸郵政協議」及「海峽兩岸食品安全協議」4項協議；（二）針對前次兩項協議進行檢討及提出改善方向；（三）為未來兩會協商議題進行安排；（四）確認兩會各層級人員制度化聯繫、交流方式，強化兩岸制度化協商機制。由簽署的議題內容可看出，此次會談已開始觸及實質性議題；2009

年5月22日舉行第三次江陳會談,簽署4項協議:(一)簽署「海峽兩岸共同打擊犯罪及司法互助協議」、「海峽兩岸金融合作協議」與「海峽兩岸空運補充協議」3項協議,並對於陸資來台投資議題達成共識;(二)針對兩會去年簽署之6項協議執行情形進行檢討並提出改善方向;(三)對於兩會下階段優先協商議題達成共識;(四)持續推動兩會組團互訪之交流活動。由司法互助、陸資、金融合作等內容可得知,此次會談已碰觸較具敏感性之議題;而因應兩岸經貿交流愈趨頻繁,為解決優先處理之農漁業問題及經濟議題,2009年12月21日舉行第4次江陳會談,雙方簽署「海峽兩岸農產品檢疫檢驗合作」、「海峽兩岸標準計量檢驗認證合作」、「海峽兩岸漁船船員勞務合作」等3項協議;2010年6月28日舉行第5次江陳會談,簽署「海峽兩岸經濟合作架構協議」(Economic Cooperation Framework Agreement, ECFA)和「海峽兩岸智慧財產權保護合作協議」;2010年12月20日舉行第6次江陳會談,完成「兩岸醫藥衛生合作協議」的簽署,也就兩岸儘速洽簽「兩岸投資保障協議」取得共識,同時對於調增大陸人士來台旅遊每日人數、磋商春節加班機班次,以及建立兩岸協議成效檢討機制等,亦獲致具體成果;2011年10月20日在中國大陸天津市舉行第7次江陳會談,簽署「海峽兩岸核電安全合作協議」(核安協議),並就兩岸投保協議階段性協商成果以及加強兩岸產業合作,達成共同意見,會談並針對兩岸所簽署協議的執行情形進行重點檢視;第8次江陳會談於2012年8月9日台北召開,並簽署「海峽兩岸投資保障和促進協議」及「海峽兩岸海關合作協議」,該協議簽署有助保障兩岸投資人權益,並簡化兩岸貨物通關程序、杜絕兩岸非法走私、降低企業營運成本。

由8次江陳會談內容及協議議題可發現,兩岸兩會的制度性協商已逐漸成熟,協商議題也愈趨實質性,兩岸協議之簽署對於雙邊經貿關係的發展產生積極正面的效應。

行政院大陸委員會
Mainland Affairs Council

1987年11月2日,蔣經國總統正式宣布開放大陸探親,由於政府在宣布開放民眾赴大陸探親時,兩岸官方尚未有接觸,也沒有專責的民間機構來處理兩岸一般交流的事務,因此探親的手續委請紅十字會代為收件,並由該會增設大陸探親服務處,專門負責服務赴大陸探親的民眾。1991年5月,中華民國政府宣布廢止《動員戡亂時期臨時條款》,兩個月之後,民眾赴大陸探親的事務由內政部警政署入出境管理局直接處理。

開放民眾赴中國大陸探親看似單純，但由此所牽引出的行政問題卻十分繁雜，這些問題須政府在政策上作通盤研究及整體規劃。1988年8月行政院設置任務編組的「大陸工作會報」，並責成行政院研考會擔任幕僚工作，陸續擬訂多項開放民間交流措施，經過一年多的運作，有了相當大的成果。然而隨著探親人數不斷增加，涉及事務日益複雜，急劇增加的工作已非會報形式與少數兼職工作人員所能負荷，再加上政府為強化大陸政策的決策功能，增加工作效率，遂依據1991年1月公布《行政院大陸委員會組織條例》之規定，設置行政院大陸委員會。從此之後，陸委會成為政府統籌大陸工作的專責機關，從事全盤性大陸政策及大陸工作的研究、規劃、審議、協調及部分執行的工作；至於其他部會則就其主管業務，從事個別性大陸政策及大陸工作的研究、規劃與執行。

「戒急用忍」政策
Don't Hurry, be Patient Policy

1996年8月14日，李登輝總統在國民大會答覆國大代表國是建言時指出，「以中國大陸為腹地建設亞太營運中心的論調必須加以檢討」。同年9月14日，李登輝在全國經營者大會上提出「戒急用忍」主張，12月國家發展會議召開，朝野亦達成共識：「政府應對國內企業赴大陸投資，作政策規劃，循序漸進；對於大型企業赴大陸投資，須審慎評估，合理規範」。經濟部依據此一共識，訂定大陸投資新規範，重點包括：（一）區分產業為禁止、准許及專案審查三類，並對高科技產業及基礎建設赴大陸投資予以嚴格限制；（二）依企業規模大小採累退方式，訂定個別廠商對大陸投資累計金額之上限；（三）訂定個案投資金額不得超過5,000萬美元之上限。

實施「戒急用忍」政策的理由有5點；（一）中國對台灣存有強烈敵意，基於投資風險的考慮；（二）台灣對外經貿十分集中於大陸市場，基於分散市場風險的考慮；（三）「戒急用忍」政策範圍限於高科技、基礎建設等項目之投資，以及對大型投資作更合理規範，對一般投資及中小企業完全沒有影響；（四）要促進兩岸經貿關係，必須「根留台灣」，壯大台灣經濟，才有力量繼續協助大陸經濟的發展；（五）「戒急用忍」是階段性政策，若兩岸關係明顯改善，中國尊重兩岸對等分治，台商投資權益可經由雙方協議受到確切保障，而且不影響台灣經濟穩健發展，則「戒急用忍」政策就會加以檢討調整。

李六條
Lee's Six-Point Proposals

1995年春節前夕，中共總書記江澤民發表對台政策8項主張（江八點），同年4月李登輝總統提出「李六條」予以回應。「李六條」的要點有6項：（一）在兩岸分治的現實上追求中國統一：要解決統一問題，就不能不實事求是，尊重歷史，在兩岸分治的現實上探尋國家統一的可行方式。只有客觀對待這個現實，兩岸才能對於「一個中國」的意涵，儘快獲得較多共識；（二）以中華文化為基礎，加強兩岸交流：兩岸應加強各項交流的廣度與深度，並進一步推動資訊、學術、科技、體育等各方面的交流與合作；（三）增進兩岸經貿往來，發展互利互補關係：中國人必須互補互利，分享經濟；我們願意提供技術與經驗，協助改善大陸農業，造福廣大農民；同時也要以既有的投資與貿易為基礎，繼續協助大陸繁榮經濟，提升生活水準；（四）兩岸平等參與國際組織，雙方領導人藉此自然見面：兩岸領導在國際場合自然見面，可以緩和兩岸的政治對立，營造和諧的交往氣氛；培養彼此的互信，為未來的共同合作奠定基礎；（五）兩岸均應堅持以和平方式解決一切爭端：大陸當局應表現善意，聲明放棄對台澎金馬使用武力，不再作出任何引人疑慮的軍事活動，從而為兩岸正式談判結束敵對狀態奠定基礎。我們將針對結束敵對狀態的相關議題進行研究規劃，就雙方如何舉行結束敵對狀態的談判，進行預備性協商；（六）兩岸共同維護港澳繁榮，促進港澳民主：香港和澳門是中國固有領土，港澳居民是我們的骨肉兄弟；希望大陸當局積極回應港澳居民的要求，集合兩岸之力，與港澳人士共同規劃維護港澳繁榮與安定。

兩條線政策
Two Lines Policy

1958年8月，赫魯雪夫訪問中國，建議由蘇聯出資在中國建造長波電台，並與中國合組聯合軍隊，蘇聯軍隊可以駐紮在中國的港口。對於毛澤東而言，蘇聯的這些提議是想控制中國海岸線，封鎖中國。因此，毛澤東以維護國家主權和領土完整的理由拒絕蘇聯的建議。1960年蘇聯趁著中國「大躍進」失敗，國家面臨危機時，從中國撤回專家，並撕毀專家契約及廢除科學合作項目，中蘇所簽訂的《中蘇友好同盟互助條約》至此已是名存實亡。1962年中國與印度發生邊界戰爭，蘇聯支持印度並提供援助，使得中國認知道自救的重要性。

中蘇的分裂使得中國在1960年至1969年時期，外交政策採取反美、反蘇的「兩條線」外交路線。

兩岸經濟合作架構協議
Economic Cooperation Framework Agreement, ECFA

近年來，東亞區域經濟整合速度加快，2010年東協與中國大陸、東協與韓國分別將依其「自由貿易協定」（Free Trade Agreement, FTA）將大部分產品實施互免關稅。另韓國、日本先後與多國或區域簽訂自由貿易協定，如此之東亞經濟情勢使得台灣面臨邊緣化之困境。為了維持台灣出口競爭力及突破當前的經貿困境，加上中國大陸是台灣最大的貿易順差來源，亦是台灣的主要出口市場之一，因此與中國大陸簽訂經濟合作架構協議之重要性不言可喻。

兩岸經濟合作架構協議（Economic Cooperation Framework Agreement, ECFA）是屬於兩岸特殊性質的經濟合作協議，採用在不涉及具體實質內容的談判下所形成的框架性協議，而非全面一步到位之自由貿易協定，僅先訂定架構及目標，具體內容日後再協商，而此種漸進式開放之協議內容，可化解自由貿易協定之立即且全面開放之壓力。然簽署ECFA也絕非讓所有產業都得利，而是各有利弊。簽訂ECFA有四大利益：第一，有利出口業與金融業，能讓列入「早期收穫清單」的石化、機械與汽車零組件等出口產業，不受東協+中

國、東協+3等零關稅影響；第二，隨著東協+1、東協+3與各國雙邊FTA擴大實施，台灣可以依據ECFA與中國大陸進行關稅減讓及市場談判，並與其他國家展開貿易談判、關稅互惠，確保台灣產品受到平等待遇，提升台灣商品競爭力；第三，確保台商的權益，使台商在中國大陸的投資能避免雙重課稅，保護智財權，並能制定商品檢驗檢疫與產品標準。然另一方面，簽訂ECFA對弱勢產業有極大衝擊，包含陶瓷、毛巾、製鞋、餅乾、家具、寢具、成衣等傳統產業將失去利基，並引發失業潮。整體來說，簽訂ECFA對某些出口產業或許有助益，但相對的對某些弱勢產業有害，故如何協助業者將資源移轉到更有競爭力的產業，或以產業升級來面對挑戰，將是考慮ECFA優劣之餘，另一個必須優先考量之問題。

和平共處五原則
Five Principles of Peaceful Coexistence

1953年12月31日，中國總理周恩來在接見印度政府代表團時，首次提出和平共處五原則。周恩來言及，新中國成立後就確定處理中印兩國關係的準則，那就是互相尊重領土主權（在亞非會議上改為互相尊重主權和領土完整）、互不侵犯、互不干涉內政、平等互利及和

平共處的原則。

1955年4月，在印尼萬隆召開29個國家參加的亞非會議。周恩來在會議中闡述「求同存異」的思想，「求同存異」就是把社會制度和意識形態的差異放在一邊，在和平共處五原則的基礎上找共同點。會後，和平共處五原則被寫入《萬隆會議公報》。周恩來在此次會議所提出「和平共處五原則」的主張（互相尊重主權和領土完整、互不侵犯、互不干涉內政、平等互利、和平共處），正式確立為中國和平對外思維之基本主張，爾後和平共處五原則相繼出現在中國與世界各國的建交公報中。

和平崛起
Peaceful Rise

自1949年至2007年，中國陸續提出和平共處五原則、和平為上、反霸、睦鄰友好、和平發展、多極世界、和平崛起、和諧世界等主張，尤其是基於和平共處的「和平崛起」為中國當前的發展形式下了最明確的定義。

前中國中央黨校副校長鄭必堅在2003年10月的博鰲論壇上提出「中國崛起和亞洲的未來」，當時他強調，在和平崛起這條道路上，中國有著3項重要的戰略：第一，和平崛起的制度保證，推進以社會主義市場經濟與社會主義民主政治為基本內涵的經濟與政治體制改革；

第二，和平崛起的精神支柱，借鑒吸收人類文明成果，堅持弘揚中華文明；第三，和平崛起的社會環境，統籌兼顧各種利益關係，包括統籌城鄉發展、統籌區域因素、統籌經濟社會發展、統籌人與自然和諧發展、統籌國內發展與對外開放。綜括而言，「和平崛起」政策的主要目的是希望能消弭「中國威脅論」的聲浪，減少其他國家對中國的敵對意識，進而促進中國的經濟發展。

和諧外交
Harmonious Diplomacy

伴隨著中國大陸綜合國力的提升，「中國威脅論」也隨之而起，現階段中國大陸為消弭中國威脅論之疑慮，開始積極宣揚其正面之崛起形象，而於2005年公開倡議「和諧外交」戰略即是中國大陸外交政策的一個主要思維及方向。

胡錦濤於2005年4月在印尼雅加達參加亞非峰會時首次提出「和諧世界」理念。2006年在中央外事工作會議上指出，推動「和諧世界」要致力於四方面的工作，包括：（一）致力於同各國相互尊重、擴大共識、和諧相處，尊重各國人民自主選擇社會制度和發展道路的權利，堅持各國平等參與國際事務，促進國際關係民主化；（二）致力於同各國深化合作、共同發展、互利共贏，推動共享經濟全球化和科技進步的成果，

促進世界普遍繁榮；（三）致力於促進不同文明加強交流、增進瞭解、相互促進，倡導世界多樣性，推動人類文明發展進步；（四）致力於同各國加深互信、加強對話、增強合作，共同應對人類面臨的各種全球性問題，促進和平解決國際爭端，維護世界和地區安全穩定。在中國大陸提出「和諧世界」的概念以後，「和諧外交」成為各方研究的重要焦點，它不只是中國大陸現階段的外交戰略目標，也是一項外交戰略工具。

活路外交
Flexible Diplomacy

我國自1971年退出聯合國後，冰凍的兩岸關係長期阻礙台灣在國際社會的實質參與，在中國大陸無理的外交打壓下，我國國際空間日漸萎縮。為扭轉劣勢，馬英九總統提出活路外交政策，主張在現有主客觀條件下，捍衛國家主權與台灣主體性，除了尋求兩岸關係之和解，揚棄互擲金錢互挖邦交國的惡性外交競爭外，也積極爭取國際社會支持。

活路外交是以務實精神為外交找活路，以「尊嚴、自主、務實、靈活」為原則，而該原則體現在4個面向：（一）維護主權，提升與非邦交國的實質關係；（二）善用經濟實力，拓展外交空間；（三）彈性務實，參加國際組織；（四）平等尊嚴，參與國際活動。質言之，「活路外交」係透過兩岸平等協商，經由建設性與創意性的作法，尋求兩岸在國際上「互不否認」的可行之道，同時在平等、彈性的條件下參與國際組織，以維護我國國家尊嚴。

自2008年實施活路外交政策後，台灣在外交上獲得許多成果，如美國將我國從301條款的觀察名單中移除；與美國重啟「貿易投資架構協定」（Trade and Investment Framework Agreement, TIFA）；爭取到英國、愛爾蘭、紐西蘭、斐濟、加拿大及申根區等國家及地區的免簽證待遇，迄2011年5月，可免簽證或落地簽證前往的地區或國家共計112個，與2008年53個相較，增加59個；而歷經12度叩關失敗後，我國首度得以觀察員身分參加世界衛生大會，這些意義重大的突破都是活路外交的具體成效。

建交公報
Normalization Communique

《中美建交公報》於1979年1月1日正式發布，宣布中華人民共和國與美國建立正式的大使級外交關係。美國在該公報中首次承認「中華人民共和國政府是中國的唯一合法政府」，但也保留與中華民國的非官方往來。美國認

知（acknowledge）「台灣海峽兩岸中國人都認為只有一個中國，台灣是中國的一部分」這一立場。兩個國家也再次重申反對任何國家在亞洲建立霸權的共識，暗示著兩國對蘇聯的共同立場。

《中美建交公報》的主要內容如下：

美國與「中華人民共和國」已同意自1979年1月1日起互相承認，並建立外交關係。在此範圍內，美國人民將與台灣人民維持文化、商務及其他非官方關係。美國與「中華人民共和國」重申《上海公報》中雙方所同意的原則，並再度強調：

（一）雙方希望減低國際軍事衝突的危險。

（二）雙方均不應尋求在亞太地區或世界任何其他地區內的霸權，以及雙方反對任何其他國家或國家集團建立此種霸權的努力。

（三）雙方均不準備代表任何第三方面進行談判，也不準備同對方達成針對其他國家的協議或諒解。

（四）美國政府承認「中國」立場，中國僅有一個，而台灣是中國的一部分。

（五）雙方相信「中美關係之正常化」，不僅符合「中國」與美國人民之利益，而且亦有助於亞洲與世界之和平大業。

（六）美國與中華人民共和國將於1979年3月1日交換大使與建立大使館。

胡四點
Hu's Four Points

胡錦濤於2005年3月4日參加全國政協十屆三次會議時，就新形勢下發展兩岸關係提出4點意見（「胡四點」）：第一，堅持「一個中國」原則決不動搖；第二，爭取和平統一的努力決不放棄；第三，貫徹寄希望於台灣人民的方針決不改變；第四，反對「台獨」分裂活動決不妥協。

「胡四點」呈現出3點特點。首先，對於「一個中國」原則，雖依然如同過去，「堅持一個中國原則，是發展兩岸關係和實現祖國和平統一的基石」，但是，有務實且彈性的表示（新三段論），主張「1949年以來，儘管兩岸尚未統一，但大陸和台灣同屬一個中國的事實從未改變。這就是兩岸關係的現狀。這不僅是我們的立場，也見之於台灣現有的規定和文件。既然台灣和大陸同屬一個中國，就不存在所謂大陸和台灣誰吞併誰的問題」。其次，不只「一中」原則不變，「和平統一，寄希望於台灣民眾」也是延續江澤民時期對台政策。第三，和江澤民時期最大不同之處，莫過於鑑於台灣政壇的變化，除了關心如何促進兩岸統一，並開始防堵

逐漸強烈的「台獨」勢力，《反分裂國家法》制定即為抑制台獨聲浪之蔓延。

海峽交流基金會
Straits Exchange Foundation

台灣於1987年開放民眾赴中國大陸探親以來，兩岸民間交流日益頻繁，對於增進兩岸人民彼此的瞭解固有正面之意義，但也由於接觸之廣泛，而衍生出海上犯罪、偷渡走私、文書查（驗）證、財產繼承、婚姻關係、經貿糾紛等諸多問題。為解決上述因兩岸民間交流而衍生之問題，並兼顧兩岸情勢，行政院乃協助民間各界籌組財團法人海峽交流基金會（海基會），協助處理政府處理相關中國大陸事務。1990年11月21日，召開海基會捐助人會議，並舉行第1屆董監事第1次聯席會議，通過《財團法人海峽交流基金會捐助暨組織章程》；1991年2月8日，經行政院大陸委員會許可，並於同日向台北地方法院辦妥財團法人登記，同年3月9日正式對外服務；1991年4月9日，海基會與行政院大陸委員會簽訂委託契約，處理有關兩岸談判對話、文書查驗證、民眾探親商務旅行往來糾紛調處等涉及公權力之相關業務。

海基會係以協調處理兩岸人民往來有關事務，謀求保障兩地人民權益為宗旨，並在陸委會委託契約授權的範圍內，與大陸相關單位或團體進行功能性與事務性的聯繫協商，性質上屬於民間團體，與政府行政部門之間並沒有隸屬關係。在業務執行方面，由於海基會係接受政府委託處理大陸事務，委託事項涉及公權力之行使，且大部分基金係由政府捐贈，故陸委會依民法第32條及《陸委會組織條例》第2條規定，對海基會的業務有指示、監督的權責。此外陸委會與海基會在法律上之另一層關係為委託關係，屬於特別監督程式，雙方的權利義務，均依照委託契約約定，其監督範圍以委託事項為限。雙方互動關係（如指示、履行、請求報告）均以委託契約為依據。至於其他相關部會，在委託授權事項之外，與海基會是協調、支援與協助的關係，著重在事務性的橫向聯繫，為功能取向。另在業務執行上，海基會主要是接受政府委託處理有關兩岸談判對話、文書查驗證、民眾探親商務旅行往來糾紛調處等涉及公權力的工作，必須接受國會監督。

海峽兩岸關係協會
Association for Relations across the Taiwan Straits

1991年12月，中國大陸因應台灣設立海基會，決定成立「海峽兩岸關係協會」（海協會），以民間組織身分，協助大陸有關單位處理兩岸民眾交流的事

務，成為海峽兩岸互相對應的機構，首任會長為汪道涵。

　　海協會是社會團體法人，成立以後的工作重點主要有4項：（一）逐步建立和發展與台灣島內外民間團體和人士的聯繫與相互合作，發揮民間力量，共同促進兩岸直接「三通」和雙向交流；（二）就合作打擊台灣海峽海上走私、搶劫問題與**海基會**具體商談；（三）協會如受到委託，也將協同有關方面與台灣授權團體或人士就處理台灣海峽海上漁事糾紛和違反有關規定進入對方地區之居民及相關問題進行商談；（四）積極為台灣島內外各團體、各界人士提供有關赴中國大陸投資、貿易和其他交流活動的政策、法規等諮詢和服務。同時，也積極向中國大陸有關方面和地方提供對台文化、學術、體育、科技交流等諮詢。

特殊國與國關係
Special State-to-state Relationship

　　特殊國與國關係，或稱兩國論（"Two States" Theory），是指李登輝總統於1999年7月接受德國之聲專訪時表示：「中華民國從1912年建立以來，一直都是主權獨立的國家，1991年修憲之後，兩岸關係定位在特殊的國與國關係，所以沒有再宣布台灣獨立的必

要。」此後，兩國論成為台灣推動中國大陸政策的重要指導原則。

　　李登輝將兩岸關係定位為「特殊國與國關係」的說法，引起中國的強烈反應。在該談話結束後兩天，中國就由共產黨中央台辦、**國務院台灣事務辦公室**發言人發表談話，直接點名批評李登輝「公然把兩岸關係歪曲為國與國關係，暴露其一貫蓄意分裂中國領土和主權的政治本質」，措詞嚴厲地批評李登輝與台獨分裂勢力主張沆瀣一氣。之後，經過中國涉台部門對「兩國論」的觀察及開會討論，江澤民決定取消**海協會**會長汪道涵的訪台計畫，並暫停**海協會**與**海基會**的相關交流活動。

務實外交
Pragmatic Diplomacy

　　務實外交係李登輝於1988年就職總統後所推展的主要對外政策原則。1988年3月9日，李登輝在訪問新加坡返國記者會上，對新加坡稱呼他為「從台灣來的李總統」，表示「本人雖不滿意，但是可以接受」，並強調「在此種情況下，我們不需去計較名稱，而來做我們應該做的事情」。此種「做應做的事，不計較名稱」的說法正是務實外交之最佳寫照。

　　務實外交的內涵有5項：（一）面對現實：承認台海兩岸分治之現實，並

認為中華民國（台灣）與中國政權互為對等政治實體，在統一前應各領國際空間；（二）為所當為：推動務實外交不因中國打壓而自我設限；要確實順應民意，當然走出去；（三）靈活務實：推動務實外交在手段上力求能靈活因應，因時因地制宜，並採行「出席即存在」之務實作法，不計較形式與名稱，只要能平等參與，享有相同權利及尊嚴；亦不堅持意識形態，只要能互惠互利發展關係；（四）平行三贏：推動務實外交係放棄「零和遊戲」規則，不挑釁或刺激中國，願與中國平行參與國際組織與活動；並願與其他國家發展友好互利關係，對其與中國之交往，只要不損及中華民國（台灣）權益，不予過問，以創造三贏局面；（五）立場不變：爭取國際生存發展空間，以創造有利於兩岸將來在自由、民主、均富下達成國家和平統一之基本立場不變。

國安法
National Security Law

2020年6月30日由中國人大常委會通過《中華人民共和國香港特別行政區維護國家安全法》（簡稱香港《國安法》），香港政府在同日晚間11點公告實施。該法律總共有6個章節、66條法令，法條中大幅度擴大中央及港府的權力，新增4項罪行：「分裂國家罪」、「顛覆政權罪」、「恐怖活動罪」及「勾結外國或境外勢力危害國家安全罪」等，最高可判終身監禁。此外，該法案讓中國中央得以行政指揮司法，由北京指派負責人的中國國安公署成為最終權力來源，並允許祕密審判和將人送到中國審判。

該法案被視為一國兩制的終結和中國政府針對反送中運動的具體反制作為。香港《國安法》實施後，美國眾參議院立刻通過《香港自治法》（Hong Kong Autonomy Act），授權美國總統制裁損害香港自治的中國官員與金融機構，而以英國、法國、加拿大、澳洲等重要民主國家為首的27國反對中國頒布港區國安法；但以俄羅斯為首的70多國（有些國家是集權政體），卻支持中國香港特區國家安全立法。

國家統一委員會
National Unification Council

國家統一委員會係由中華民國總統李登輝於1990年10月7日宣布成立，其法源的依據是《國家統一委員會設置要點》，為隸屬總統府的任務編組單位，設置之目的在於主導海峽兩岸關係的發展，依據「民主、自由、均富」，力促兩岸統一。

李登輝任內國統會共舉行14次會議，最後一次集會是在1999年4月8日

（柯林頓訪問中國，提出「新三不」後），會議中強調朝「縮小雙方發展差距，促成兩岸融合」說法，尤其強調「促進雙方關係正常化」，已經沒有追求「國家統一」的結論。2000年民進黨執政之後，陳水扁總統從未再召開過國統會議，而且國統會每年的預算則少到象徵性的1,000元，最終於2006年2月27日被陳水扁宣布「終止運作」（cease to function）。陳水扁並指出，終止運作國統會不涉現狀之改變，而是基於主權在民之民主原則；任何人不得為台灣人民的自由選擇預設前提或終極目標。

國家統一綱領
Guidelines for National Unification

　　1991年2月23日，國家統一委員會在第3次會議上通過《國家統一綱領》。《國家統一綱領》是國家統一委員會在台灣進入民主改革階段之初，考量國際冷戰結束、兩岸政經制度的差異、反制中國「一國兩制」政策、推動兩岸和諧交流與對等協商、探尋中華民族振興的途徑等因素，所研擬的大戰略，其中對於兩岸關係發展的目標、原則、進程等，均有可攻可守、進退有據的設計。至於國際社會所認知與中國最在意的「一個中國」問題，《國家統一綱領》中也有堅持尊嚴與權益的主張，且保留兩岸交流、協商的空間。另外，《國家統一綱領》明確地將兩岸定位為「兩個對等政治實體」，同年5月1日中華民國政府宣告「終止動員戡亂時期」，正式放棄以武力方式統一中國，並承認中華人民共和國為有效統治大陸地區之政治實體。

　　《國家統一綱領》將兩岸進程訂出近、中、遠程三階段。近程為交流互惠階段，在交流中不危及對方安全安定，在互惠中不否定對方為政治實體，大陸應推動經濟改革、台灣應加強憲政改革；中程為互信合作階段，兩岸應建立對等官方溝通管道；開放三通；推動兩岸高層人士互訪；遠程為協商統一階段，成立兩岸統一協商機構，依據兩岸人民意願，以政治民主、經濟自由、社會公平、軍隊國家化原則，共商統一大業，研訂憲政體制，建立民主、自由、均富的中國。

國務院台灣事務辦公室
Taiwan Affairs Office of the State Council

　　中華人民共和國在1972年與美國簽訂《上海公報》之後，成立「對台辦公室」；但因當時兩岸並無往來，所以「辦公室」設立雖早，但卻少有具體事務可以處理。1988年9月，即台灣設置「大陸工作會報」後的1個月，大陸也

決定設立「國務院台灣事務辦公室」（國台辦），負責處理及協調其「國務院」有關部門和「地方政府」有關部門之涉台事務。

國台辦的職責有以下7項：（一）研究、擬訂對台工作方針政策；貫徹執行黨中央、國務院確定的對台工作的方針政策；（二）組織、指導、管理、協調國務院各部門和各省、自治區、直轄市的對台工作；檢查瞭解各地區、各部門貫徹執行黨中央、國務院對台方針政策情況；（三）研究台灣形勢和兩岸關係發展動向；協調有關部門研究、草擬涉台的法律、法規，統籌協調涉台法律事務；（四）按照國務院的部署和授權，負責同台灣當局及其授權社會團體談判及簽署協定檔的有關準備工作；（五）管理協調兩岸通郵、通航、通商事務；負責對台宣傳、教育工作和有關台灣工作的新聞發布；處理涉台的重大事件；（六）會同有關部門統籌協調和指導對台經貿工作和兩岸金融、文化、學術、體育、科技、衛生等各個領域的交流與合作，以及兩岸人員往來、考察、研討等工作，國際會議的涉台工作；（七）完成國務院交辦的其他任務。

強軍夢
Strong Army Dream

為了達成「中國夢」國家富強的夢想，習近平強調「強國必先強軍」。2012年12月在廣州戰區考察時指出，「實現中華民族偉大復興，是中華民族近代以來最偉大的夢想。可以說，這個夢想是強國夢，對軍隊來說，也是強軍夢。我們要實現中華民族偉大復興，必須堅持富國和強軍相統一，努力建設鞏固國防和強大軍隊。」而在2015年《中國的軍事戰略報告》中亦再度指出，「中國夢是強國夢，對軍隊來說就是強軍夢。強軍才能衛國，強國必須強軍。」

自習近平主政以來，不僅提出「強軍夢」的重大思想和命題，並強調中國須在新形勢的強軍目標下奮鬥，對加強國防和軍隊建設作出一系列的重要論述，加速推進國防軍事的現代化來實現「強軍夢」，進而支撐「中國夢」的最根本的核心思想。而新形勢的強軍目標就是要建設一支「聽黨指揮」、「能打勝仗」、「作風優良」的人民軍隊，把人民軍隊建設成為世界一流軍隊。

辜汪會談
Koo-Wang Talks

辜汪會談是自1949年中華民國政府

遷台以來，海峽兩岸首度進行的正式官方級會晤。1992年中國大陸**海協會**致函邀請台灣**海基會**董事長辜振甫訪問中國，雙方經過多次預備性磋商後，將會談定位為民間性、事務性、經濟性與功能性。同時，在新加坡國務資政李光耀的斡旋下，將會談地點定於第三地新加坡。經過連續3日協商，雙方在1993年4月29日上午簽署《兩岸公證書使用查證協議》、《兩岸掛號函件查詢補償事宜協議》、《兩岸聯繫與會談制度協議》及《辜汪會談共同協議》等4項協議；兩岸兩會並依據《兩會聯繫與會談制度協議》及《辜汪會談共同協議》的規定，進行後續10次協商。

1995年6月李登輝訪問美國，中國大陸不滿台灣持續推動「**務實外交**」政策，以及李登輝提出違背「九二共識」的相關言論，決定中斷第二次**辜汪會談**的準備，協商機制也因為1996年台灣舉辦第一次總統直選，以及中國大陸針對台灣的導彈演習而中斷。2000年民進黨上台執政後，陳水扁拒絕承認「**一個中國**」原則，並提出「**一邊一國論**」，兩岸關係再度陷入低潮，兩岸兩會協商因此停滯不前。

睦鄰外交
Good Neighbor Foreign Policy

以江澤民為核心的中國共產黨第三代領導人在**外交**的實踐中，緊緊圍繞著中國國家建設發展和爭取、維護良好國際和平環境而努力。在全力發展經濟目標的指導下，中國與周邊國家的外交政策以「睦鄰友好」政策為主。1990年12月中國總理李鵬指出：「發展同周邊國家的睦鄰友好關係，是我國外交政策的重要組成部分」，隨後在各個重大會議中，都可發現中國高層對「睦鄰友好」政策的倡導。1997年9月中國召開十五大時，表明將繼續以「加強和鞏固同周邊國家的睦鄰友好關係」作為中國對外政策的基本出發點之一。

中國採取「睦鄰外交」的主要用意是基於政治及經濟因素的考量。在政治方面，希望藉由友好關係的推展，促使國家間的共同利益多於分歧，如此既可增加自身的綜合國力，並可促進大國間**權力平衡**，推動世界多極化權力格局之進程，制約美國超強獨霸的地位；另一方面，希望利用睦鄰外交的推動，將台灣問題定位在中國內政的框架中，要求世界各國接受此一框架，進而壓縮台灣在國際上的生存空間，以利兩岸統一。在經濟方面，則是希望藉由與各國之間的合作，維持與周邊國家的睦鄰友好關係，建構和平穩定的周邊環境，以促進技術、資金及人力的交流和提升，利於持續發展經濟建設。

葉九條
Ye Jianying's Nine Principles

1979年1月1日，美國與中國建立正式外交關係之同一日，中國全國人大常務委員會發表《告台灣同胞書》，宣布停止對金馬外島的砲擊，表示在解決台灣問題時，會尊重台灣現狀和各界人士意見，採取合理措施，不使台灣人民蒙受損失，並呼籲台海兩岸進行「三通四流」。

隨後，中國為防止美國售予台灣FX戰機，於1981年9月30日由中國全國人大委員長葉劍英向新華社記者發表談話，提出《關於台灣回歸祖國實現和平統一的方針政策》，俗稱「葉九條」，其內容如下：（一）為了儘早結束中華民族陷於分裂的不幸局面，我們建議舉行中國共產黨和中國國民黨兩黨對等談判，實行第三次合作，共同完成祖國統一大業。雙方可先派人接觸，充分交換意見；（二）海峽兩岸各族人民迫切希望互通音訊、親人團聚、開展貿易、增進瞭解。我們建議雙方共同為通郵、通商、通航、探親、旅遊以及開展學術、文化、體育交流提供方便，達成有關協議；（三）國家實現統一後，台灣可作為特別行政區，享有高度的自治權，並可保留軍隊。中央政府不干預台灣地方事務；（四）台灣現行社會、經濟制度不變，生活方式不變，同外國的經濟、文化關係不變。私人財產、房屋、土地、企業所有權、合法繼承權和外國投資不受侵犯；（五）台灣當局和各界代表人士，可擔任全國性政治機構的領導職務，參與國家管理；（六）台灣地方財政遇有困難時，可由中央政府酌情補助；（七）台灣各族人民、各界人士願回祖國大陸定居者，保證妥善安排，不受歧視，來去自由；（八）歡迎台灣工商界人士回祖國大陸投資，興辦各種經濟事業，保證其合法權益和利潤；（九）統一祖國，人人有責。我們熱誠歡迎台灣各族人民、各界人士、民眾團體通過各種渠道、採取各種方式提供建議，共商國是。

漢賊不兩立
No Co-Existence for Legitimacy and Rebellion

此詞乃諸葛亮於《後出師表》首先言之，曰：「先帝慮漢賊不兩立，王業不偏安，故托臣以討賊也。」此處之「漢」是指漢朝帝統，「賊」是指曹魏政權，蜀漢與曹魏不能同時並存。1987年前，中華民國政府遷移至台灣後，為了表達對中華人民共和國爭取聯合國席位的反對，「漢賊不兩立」成為台灣對外政策的主要原則，亦即認為自己是中國唯一的合法政府，在外交戰場上與中國進行零和競賽。

1952年第15屆奧運在芬蘭舉行，7月17日國際奧會召開第47屆大會首次將「中國問題」提出討論。與會委員以33票對20票決議通過，兩岸體育運動隊伍可以同時參加該屆奧運會，但中華民國代表團受政府指令，以「漢賊不兩立」的原則退出此次比賽，自此兩岸參加奧運的問題遂在國際體壇上展開長期且激烈的爭執。1971年，中華人民共和國取代中華民國在**聯合國**的中國席位之議題，獲得多數國家的支持，共產黨堅持「台北不出，北京不入」、驅逐蔣幫；國民黨則堅持「漢賊不兩立」。雙方均反對接受美國的「兩個中國」提議，中華民國於**聯合國**通過第2758號決議案前一刻，宣布中華民國退出**聯合國**，並發表《中華民國退出**聯合國**告全國同胞書》。

熊貓外交
Panda Diplomacy

中國領導人都愛贈送或租借熊貓給友好國家或地區，熊貓除了是親善大使，更是中國的「外交使節」。早在唐代武則天便曾把兩隻大熊貓贈予日本，而中共建政後的第一次熊貓外交，則是在1957年贈送熊貓「平平」給蘇聯。1970年代中蘇關係破裂，中國尋求和其他西方國家建交，美國總統尼克森（Richard M. Nixon）於1972年訪問中國，打開中美外交大門，中國總理周恩來特別贈送大熊貓「興興」和「玲玲」給美國，自此熊貓經常被派往外國當「親善大使」。至今，中國已先後送出二十多頭熊貓給不同國家或地區，除以上所提及的地方，還有北韓、英國、法國、德國、西班牙、墨西哥和台灣等。

鄧六條
Deng's Six Principles

1983年6月26日，中共中央軍委主席鄧小平在接見美國紐澤西州西東大學教授楊力宇時，提出中國大陸與台灣和平統一的6點設想，一般稱為「鄧六條」。內容如下：（一）台灣問題的核心是祖國統一。**和平統一**已成為國共兩黨的共同語言；（二）制度可以不同，但在國際上代表中國的，只能是中華人民共和國；（三）不贊成台灣「完全自治」的提法，「完全自治」就是「兩個中國」，而不是一個中國。自治不能沒有限度，不能損害統一的國家的利益；（四）祖國統一後，台灣特別行政區可以實行同大陸不同的制度，可以有其他省、市、自治區所沒有，而為自己所獨有的某些權力。司法獨立，終審權不須到北京。台灣還可以有自己的軍隊，只是不能構成對中國大陸的威脅。中國大陸不派人駐台，不僅軍隊不去，行政人員也不去。台灣的黨、政、軍等系統都

由台灣自己來管。中央政府還要給台灣留出名額；（五）和平統一不是中國大陸把台灣吃掉，當然也不能是台灣把中國大陸吃掉，所謂「三民主義統一中國」不現實；（六）要實現統一，就要有個適當方式。建議舉行兩黨平等會談，實行國共第三次合作，而不提中央與地方談判。雙方達成協定後可以正式宣布，但萬萬不可讓外國插手，那樣只能意味著中國還未獨立，後患無窮。

戰狼外交
Wolf Warrior Diplomacy

戰狼外交是一種對習近平擔任中國中央總書記以來推行強硬外交政策的稱呼，這一時期的中國外交官具有挑釁性，發表一系列進攻性言論。自2016年末川普（Donald Trump）擔任美國總統以來，川普主張「美國優先」（America First）戰略，2018年率先發動中美貿易戰，中國外交作風也隨之強硬。恰逢吳京自導自演的《戰狼》系列電影於同一時期2015年和2017年上映，電影內容與主角「I'm Chinese!」等言論引發廣泛的討論與爭議，此後強硬外交風格開始被形容為戰狼外交，並成為國際媒體報導中國外交新聞的常用語。與此同時，中國人民期望在國富兵強之後，國家在世界上得到更多的尊重和認同，中國外交風格逐漸摒棄鄧小平的

「韜光養晦」，強調「大國崛起」、「有所作為」，甚至「鬥爭精神」，外交作為也轉向主動攻擊。

中國的戰狼外交主要體現在外交官員和官媒，整個駐外系統遭遇西方國家批評時，皆都以攻擊的強硬姿態予以回應，其中以趙立堅和楊潔篪最為代表。然而戰狼外交卻也產生負面影響，尤其中國在COVID-19新冠肺炎疫情爆發之初的錯誤應對，招致全球譴責，後續又發生強推港版《國安法》、大規模監禁新疆維吾爾族、在南海不斷發起軍事演習、對台發動文攻武嚇，種種戰狼外交作為皆侵蝕國際社會對中國的信心，引起許多國家的擔憂和反感。

獨立自主外交政策
Independent Foreign Policy

中國總書記胡耀邦在鄧小平的指示下，於十二大報告中提出「獨立自主」外交政策，強調中國的外交政策是以「馬克思列寧主義、毛澤東思想的科學理論」為基礎，處理對外關係的根本出發點是將「愛國主義和國際主義結合起來」。重申中國與各國關係的原則是以「互相尊重主權和領土完整、互不侵犯、互不干涉內政、平等互利、和平共處」五項原則為主。

胡耀邦並以國內政治環境因素為考量，提出此階段的對外政策總方針：

（一）堅持無產階級國際主義，堅持同全世界無產階級、被壓迫人民及一切愛好和平、主持正義的組織和人士團結在一起，共同反對**帝國主義**、**霸權**主義、**殖民主義**，維護世界和平；（二）在「**和平共處五原則**」的基礎上，同世界各國（包括社會主義國家）建立、恢復和發展正常關係，不以社會制度和意識形態的差異來決定親疏好惡；（三）加強同「**第三世界**」的團結合作關係，支持它們爭取和維護民族獨立的鬥爭，支持它們發展民族經濟，謀求改善南北關係和發展「**南南合作**」的努力；（四）堅持長期實行對外開放政策，在平等互利的基礎上，不斷擴大和發展同各國的經濟、貿易、技術交流與合作；（五）在馬克思主義基礎上，按照「獨立自主、完全平等、互相尊重、互不干涉內部事務」的原則，發展同各國共產黨和其他工人階級政黨的關係。

積極開放、有效管理
Active Opening and Effective Management

2000年陳水扁當選總統後，產業界方面要求鬆綁「**戒急用忍**」政策聲音加劇，故陳水扁將「**戒急用忍政策**」改為「積極開放，有效管理」。2000年12月31日，陳水扁發表《跨世紀對話》，其中提到：「因應台灣即將加入**世界貿易組織**，政府有責任面對全新的經濟情勢，將包括兩岸經貿在內的各項課題，重新納入全球市場的考量。過去政府依循『戒急用忍』的政策有當時的背景及其必要，未來我們將以『積極開放，有效管理』的新視野，在**知識經濟**的既定方針之下，為台灣新世紀的經貿版圖作出宏觀的規劃，並且逐步加以落實。」

「積極開放，有效管理」之中國大陸投資新思維有3點：（一）「深耕台灣、布局全球」的總體經濟新戰略：中國大陸投資將是企業力量向全球市場延伸的中繼站，中國大陸市場也將成為企業生根台灣，布局全球的一部分；（二）以「策略性開放」激發台灣經濟能量的兩岸經貿新布局：藉由策略性開放中國大陸投資，來擴大企業在兩岸及全球運籌發展的空間，激發經濟的能量，開拓台灣經濟的新境界；（三）以「有效管理」代替消極圍堵的經濟安全新策略：在「積極開放」的同時，也必須建立經濟安全新策略，配合開放措施，以透明化、制度化的「有效管理」，建構中國大陸投資的安全網，提升整體經濟的安全係數。

索 引
Index

一、中文索引

三畫

四畫

七畫

九畫

十三畫

二、英文索引

H

K

L

M

T

國家圖書館出版品預行編目資料

國際關係辭典／包宗和, 林麗香, 蔡育岱, 王
啟明, 林文斌, 徐家平, 譚偉恩, 葉怡君合
著. -- 三版. -- 臺北市：五南圖書出版股
份有限公司, 2021.09
　　面；　　公分
　　ISBN 978-626-317-083-4 (平裝)

1.國際關係　2.詞典

578.1041　　　　　　　　　　110013160

1P43

國際關係辭典

主　　　編 ― 包宗和（444）

作　　　者 ― 包宗和、林麗香、蔡育岱、王啟明、林文斌、
　　　　　　　徐家平、葉怡君、譚偉恩

發 行 人 ― 楊榮川

總 經 理 ― 楊士清

總 編 輯 ― 楊秀麗

副總編輯 ― 劉靜芬

責任編輯 ― 林佳瑩

封面設計 ― 王麗娟

出 版 者 ― 五南圖書出版股份有限公司

地　　　址：106台北市大安區和平東路二段339號4樓

電　　　話：(02)2705-5066　　傳　　真：(02)2706-6100

網　　　址：https://www.wunan.com.tw

電子郵件：wunan@wunan.com.tw

劃撥帳號：01068953

戶　　　名：五南圖書出版股份有限公司

法律顧問　林勝安律師事務所　林勝安律師

出版日期　2009年8月初版一刷
　　　　　2012年4月二版一刷
　　　　　2021年9月三版一刷

定　　　價　新臺幣450元

經典永恆・名著常在

五十週年的獻禮 —— 經典名著文庫

五南，五十年了，半個世紀，人生旅程的一大半，走過來了。

思索著，邁向百年的未來歷程，能為知識界、文化學術界作些什麼？

在速食文化的生態下，有什麼值得讓人雋永品味的？

歷代經典・當今名著，經過時間的洗禮，千錘百鍊，流傳至今，光芒耀人；

不僅使我們能領悟前人的智慧，同時也增深加廣我們思考的深度與視野。

我們決心投入巨資，有計畫的系統梳選，成立「經典名著文庫」，

希望收入古今中外思想性的、充滿睿智與獨見的經典、名著。

這是一項理想性的、永續性的巨大出版工程。

不在意讀者的眾寡，只考慮它的學術價值，力求完整展現先哲思想的軌跡；

為知識界開啟一片智慧之窗，營造一座百花綻放的世界文明公園，

任君遨遊、取菁吸蜜、嘉惠學子！